Annette Krön
Harald Rüßler
Marc Just

Teilhaben und Beteiligen auf Quartiersebene

Aufbau von Partizipationsstrukturen mit älteren Menschen

Verlag Barbara Budrich
Opladen • Berlin • Toronto 2019

Bibliografische Information der Deutschen Nationalbibliothek
Die Deutsche Nationalbibliothek verzeichnet diese Publikation in der Deutschen
Nationalbibliografie; detaillierte bibliografische Daten sind im Internet über
https://portal.dnb.de abrufbar.

Gedruckt auf säurefreiem und alterungsbeständigem Papier

ISBN   978-3-8474-2334-8 (Paperback)
eISBN   978-3-8474-1506-0 (eBook)

Umschlaggestaltung: Bettina Lehfeldt, Kleinmachnow – www.lehfeldtgraphic.de
Titelbildnachweis: istockphoto.com
Typographisches Lektorat: Anja Borkam, Jena – kontakt@lektorat-borkam.de
Druck: paper & tinta, Warschau
Printed in Europe

Annette Krön • Harald Rüßler • Marc Just

Teilhaben und Beteiligen auf Quartiersebene

Inhaltsverzeichnis

Abbildungsverzeichnis

Vorwort

Teilhaben und Beteiligen auf Quartiersebene. Dies ist das Thema des vorliegenden Buches, mit einem besonderen Fokus auf die partizipative Quartiersentwicklung mit älteren Menschen. Dieses Thema ist vor allem vor dem Hintergrund des sozialen und demografischen Wandels, aber auch der aktuell diskutierten „Krise der Demokratie" und Politikverdrossenheit bedeutsam. Zum einen werden Möglichkeiten erörtert wie ältere Menschen durch eine stärkere Teilhabe/Beteiligung ihre Perspektiven, Interessen und Erfahrungen in das Quartier und dessen Entwicklung einbringen können. Zum anderen beschäftigt sich das Buch mit der Frage, ob und wie es auf lokaler Ebene durch Partizipation möglich ist, die repräsentative Demokratie zu ergänzen, so dass z. B. auch neue Wege politischer Mitwirkung beschritten werden könn(t)en. Gleichzeitig werden aber auch Fallen bzw. Grenzen der Partizipation herausgestellt, denn nicht jede Form der Partizipation ermöglicht selbstbestimmte Teilhabe und Beteiligung im Sinne eines demokratisch-emanzipatorischen Verständnisses. Partizipationsformate können auch „missbraucht" werden, um z. B. bestehende Machtverhältnisse (im Nachhinein) zu legitimieren. Die vorliegende Veröffentlichung ist im Rahmen des vierjährigen Forschungs- und Entwicklungsverbundprojekts „Ältere als (Ko-)Produzenten von Quartiersnetzwerken im Ruhrgebiet" mit dem Kurztitel „QuartiersNETZ" entstanden (2014-2018). Sie fasst die Entwicklungsaufgaben und Ergebnisse des Teilprojekts Partizipationsmodell zusammen und zielt darauf ab, diese Erkenntnisse einem breiteren Publikum zugänglich zu machen. Bis auf das eher konzeptionell angelegte Kapitel 2, ist das Buch daher durch einen großen Praxisbezug gekennzeichnet.

Im Projekt QuartiersNETZ wurden vor allem zusammen mit älteren Bürgerinnen und Bürgern sowie weiteren lokalen Akteuren reale und digitale Quartiersnetzwerke für die (Stadt-)Gesellschaft des langen Lebens aufgebaut, die vor allem ein gutes und selbstbestimmtes älter werden im Quartier sowie Partizipation am gesellschaftlichen und politischen Leben ermöglichen sollen. Dem Aspekt der Partizipation älterer Menschen im Quartier kommt somit eine herausragende Bedeutung zu. Dargeboten wird die ganze Bandbreite, des Prozesses der partizipativen Gestaltung altersintegrierter sozialräumlicher Strukturen, d. h. die Entwicklung von Partizipations-, Kooperations- und Unterstützungsstrukturen (Quartiersnetzwerke), Technikentwicklung mit Älteren inklusive. Dabei richtet sich der Blick insbesondere auf die errichteten verschiedenartigen Beteiligungsformate, auf die Gruppen der beteiligten Akteure sowie auf Möglichkeiten zur E-Partizipation, nicht aber ohne auf bestimmte Grenzen und Hindernisse der Partizipation im Quartier und auf Aspekte der Verstetigung aufmerksam zu machen.

Bedanken möchten wir uns beim Bundesministerium für Bildung und Forschung (BMBF), welches das Projekt gefördert hat, sowie allen Kooperationspartner*innen und Projektbeteiligten. Ein besonderer Dank gilt dem Generationennetz Gelsenkirchen e. V. als Praxispartner, ohne dessen unermüdlichen Einsatz viele Aktivitäten und Erkenntnisse nicht möglich gewesen wären. Ebenso möchten wir den Teilnehmenden der Projekt-AG Teilhaben und Beteiligen danken, mit denen wir gerne zusammengearbeitet, diskutiert und uns ausgetauscht haben. Auch den Interviewpartner*innen und den weiteren engagierten Bürgerinnen und Bürgern in Gelsenkirchen möchten wir noch einmal unseren Dank aussprechen. Dem Teilprojekt Evaluation des QuartiersNETZ-Projekts danken wir für die gute Zusammenarbeit und gemeinsame Auswertung. Weiterhin möchten wir Florian Schönbergers Mitarbeit bei der Auswertung hervorheben sowie Sara Kesslers Mitarbeit und insbesondere ihre Vorarbeit für Kapitel 5. Miriam Grates hat das Kapitel 7 „Partizipation in der Technikentwicklung" verfasst und das Buchmanuskript kritisch durchgelesen. Auch dafür vielen Dank!

Annette Krön, Harald Rüßler, Marc Just
Dortmund im April 2019

1 Einleitung

Partizipation ist heutzutage „in". Einerseits fordern Bürgerinnen und Bürger zunehmend eine direktere Beteiligung und Mitwirkung an Vorhaben und Entscheidungen in ihrer Stadt oder in ihrem Land ein, was vermutlich auch Ausdruck eines Wertewandels von vormals materiellen zu postmateriellen ist (Klages 1985). Auf der anderen Seite richten sich Kommunen und der Staat insgesamt darauf ein, Bürger*innen früher und stärker einzubeziehen, entweder um damit z. B. Verzögerungen in Planungen und Projekten durch etwaigen Widerstand zu vermeiden oder um generell Bürger*innen aktivierungspolitisch (Lessenich 2012a) mehr mit in die Verantwortung zu nehmen (Vetter 2008; Roth 2011a). Das kann unter anderem seinen Ausdruck darin finden, dass die primär durch Wahlen bestimmte repräsentative Demokratie in Deutschland, vor allem auf kommunaler Ebene, auf die wir uns primär beziehen, mehr und mehr durch Beteiligungsprozesse, sei es durch Formen direkter Beteiligung (z. B. Bürgerentscheide) oder durch deliberative (dialogorientierte) Formate (z. B. Runde Tische, Stadtteilkonferenzen), ergänzt wird.

Partizipation heißt auch, dass Menschen am gesellschaftlichen Leben teilnehmen und dass sie dadurch empowert oder ermächtigt werden, ihre eigenen Meinungen und Ideen zu äußern und diese gegebenenfalls selbst (kollektiv) umzusetzen versuchen. Auch dies findet häufig im Bereich des Lokalen – auf Quartiers-, Stadtteil- und kommunaler Ebene – statt. In entgrenzten, unübersichtlichen und durch Globalisierungsprozesse gekennzeichneten Zeiten, scheint der lokale Sozialraum (wieder) an Bedeutung zu gewinnen, möglicherweise, weil er eher mit Vertrautheit und Übersichtlichkeit in Verbindung gebracht wird (Schroer 2016). In diesem Zusammenhang kann daher auch von einer Wieder-Entdeckung insbesondere der Quartiersebene gesprochen werden, da hier viele Projekte und Aktivitäten im Rahmen der Bürgerbeteiligung und Partizipation stattfinden (Drilling und Schnur 2012a; Bukow 2018). Aber auch in anderer Hinsicht gelangt das Quartier in den Fokus, z. B. als „Lernort", als „Inklusionsort" oder als Ebene für Aktivitäten der Lokalen Agenda 21.

Eingerahmt sind die Entwicklungen der Bedeutungszunahme von Partizipation und Aktivitäten auf der lokalen Ebene von gesellschaftlichen, wirtschaftlichen und demografischen Entwicklungen. Der große Stellenwert von Partizipation und des Quartiersbezugs korrespondiert, so die Annahme, auch mit strukturellen gesellschaftlichen Veränderungen, die dadurch charakterisiert sind, dass die Mikroebenen der Gesellschaft (Subjekte, lokale Gemeinschaften, Quartiere) mehr und mehr zur Selbstregulation aufgefordert werden (Rüßler und Heite 2017). In Bezug auf den demografischen Wandel (Stichwort: weniger, älter, bunter) sei das „dreifache Altern" hervorgehoben (Naegele 2006). Damit ist gemeint, dass sowohl der relative Anteil wie auch die absolute Zahl der älteren Menschen an der Gesamtbevölkerung steigen und dabei die Zahl und der Anteil der Hochaltrigen (Über-85-Jährige) zunehmen. Teilhabe und Beteiligung älterer Menschen ist angesichts dieser Entwicklung ebenfalls ein zentrales Thema. Seinen Ausdruck findet dies z. B. darin, dass sich relativ viele ältere Menschen in der nachberuflichen Lebensphase zivilgesellschaftlich bzw. bürgerschaftlich in verschiedenartigen Handlungsfeldern freiwillig engagieren (Simonson et al. 2017; Wetzel und Simonson 2017; Vogel et al. 2017). Initiiert und unterstützt wird dieses Engagement, z. B. durch staatlicherseits induzierte Programme und geförderte Projekte, die im Rahmen sozialer Aktivierungs- bzw. Engagementpolitik (Olk et al. 2010; Olk und Hartnuß 2011) die Richtung mit vorgeben.

Mit Bezugnahme auf diese Entwicklungen – Bedeutungszunahme von Partizipation, großer Stellenwert der Quartiersebene und Prozess der demografischen Alterung – beschäftigt sich diese Publikation mit der Partizipation von älteren Menschen im Wohnquartier. Empirisch steht die Stadt Gelsenkirchen mit vier ausgewählten Quartieren, die gemeinsam exemplarisch für das Ruhrgebiet stehen, im Fokus unserer Ausführungen. Es werden Ergebnisse des Teilprojekts Partizipationsmodell des Forschungs- und Entwicklungsverbundprojekts „Ältere als (Ko-)Produzenten von Quartiersnetzwerken im Ruhrgebiet" (Kurztitel: „QuartiersNETZ") vorgestellt und diskutiert. Das Projekt, das Teilprojekt sowie der Gang der Argumentation in diesem Buch werden in den nächsten Abschnitten der Einleitung dargelegt. Zuvor sei aber noch erwähnt, dass zur Bedeutung von Partizipation – unseres Erachtens ein primär demokratisch-emanzipatorischer Prozess – auch auf hierzu gegenläufige Entwicklungen hinzuweisen ist. Denn Partizipation kann auch als (Herrschafts-)Instrument eingesetzt werden, womit ein Spannungsverhältnis zwischen Emanzipation und Instrumentalisierung (Wagner 2012) benannt wäre. Das heißt: Partizipations- bzw. Beteiligungsprozesse können durchaus instrumentalisiert oder missbraucht werden, wenn die Teilnehmenden z. B. in eine bestimmte Richtung beeinflusst oder „ausgenutzt" werden oder ihr Engagement z. B. ehemals öffentliche Aufgaben ersetzt und so öffentliche Mittel eingespart werden. Ebenso könnte Partizipation als Deckmantel benutzt werden, um bereits getroffene Entscheidungen zu rechtfertigen (Scheinpartizipation). In diesen Fällen geht es nicht darum, die Bürger*innen zu ermächtigen bzw. empowern, sondern darum, Entscheidungen möglichst pragmatisch und ohne weitere „Störungen" durchzusetzen. Daher ist es wichtig genau hinzusehen, wie Partizipation seitens der Politik, Verwaltung und anderer Akteure angewendet und verstanden wird sowie aufzuzeigen, wann immer eine „ausnutzende" Partizipation auftritt (mehr hierzu in Kapitel 2).

Mit diesem Buch möchten wir auch dazu beitragen, dass sich ein demokratisch-emanzipatorisches Verständnis von Partizipation auf der kommunalen Ebene, aber natürlich auch auf weiteren Ebenen, verbreitet. Ebenso möchten wir Handlungsmöglichkeiten sowie Probleme auf der Quartiers- und kommunalen Ebene aufzeigen. Dafür beschäftigen wir uns zum einen mit dem wissenschaftlichen Hintergrund von Partizipation (Älterer) im Quartier, aber auch mit den konkreten Felderfahrungen vor Ort, die im Projekt Quartiers-NETZ diesbezüglich gemacht wurden.

1.1 Kontext: Das Projekt QuartiersNETZ

Das Forschungs- und Entwicklungsverbundprojekt „Ältere als (Ko-)Produzenten von Quartiersnetzwerken im Ruhrgebiet (QuartiersNETZ)" wurde vom Bundesministerium für Bildung und Forschung (BMBF) im Förderschwerpunkt „Gesundheits- und Dienstleistungsregionen von morgen" („GeDi-ReMo") gefördert (Projektlaufzeit: 1.10.2014 bis 31.10.2018). Projektpartner waren: Fachhochschule Dortmund – Fachbereich Informatik und Fachbereich Angewandte Sozialwissenschaften; Universität Vechta – Institut für Gerontologie; Forschungsinstitut Geragogik (FoGera) e. V.; Generationennetz Gelsenkirchen e. V.; Caritasverband für die Stadt Gelsenkirchen e. V.; Pallas GmbH; QuinScape GmbH.

1.1.1 Ziele des Projekts

Das Projekt QuartiersNETZ[1] hatte als Ziel, zur Entwicklung des Ruhrgebiets hin zu einer innovativen Dienstleistungsregion beizutragen. „Ältere als Ko-Produzenten" bedeutet hierbei, dass ältere Menschen in ihrem Wohnumfeld aktiv werden und sich mitwirkend bzw. mitentscheidend einbringen können. So werden sie an der Quartiersentwicklung beteiligt und zu Ko-Produzenten. Ihre vielfältigen Ressourcen, Fähigkeiten und Interessen sollen zum Wohle aller im Quartier eingebracht werden. In diesem Sinne hat das Projekt engagierte ältere Bürger*innen, weitere Akteure der Stadt Gelsenkirchen sowie Partner*innen aus Forschung und Dienstleistung vor Ort zusammengebracht, um gemeinsam den Herausforderungen des sozialen und demografischen Wandels im Ruhrgebiet mit partizipativ erarbeiteten Lösungen zu begegnen.

Zentrale Bausteine des Projekts waren: die Vernetzung von sozialem Umfeld und lokalen Dienstleistern (privat-wirtschaftlichen und nicht privat-wirtschaftlichen), die Entwicklung moderner Interaktions- und Kommunikationsmedien und technischer Assistenzsysteme sowie die Förderung von Selbstbestimmung, Teilhabe und Beteiligung älterer Menschen im Wohnquartier. Das

---

[1] Kapitel 1.1.1 und 1.1.2 basieren auf der Einleitung von Grates et al. (2018a) „Stadtquartiere – Rahmenbedingungen verstehen und Ausgangssituation erfassen. Band 1 der Reihe: Ältere als Ko-Produzenten von Quartiersnetzwerken – Impulse aus dem Projekt QuartiersNETZ."

QuartiersNETZ-Projekt verfolgte verschiedene Interventions- und Innovationsstrategien: die „reale" Vernetzung in Form konkreter quartiersbezogener Kooperations-, Unterstützungs- und Beteiligungsnetzwerke auf der einen, sowie die Entwicklung von Technologien, welche diese Strukturen unterstützen, insbesondere die Implementierung Digitaler Quartiersplattformen, auf der anderen Seite. Zusätzlich wurden neue Dienstleistungs- und Versorgungsmodelle entwickelt.

Abb. 1: Stadtteile Gelsenkirchens und Referenzquartiere

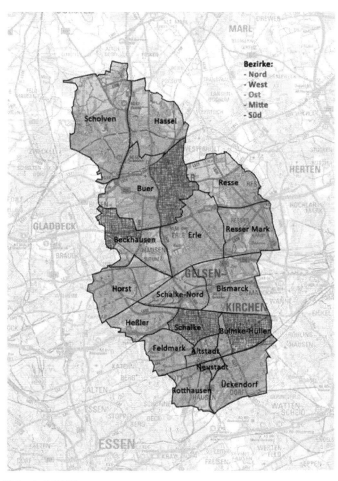

Quelle: Krön et al. 2017

1.1.2   Projektstruktur

Für das Projekt wurden vier Quartiere durch das Generationennetz Gelsenkirchen e. V. ausgewählt (siehe Abb. 1), die als Fallstudien dafür dienen, wie reale und digitale Netzwerke entwickelt werden können, die Partizipation und Unterstützung bei Hilfebedarf sowie die Kooperation verschiedener Akteure vor Ort ermöglichen und sicherstellen. In dem Verfahren wurden Quartiere mit verschiedenen Ausgangsbedingungen ausgewählt, um auch die Notwendigkeit unterschiedlicher Herangehensweisen zu erfassen, und ein möglichst breites Spektrum abzudecken. Auswahlkriterien waren u. a. die Bereitschaft von Akteuren vor Ort sich einzubringen, die Quartiersbeschaffenheit in Bezug auf die Alters-, die Haushalts- und Einkommensstruktur, den Anteil von Menschen mit Migrationshintergrund sowie die Versorgungslage und die absolute Anzahl älterer Menschen („kritische Masse"). Die vier Quartiere, die hiernach ausgewählt wurden, sind: Buer-Ost, Hüllen, Schaffrath/Rosenhügel und Schalke (Grates et al. 2018a). Für eine detailliertere Beschreibung der Quartiere und ihrer Ausgangsbedingungen siehe die Veröffentlichung zu den „Quartiersprofilen" (Krön et al. 2017).

Der Prozess der partizipativen Quartiersentwicklung wurde vom Projekt durch mehrere Teilprojekte begleitend unterstützt und evaluiert (siehe Abb. 2). Diese Teilprojekte werden im Folgenden kurz vorgestellt.

Das *Teilprojekt 1 Reales Netz* wirkte vor Ort in den vier Modellquartieren. Hier unterstützte das Generationennetz Gelsenkirchen e. V., als der in Gelsenkirchen zentrale Akteur im Bereich der offenen Sozialen Altenarbeit (siehe Kapitel 1.1.3), insbesondere ältere Bürgerinnen und Bürger wie aber auch weitere Akteure bei der partizipativen Entwicklung realer Quartiersnetze. Ziel des Teilprojektes Reales Netz war es, Akteure im Stadtteil (Bürger*innen, Organisationen, Vereine, Initiativen, Unternehmen u. a.) so in Kontakt zu bringen und zu verbinden, dass tragfähige und nachhaltige Netzwerke der Kooperation und Unterstützung entstehen. In Quartiers- und Dienstleisterkonferenzen, Arbeitsgruppen und weiteren Möglichkeiten zur Beteiligung und zum Austausch standen deshalb die Wünsche, Anliegen und Bedürfnisse aus dem Quartier im Mittelpunkt. Gleichzeitig ermöglichte das „reale Netz" den anderen Teilprojekten den Kontakt zu den Bewohner*innen herzustellen und bot vor allem im Rahmen von Quartierskonferenzen die Möglichkeit, über neue Entwicklungen aus dem Gesamtprojekt vor Ort zu berichten (Heite und Rüßler 2018).

Im *Teilprojekt 2 Digitale Quartiersplattform* wurde eine generationsübergreifende Digitale Plattform entwickelt, die unter anderem die soziale Vernetzung in den Quartieren unterstützen und das verfügbare Dienstleistungs- bzw. Versorgungsangebot deutlicher machen und damit auch eine längere Selbstständigkeit in der eigenen Wohnung mit ermöglichen sollte. Die Quartiersplattform vernetzt z. B. Bürger*innen und Dienstleister, bietet aber auch die

16

Möglichkeit, Verbindungen zu Verwaltung und Politik einzurichten und unterstützt eine aktive Mitgestaltung im eigenen Quartier. Für jedes Quartier wurde eine individuell anpassbare Version der Quartiersplattform realisiert, sodass jedes Quartier seine eigenen Neuigkeiten, Kalender, Dienstleisterlisten, Tauschbörsen etc. hat. Um möglichst vielen die Nutzung der Plattform zu ermöglichen, wurde auf einen barrierearmen Zugang geachtet. Die konkrete Ausgestaltung der Digitalen Plattform wurde gemeinsam mit potenziellen Nutzer*innen partizipativ in Form von Arbeits- bzw. Fokusgruppen gestaltet (Schabsky und Sorgalla 2018). Zwecks Gestaltung der konkreten je quartiersbezogenen Inhalte, wurde im Projektverlauf ein Quartiersredaktionsteam initiiert und realisiert (siehe Kapitel 4.1.7).

Abb. 2: Projektstruktur QuartiersNETZ

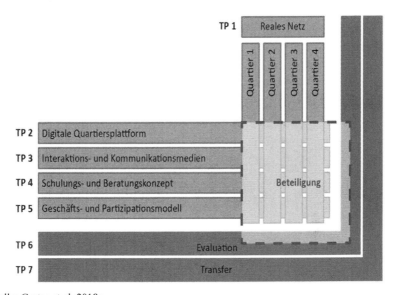

Quelle: Grates et al. 2018a

Das *Teilprojekt 3 Interaktions- und Kommunikationsmedien* hatte zum Ziel, Technik im häuslichen Umfeld für die Menschen individuell und damit leichter bedienbar zu gestalten. Hierzu wurden alltägliche Geräte aus dem Haushalt mit alternativen Bedienmöglichkeiten wie Sprach- oder Gestensteuerung ausgestattet. Frei nach dem Motto „jeder wie er/sie möchte und kann", wurde die Bedienung von Technik so gestaltet, dass sie sich auf die Wünsche und Fähigkeiten der Menschen einstellt. Gemeinsam mit den Akteuren im Quartier wurden hierzu geeignete Technologien ausgewählt, angepasst und weiterentwickelt. Es wurde ein Baukasten zur individuellen Gestaltung von Bedienelementen geschaffen, der zur Steuerung des eigenen vernetzten Haushalts genutzt werden kann (Wunschbedienung). Zusätzlich entstanden in den vier Quartieren vor Ort sogenannte Techniktreffs, in denen Bürger*innen die zu entwickelnden Lösungen am Material ausprobieren, nutzen und weiterdenken können (Schabsky und Sorgalla 2018).

Das *Teilprojekt 4* beinhaltete ein begleitendes *Schulungs- und Beratungskonzept*, das engagierte Bürgerinnen und Bürger im Hinblick auf eine kontinuierliche Erweiterung und Pflege der bereitgestellten Technik qualifiziert. In diesem Teilprojekt wurde zusammen mit älteren Bürgerinnen und Bürgern, Dienstleistern und der Wissenschaft ein Schulungskonzept entwickelt und erprobt, mit dessen Hilfe Freiwillige jeden Alters zu „Technikbotschafter*innen" ausgebildet werden. Als mobile Teams unterstützen sie Ältere in ihren Haushalten und an zentralen Orten im Quartier entgeltfrei dabei, das digitale QuartiersNETZ und andere hilfreiche technische Systeme zu nutzen und begleiten sie so auf dem Weg in die digitale Welt. Die selbstgewählten Themen der Fortbildungen umfassten Haushalts-, Sicherheits-, Kommunikations- und Interaktionstechniken sowie Fragen des Datenschutzes. Durch den Aufbau von Initiativen zur Technikbegleitung in den Quartieren sollten insbesondere technikunerfahrene Ältere erreicht werden (Bubolz-Lutz und Stiel 2018).

Im *Teilprojekt 5 Geschäfts- und Partizipationsmodell* können die zwei Themenbereiche Geschäftsmodell und Partizipationsmodell unterschieden werden. Im *Teilprojekt 5.1 Geschäftsmodell* ging es um die Vernetzung von Dienstleistungsanbietern und anderen Versorgern, aber auch Bürger*innen und kommunalen Institutionen. Dem liegt ein weiter Dienstleistungsbegriff zugrunde, der sich auf den Profit- und Non-profit-Bereich bezieht. Konzepte oder Geschäftsmodelle, die sektorübergreifende Leistungsangebote und die nachhaltige Sicherung der wirtschaftlichen Tragfähigkeit ermöglichen, sollten gewährleisten, dass in den Quartieren und darüber hinaus effektivere und effizientere Dienstleistungsstrukturen entstehen. Unter Einsatz innovativer Informations- und Kommunikations-Technologien wurde auf vorhandenen Infrastrukturen aufgebaut und Synergien genutzt. Hier war u. a. auch die Digitale Quartiersplattform eine gute Möglichkeit sich zu vernetzen und neue (gemeinsame) Dienstleistungsformate zu entwickeln. In den Quartieren hatten die Dienstleister die Möglichkeit, die Digitale Quartiersplattform nach ihren eigenen Vorstellungen zu gestalten und diese in ihre Geschäftsmodelle zu integrieren. So können die Dienstleister ihr Netzwerk stärken, aber auch durch neue Angebote neue Kund*innen gewinnen und eine verbesserte Kundenbindung erreichen (Fachinger et al. 2018).

Im *Teilprojekt 5.2 Partizipationsmodell*, dessen Ergebnisse unter anderem in dieser Veröffentlichung dargestellt werden, ging es darum, insbesondere älteren Menschen Teilhabe und Beteiligung an der Quartiersentwicklung sowie am gesellschaftlichen und politischen (Stadt-)Leben zu ermöglichen. Möglichst viele Menschen sollten hierbei in den Quartieren erreicht werden. Das

Teilprojekt hat die Prozesse vor Ort darin unterstützt, diejenigen anzusprechen, die als schwer erreichbar gelten und die am Quartiersentwicklungsprozess noch nicht partizipieren. Hierzu gehörte, mit den Menschen vor Ort zu überlegen, wen man noch ansprechen könnte, weitere (neuartige) Beteiligungsformate vorzuschlagen, mit Initiativen, Organisationen etc. ins Gespräch zu kommen und sie bei der Vernetzung zu unterstützen. Zusätzlich zielte das Teilprojekt darauf, die lokale Demokratie zu stärken. Die Beteiligungsprozesse vor Ort, wie z. B. Quartierskonferenzen, sollten mit der repräsentativen städtischen Politik und Verwaltung stärker verzahnt werden, sodass deren Ergebnisse dort unmittelbarer einfließen können.

Das *Teilprojekt 6 Evaluation* verfolgte das Ziel, die Prozess- und Ergebnisqualität im Projekt QuartiersNETZ sicherzustellen. Es untersuchte dazu, welche Wünsche, Anliegen und Vorstellungen die Gelsenkirchener Bürgerinnen und Bürger sowie andere Akteure vor Ort haben und wie diese in den Teilprojekten gemeinsam verwirklicht werden können. Mittels verschiedener Forschungsphasen (Bestandsaufnahme, Prozessbegleitung, Schlussevaluation) und -methoden (Triangulation quantitativer und qualitativer Verfahren) wurde geprüft, wie die Bürger*innen ihren Stadtteil und ihre Mitwirkungsmöglichkeiten beurteilen, wer an den Beteiligungsprozessen teilhatte, ob bzw. wie die Beteiligung bislang nicht erreichter Personen und wie Beteiligung mit verschiedenen Formaten gelang. Hierzu wurden die verschiedenen Veranstaltungen und Arbeitsgruppen des Projekts kontinuierlich wissenschaftlich begleitet sowie Zwischenergebnisse gemeinsam mit den Beteiligten reflektiert und bewertet (Rückkopplung) (Heming et al. 2019).

Ziele des *Teilprojekts 7 Transfer* waren die Verbreitung der Ergebnisse des QuartiersNETZ-Projekts und der Austausch mit anderen Expert*innen von Projektbeginn an. Einerseits ging es um die Weitergabe der gewonnenen Erkenntnisse zur partizipativen Entwicklung von realen und digitalen Quartiersnetzwerken. Andererseits war der Austausch mit anderen Kommunen, Wissenschaftler*innen, Unternehmen, Institutionen und weiteren Akteuren von hoher Bedeutung. Ein Transferbeirat gewährleistete, dass die Übertragbarkeit stets mitgedacht und überprüft wurde und Anregungen aus anderen Regionen frühzeitig und systematisch in den Entwicklungsprozess eingespeist wurden. Daneben sorgten jährlich stattfindende stadtweite QuartiersNETZ-Konferenzen für einen quartiersübergreifenden Erfahrungsaustausch und einen intrastädtischen Ideen- und Wissenstransfer.

Als Ergebnis des partizipativen Prozesses sind wohnortnahe reale und digitale Strukturen (Quartiersnetzwerke) entstanden, die es Älteren ermöglichen, sich selbstbestimmt und selbstorganisiert am Leben im Stadtviertel zu beteiligen, Ideen einzubringen, Aktivitäten zu entfalten und Dienstleistungen in Anspruch zu nehmen, die das Wohlbefinden erhalten. Erreicht wurde dies unter anderem durch eine verstärkte Teilhabe und Beteiligung Älterer an der

Quartiersentwicklung durch verschiedene Formate (vgl. Kapitel 4; für eine detaillierte Beschreibung siehe Heite und Rüßler 2018) sowie intensivere Vernetzung der Akteure in ausgewählten Wohnquartieren und nicht zuletzt auch mit Hilfe der technischen Unterstützungssysteme, die im Projekt entwickelt und erprobt wurden. So wurden reale und virtuelle Strukturen miteinander verwoben. Ältere Menschen wurden z. B. als Technikbotschafter*innen qualifiziert, die als Multiplikator*innen ihren Nachbarinnen und Nachbarn mit Rat und Tat zur Seite stehen und ihnen helfen, technikbezogene Hürden und Ängste zu überwinden. Die projektbezogenen Interventionen und Schritte finden sich in den verschiedenen Teilprojekten des Projekts wieder.

1.1.3 Seniorenpolitik in Gelsenkirchen und das Generationennetz Gelsenkirchen e. V.

Wie ausgeführt, wurde das Projekt QuartiersNETZ in Gelsenkirchen durchgeführt. Die Stadt weist bezogen auf das Projektvorhaben besondere Rahmenbedingungen auf, die hier nun kurz dargelegt werden[2].

Die demografische Alterung wird in Gelsenkirchen als Herausforderung und Chance für die Stadt- bzw. Quartiersentwicklung sowie nicht zuletzt für die kommunale Altenarbeit/-politik begriffen. Kennzeichnend für die Stadt ist, dass bereits im Jahr 2005 ein seniorenpolitischer Reformprozess auf den Weg gebracht wurde. Über alle Fraktionsgrenzen hinweg wurde der „Masterplan Seniorinnen und Senioren in Gelsenkirchen" im Rat der Stadt verabschiedet und mit ihm der Reformprozess eingeleitet. Dieser Masterplan formuliert die beiden Leitbilder Partizipation und Generationensolidarität. Das Leitbild Partizipation beinhaltet die

„Möglichkeiten, den öffentlichen Raum zu nutzen und die Beseitigung von baulichen und technischen Hindernissen; die öffentliche Wertschätzung und der Abbau von Vorurteilen und Diskriminierung; die Beteiligung aller Bevölkerungsgruppen am öffentlichen Leben und an den kommunalen Entscheidungen, die Überwindung gesellschaftlichen Ausschlusses von Bildung und Kultur, Beschäftigung und Geselligkeit, Gesundheit und erträglichem Lebensstandard." (Reckert 2010, S. 131)

Das Leitbild der Generationensolidarität bezieht sich auf „das gemeinsame Wirken von alt und jung für eine nachhaltige Entwicklung der Stadtgesellschaft und den wechselseitigen Einsatz der jeweiligen Stärken." (Reckert 2010, S. 131).

Seither, jährlich in einem Arbeitsbericht fortgeschrieben, dient der Masterplan als Instrument der Steuerung und Planung. Die Koordination des gesamten Prozesses erfolgt durch das Büro des Senioren- und Behindertenbeauftrag-

---

2   Dieses Kapitel basiert auf Kapitel 3.3 der in der Fußnote 1 genannten Publikation.

ten (SBB) der Stadt. Übergreifendes Ziel des Reformprozesses ist es, Ressourcen Älterer zu fördern und stärker zu nutzen und ihre Selbstständigkeit langfristig zu erhalten bzw. zu fördern (Reckert 2005). Als zentrale kommunale Handlungsanforderung wird es angesehen, unterstützende Strukturen und funktionierende Netzwerke zu schaffen, die in der Lage sind, die Lebensverhältnisse älterer Menschen nachhaltig zu sichern und langfristig zu verbessern, und für deren Entwicklung Sorge zu tragen (Reckert und Sdun 2010). Besonderes Augenmerk liegt bei der Umsetzung des Masterplans darauf, die Heterogenität des Alters zu berücksichtigen und der Vielfältigkeit der Lebenslagen im Alter Rechnung zu tragen.

In Gelsenkirchen entstand im Rahmen des Masterplans ein Ermöglichungs- und Unterstützungsnetzwerk: ein stadtweiter Kooperationsverbund mit zahlreichen Akteuren aus Kommune, Verbänden, Kirchen, Wirtschaft und Zivilgesellschaft mit derzeit über 40 Mitgliedern – das Generationennetz Gelsenkirchen e. V. Das Generationennetz vernetzt Stadtverwaltung, Pflege- und Wohnungsunternehmen, Wohlfahrt und bürgerschaftlich Engagierte und unterhält über die Stadt verteilt vier Infocenter (Seniorenbüros), in denen entsprechend qualifiziertes, hauptamtliches Personal Beratung und Unterstützung zu allen Fragen des Alter(n)s anbietet. Damit wurden Strukturen etabliert, die einerseits älteren Bürger*innen den Weg bahnen, sich gemeinsam mit anderen zu engagieren, und andererseits für Bewohner*innen des Stadtteils den Weg zu Unterstützung und Hilfe ebnen (Ermöglichungsstrukturen). Neben den über die Stadt verteilten vier Infocentern wurden 35 Außenstellen der Infocenter eingerichtet mit der Idee, für Ältere mit Beratungs- oder Unterstützungsbedarf zumindest zu bestimmten Zeiten Anlaufstellen im direkten Wohnumfeld zu schaffen. Die Außenstellen werden von einzelnen Mitgliedern des Generationennetzes Gelsenkirchen e. V. in den Stadtteilen betrieben und sollen eine niedrigschwellige Vor-Ort-Beratung ermöglichen. Dadurch, dass die Hauptamtlichen (zumeist Fachkräfte der Sozialen Altenarbeit) beim Generationennetz Gelsenkirchen e. V. angestellt sind, sind sie weder direkt von der Kommune noch von einzelnen Wohlfahrtsverbänden oder Unternehmen abhängig. Sie sind zuständig für altersgerechte, barrierefreie Sozialraumgestaltung, Engagementförderung und Netzwerkarbeit sowie für soziale und pflegebezogene Beratung und Case-Management. Insbesondere die Pflegeberatung erfolgt zusätzlich auch von städtischer Seite, durch die Freie Wohlfahrtspflege, den jeweiligen Pflegekassen sowie durch freiwirtschaftlich tätige Pflegeunternehmen.

Einen weiteren wichtigen Baustein in der Seniorenpolitik und im Handlungsfeld Partizipation stellen die sogenannten ZWAR-Gruppen dar, wobei ZWAR „ZWischen Arbeit und Ruhestand" bedeutet. ZWAR-Gruppen sind eigenständig agierende, stadtteilorientierte Selbsthilfeorganisationen, die sich an Menschen im (Vor-)Ruhestandsalter und an Akteure der offenen Altenarbeit wenden (ZWAR Zentralstelle NRW 2017). Die Gründung solcher Gruppen wird in ganz NRW gefördert und der Gedanke ist, Teilhabe und Mitgestaltung bzw. Bürgerschaftliches Engagement und Selbsthilfe älterer Menschen zu ermöglichen. Seit dem Beginn der ZWAR-Gruppengründung in Gelsenkirchen im Jahr 2009 wird an einem ZWAR-Netz-Gelsenkirchen geknüpft. Mittlerweile gibt es 16 selbstverwaltete Gruppen Älterer ohne formale Mitgliedschaft, Vorstände und Beiträge – darunter zwei türkisch- und eine russischsprachige ZWAR-Gruppe – mit mehr als 100 verschiedenen Interessengruppen innerhalb der Gruppen (ZWAR-Gelsenkirchen 2018). Der rege Austausch untereinander wird durch Delegiertentreffen, die mehrmals im Jahr stattfinden, unterstützt.

Durch das ebenfalls 2009 initiierte Projekt „Seniorenvertreterinnen/Nachbarschaftsstifter (SeNa)" wurden mittlerweile über 100 derart Engagierte ausgebildet. Sie sind in den Stadtvierteln, den eigenen Interessen und Fähigkeiten gemäß, als Lots*innen im Hilfesystem, Organisator*innen nachbarschaftlichen Zusammenhalts und/oder Interessenvertreter*innen für ein alten- und familiengerechtes Wohnumfeld aktiv. Ein Drittel der so Engagierten sind Zugewanderte. Die SeNa treffen sich monatlich zum Erfahrungsaustausch und vierteljährlich zu Qualifizierungsseminaren. Sie werden von hauptamtlichen Mitarbeiter*innen des Generationennetzes Gelsenkirchen e. V. in ihrem Engagement unterstützt und begleitet. Für die Bürger*innen ihres Stadtteils sind die Engagierten Anlaufstelle, Kontaktbörse, Sprachrohr, Informationspunkt, niedrigschwelliger Zugang zum Unterstützungs- und Hilfesystem der Stadt und vieles mehr. In Quartiersentwicklungsprozessen stellen sie eine bedeutsame intermediäre (d. h. vermittelnde) Instanz dar: Sie sind wichtige Akteure des Beteiligungs- und Gestaltungsprozesses. Weiterhin haben die ZWAR-Gruppen und die SeNa eigene Vertretungen im Beirat für Senioren, der sich auf Stadtebene als politische Instanz für Belange älterer Bürger*innen einsetzt.

Schließlich gibt bzw. gab es stadtweite jährliche Konferenzen „Älter werden in Gelsenkirchen" (ÄwiGE), bei denen sich der Oberbürgermeister (OB) und der Seniorenbeauftragte der Diskussion mit älteren Bürger*innen stellen. Zu diesen Konferenzen kann jeder Interessierte kommen und direkte Fragen an den OB oder den Seniorenbeauftragten richten. Allerdings haben diese Konferenzen in den letzten Jahren nicht mehr stattgefunden und es ist noch offen, welche Rolle ihnen angesichts der quartiersbezogenen Dezentralisierung der Sozialen Altenarbeit/-politik, mit der v. a. das Generationennetz Gelsenkirchen e. V. operativ beauftragt ist, zukünftig zukommt.

Die in Gelsenkirchen geschaffenen seniorenpolitischen Rahmenbedingungen waren auch für das inzwischen abgeschlossene, ebenfalls vom Bundesministerium für Bildung und Forschung geförderte Forschungs- und Entwicklungsprojekt „Lebensqualität Älterer im Wohngebiet (LiW)" von tragender Bedeutung (Rüßler et al. 2015). Dieses Projekt und die im Projektzusammenhang entwickelten Strukturen waren Ausgangs- und Anknüpfungspunkt weiterer Quartiersentwicklungsprozesse, wie sie auch im Projekt QuartiersNETZ

durchgeführt wurden. So wurden im LiW-Projektrahmen z. B. die Quartierskonferenzen im Referenzgebiet (Gelsenkirchen Schalke) initiiert, durchgeführt
und evaluiert.

1.2 Das Teilprojekt Partizipationsmodell

Ziel des Teilprojekts Partizipationsmodell, war es Teilhabe und Beteiligung
für die heterogene Gruppe Älterer an der Quartiersgestaltung und am gemeinschaftlichen wie gesellschaftlichen Leben zu sichern und am Aufbau entsprechender Ermöglichungsstrukturen mitzuwirken. Hierbei waren die Errichtung
quartiersbezogener Partizipationsstrukturen, sowie die beteiligungsorientierte
Gestaltung von Quartiersnetzwerken, die vor allem im Teilprojekt Reales Netz
erfolgten, grundlegend. Die dahinterstehende Vorstellung ist, dass Partizipation im Rahmen von lokalen Governance-Netzwerken bzw. Quartiersforen zur
Stärkung des nachbarschaftlichen Gemeinwesens führt und damit auch ein
Instrument gesellschaftlicher Integration ist. Dabei ging es auch darum, unter
anderem von Exklusion bedrohte Personengruppen (wie beispielsweise in ihrer
Mobilität eingeschränkte, hilfsbedürftige, bildungs- und einkommensarme
ältere Menschen) durch entsprechende Strukturen und die Anwendung auch
niedrigschwelliger Beteiligungsmethoden miteinzubeziehen. Hiermit sollte
das sogenannte interventionsgerontologische Dilemma durchbrochen werden,
demzufolge soziale und politische Partizipation mit einem höheren Sozial- und
Bildungsstatus älterer Menschen positiv korreliert, während Angehörige nied-
rigerer Statusgruppen sich eher gar nicht oder weniger engagieren bzw. beteiligen und so auch ihre Belange und Interessen weniger Gehör und Berücksichtigung finden (siehe auch Kapitel 2) (Aner 2016). Das Teilprojekt hat in diesem
Zusammenhang die Akteure vor Ort darin unterstützt „schwer Erreichbare",
also Menschen, die (noch) nicht an den Quartiersentwicklungsprozessen partizipieren (können), ausfindig zu machen und anzusprechen. Dafür wurde mit
Quartiersbewohner*innen und anderen Akteuren überlegt, wer zu dieser Zielgruppe gehört, welche Beteiligungsformate eingesetzt werden könnten und der
Kontakt zu lokalen Akteuren aufgenommen, um sie bei der Vernetzung zu unterstützen. Zusätzlich standen die Erweiterung und Förderung der politischen
Partizipation und der lokalen Demokratie (demokratische Partizipation) im
Fokus des Teilprojekts. Entscheidungen, die z. B. vor Ort in den Quartierskon-
ferenzen getroffen wurden, sollten mit den kommunalpolitisch-repräsentativen
Organen (stärker) verzahnt werden, sodass diese Ergebnisse dort einfließen
können. Auch die Digitale Quartiersplattform und das Thema E-Partizipation
bzw. digitales Bürgerschaftliches Engagement waren bei der Verzahnung mit
Politik und Verwaltung ein wichtiges Thema.

Der Begriff „Modell" wurde im Teilprojekt so verstanden, dass die gewonnenen Erkenntnisse für andere Quartiere und Kommunen übersichtlich zusammengefasst und veröffentlicht werden, um anderenorts Akteuren die Entwicklung einer partizipativen Quartiersentwicklung zu erleichtern. Hierbei geht es, dem Gesamtprojekt entsprechend, vor allem um eine partizipative Quartiersentwicklung mit älteren Menschen, die insbesondere in der offenen kommunalen Sozialen Altenarbeit angewandt werden kann. Nichtsdestotrotz können viele der Erkenntnisse auch auf die allgemeinere Ebene genereller Quartiersentwicklung übertragen werden. Dieses „Modell" bzw. das vorliegende Buch ist das Ergebnis der systematisierten Erfahrungen vor Ort, der Erfahrungen der unterschiedlichen Teilprojekte, der Bestandsaufnahme in den Quartieren, der Erkenntnisse einer Stakeholder- und Netzwerkanalyse (mit Fokus auf die Ausgangssituation in den Quartieren) sowie der Analyse von insgesamt 31 leitfadengestützten (Experten-)Interviews, die auch der Netzwerkanalyse dienten, mit Akteuren in den Beispielquartieren (siehe auch Kapitel 1.3).

Das Teilprojekt Partizipationsmodell war eng verknüpft mit dem Teilprojekt Reales Netz, da dieses die konkrete Quartiers-, Partizipations- und Vernetzungsarbeit vor Ort angestoßen und umgesetzt hat. Ein Großteil der Erkenntnisse, die in diesem Buch dargestellt werden, sind aus dieser Arbeit in den Quartieren in Kooperation entstanden. Trotz der engen Verknüpfung mit dem realen Netz wurden mehrere Ereignisse und Aktivitäten durch das Teilprojckt selbst oder in Zusammenarbeit mit dem Generationennetz Gelsenkirchen e. V. durchgeführt. Insbesondere hat das Teilprojekt die Diskussion über die Verknüpfung zwischen kommunaler Politik und Quartiersarbeit in Gelsenkirchen angeregt sowie eine eigene stadtweite Teilprojektgruppe (Teilhaben und Beteiligen) hierzu zusammengeführt und begleitet. Um eine stärkere Verankerung der Quartiersarbeit in kommunalen Strukturen sowie in Entscheidungs- und Kooperationsstrukturen zu erreichen bzw. Ansätze hierfür zu diskutieren, wurden insgesamt drei Treffen mit Verordneten der Bezirksvertretungen (parlamentarisch unterste Ebene der politischen Repräsentation in Nordrhein-Westfalen) und der Teilprojektgruppe aktiver Bürger*innen und Dienstleister, unter Beteiligung von Mitarbeiter*innen des Generationennetzes, veranstaltet. Dabei wurden Bezirksverordnete aus allen Stadtbezirken Gelsenkirchens eingeladen. In diesen Treffen wurde erörtert, inwiefern Politik und Bürgerschaft sich gegenseitig besser über ihre Aktivitäten und Ideen für das Quartier bzw. den Stadtbezirk informieren könnten bzw. wie sich eine systematische Verzahnung des Partizipationsgeschehens in den Quartieren mit den politisch legitimierten Instanzen und deren Abläufen ermöglichen ließe. Weiterhin ging es darum, wie die im Projektkontext entstandenen Strukturen nach Ablauf des Projekts erhalten bleiben könnten (Verstetigung). Ebenso wurden zur weiteren Informationsverbreitung das Projekt QuartiersNETZ und die Ergebnisse des Treffens in den Bezirksvertretungssitzungen vorgestellt.

Auch die Ergebnisse dieser Veranstaltungen sind Grundlage der vorliegenden Veröffentlichung.

Zum Teilprojekt Partizipationsmodell gehörte, wie erwähnt, die Arbeit der stadtweiten Arbeits- bzw. Teilprojektgruppe Teilhaben und Beteiligen, die aus Bürger*innen, Dienstleistern, Politiker*innen und weiteren Akteuren bestand, zu koordinieren. Die Teilprojektgruppe traf sich ca. drei- bis viermal im Jahr, wobei einige der Teilnehmenden sehr regelmäßig und andere nur an einzelnen Terminen dabei waren. Es wurden verschiedene Themen besprochen: „Wie kann man bestimmte Bevölkerungsgruppen besser erreichen und einbeziehen?", „Wie kann man unterschiedliche Generationen miteinander verbinden?" und „Wie kann die Verzahnung zwischen Politik und Quartiersarbeit gestaltet werden?". Die Teilnehmenden kamen sowohl aus den Referenzquartieren als auch aus anderen Quartieren in Gelsenkirchen und nutzten die Gruppe unter anderem zum Austausch über Erfahrungen und Fortschritte in ihren jeweiligen Quartieren. Es wurden insbesondere Ideen zu verschiedenen Aktivitäten entwickelt, die in den Quartieren umgesetzt werden konnten. Hier war ein Schwerpunktthema z. B. der Einbezug von pflegebedürftigen Menschen ins Quartiersleben. Verschiedenste Ideen von einer Zusammenarbeit von Ehrenamtlichen und Pflegediensten, über Engagement in der Alzheimergesellschaft zu Filmvorstellungen im Pflegeheim und Unterstützung des Entlassmanagements im Krankenhaus wurden hier entwickelt und zurück in die eigenen Quartiere mitgenommen. Zum Teil wurden diese Ideen umgesetzt, bei anderen Ideen erwies sich die Organisation als schwierig, die Idee als nicht passend für das eigene Quartier oder es wurden nicht genügend Mitstreiter*innen gefunden. Die Verzahnung der Quartiersarbeit mit der Lokalpolitik, war für die Teilnehmenden ein wichtiges Anliegen, so dass viele der Teilnehmenden aktiv an den o. g. drei Workshops mit Bezirksverordneten der Stadtbezirke in Gelsenkirchen teilnahmen.

Weitere Aktionen, die durch das Teilprojekt Partizipationsmodell angestoßen oder begleitet wurden, sind die aufsuchende Arbeit des „QuartiersNETZ unterwegs", das durch die Mitarbeiter*innen des Generationennetzes Gelsenkirchen e. V. umgesetzt wurde, ein stadtweites Netzwerkertreffen, welches zusammen mit dem aGEnda 21-Büro und dem Generationennetz Gelsenkirchen e. V. organisiert und durchgeführt wurde sowie ein Vernetzungstreffen von aufsuchend Tätigen im Quartier Schalke, das zusammen mit dem Caritasverband für die Stadt Gelsenkirchen e. V., dem Teilprojekt Evaluation und dem Generationennetz Gelsenkirchen e. V. organisiert und durchgeführt wurde.

Die Idee des Formats „QuartiersNETZ unterwegs" wurde in einem gemeinsamen Workshop mit dem Generationennetz Gelsenkirchen e. V. und dem Caritasverband für die Stadt Gelsenkirchen e. V. entwickelt. Die Idee hinter dem Namen ist, dass das Projekt sich „auf den Weg macht" und an unterschiedlichen und eher ungewöhnlichen Orten (Bushaltestellen, Foyers von Sparkassen, Eingangsbereiche von Läden, Wohnhäuser etc.) sowie zum Teil auch zu ungewöhnlichen Uhrzeiten Treffen bzw. Gespräche ermöglicht. Durch diese Aktionen sollen Menschen angesprochen werden, die sonst nicht erreicht werden und/oder vermutlich noch nicht vom Projekt bzw. der Quartiersarbeit gehört haben.

All diese Veranstaltungen, Arbeitsgruppen, Diskussionen und geführten Interviews wurden für diese Veröffentlichung analysiert und die Erkenntnisse hierzu zusammengefasst.

1.3 Methodisches Vorgehen

Die Erkenntnisse, die in enger Zusammenarbeit mit dem Teilprojekt Evaluation erarbeitet wurden, basieren auf der Auswertung von Daten, die durch einen Mix verschiedener Methoden erhoben wurden. Durchgeführt wurden eine Stakeholder-/Sozialraumanalyse, (Experten-)Interviews sowie eine Netzwerkanalyse; zudem wurden Veranstaltungen im Projektrahmen teilnehmend beobachtet und mit ausgewählten Beteiligten erfolgte eine Gruppendiskussion. Diese Methoden werden nun kurz vorgestellt und erläutert[3].

Die *Stakeholder- und Sozialraumanalyse* ermittelt die sozio-strukturelle Situation vor Ort sowie bereits vorhandene Akteure. Anhand der Auswertungen von statistischen Daten, Dokumenten, Gesprächen und Interviews, Protokollen Teilnehmender Beobachtung, Stadtteilbegehungen etc. wurden physische und bauliche Strukturen, soziodemografische und -ökonomische Daten, sozialinfrastrukturelle Potenziale (d. h. als möglicherweise relevant zu erachtende Akteure) sowie Nutzungsmöglichkeiten und Mobilitätsmuster erfasst. Dies diente primär dazu, die Ausgangssituation im Quartier zu erfassen und zu verstehen (Grates et al. 2018a).

Nach ca. einem Jahr Projektlaufzeit wurden halbstrukturierte *(Experten) Interviews* mit verschiedenen Akteuren aus den Quartieren durchgeführt. Dabei wurde auf eine heterogene Zusammensetzung der insgesamt 31 Interviewpartner*innen geachtet, um durch eine Vielfalt an Perspektiven die jeweils subjektiven Einschätzungen der befragten Akteure eher verallgemeinert betrachten zu können (Vukoman und Krön 2018). Daher wurden Akteure aus den Bereichen der Lokalpolitik, städtische Mitarbeiter*innen, gewerbliche und nicht-gewerbliche Dienstleister, bürgerschaftlich engagierte sowie nicht bürgerschaftlich engagierte Quartiersbewohner*innen interviewt (Grates et al. 2018a). Die Interviews sind zum Großteil Experteninterviews zuzuordnen, da

---

3 Anzumerken ist, dass alle Aussagen, die bezüglich des Projektes getroffen werden, nur die Prozesse, Ergebnisse und Strukturen abzubilden vermögen, die dem empirischen Setting gemäß im Blickfeld der Erhebung und Auswertung standen. Von daher erheben die Ausführungen keinen Anspruch auf Vollständigkeit aller sich in den Quartieren vollziehenden Ereignisse.

die Befragten über je spezielles (Erfahrungs-)Wissen über den Forschungsgegenstand verfügen (Meuser und Nagel 1997). In den Interviews standen die Einstellungen, Sichtweisen und Deutungen der Interviewpartner*innen zur Quartierswahrnehmung, zu relevanten Akteuren, Möglichkeiten der Quartiersentwicklung etc. im Vordergrund (Gläser und Laudel 2010). Ausgewertet wurden die (Experten-) Interviews unter Nutzung der MAXQDA-Software mittels der strukturierten qualitativen Inhaltsanalyse (Kuckartz 2014).

Um „die Kooperationen in Bezug auf das Projekt als auch auf die Quartiersentwicklung als solche" (Vukoman und Krön 2018, S. 134) zu analysieren, wurde des Weiteren eine *Netzwerkanalyse* durchgeführt, die insbesondere die Akteurskonstellationen zu erfassen suchte, die bereits im Vorfeld des eigentlichen projektbezogenen Vernetzungsprozesses bestanden, und die Akteure, die in verschiedenartiger Weise mit dem Vernetzungsprozess bezüglich des Aufbaus von Quartiersnetzen (erste) Beziehungen eingegangen waren oder (noch) nicht. Im Vordergrund stand dabei „die Frage, wie sich quartiersbezogene Kooperationen und Netzwerke mit unterschiedlichen Ausgangslagen und Voraussetzungen konstituieren und welcher Logik sie folgen (Herstellungs- und Bedeutungskontexte)." (Vukoman und Krön 2018, S. 134) Es wurde ein qualitativer Ansatz der Netzwerkanalyse gewählt, der an die Qualitative Strukturale Analyse (QSA) nach Herz et al. (2015) angelehnt ist. Die Interviewpartner*innen der oben genannten Experteninterviews wurden auch dazu angeregt, Personen, Institutionen und Artefakte zu nennen, die sie als relevant für die Quartiersentwicklung ansehen. Anschließend sollten die Interviewpartner*innen „diese (auf Zetteln zwischenzeitlich notierte(n)) Nennungen auf einer Netzwerkkarte (…) verorten, in deren Zentrum das Quartier stand: ‚Wenn Sie sich alle genannten Akteure und Artefakte anschauen, wer oder was ist für die Quartiersentwicklung im Quartier XY am wichtigsten?'" (Heming und Vukoman 2018, S. 60f.). Die Interviews mit der angrenzenden Netzwerkanalyse haben dazu beigetragen (ohne Anspruch auf Vollständigkeit), einige zentrale Netzwerke in den Quartieren zu „entdecken" und auf deren möglichen Stellenwert für die Entwicklung von Quartiersnetzen hinzuweisen.

Teilnehmende Beobachtung[4] ist gekennzeichnet durch ihren explorativen Charakter und stellt daher eine gute Ergänzung zu den anderen angewendeten Erhebungsmethoden dar, um die Strukturen und Prozesse im Quartier identifizieren zu können (Döring und Bortz 2016; Przyborski und Wohlrab-Sahr 2014). Angesiedelt waren die Teilnehmenden Beobachtungen vor allem in den Quartierskonferenzen (einschließlich der in diesem Rahmen stattfindenden themenbezogenen Arbeitsgruppen) und in den Treffen der Quartiersnetzwerk-Gruppen, die u. a. die Quartierskonferenzen organisatorisch und inhaltlich vorbereiten (sogenannte Ko-Kreise bzw. Steuerungsgruppen) (siehe Abb. 3). Daneben wurden weitere Projektveranstaltungen teilnehmend beobachtet

---

4   Für eine ausführliche Darstellung siehe Grates et al. 2018b sowie Heming et al. 2019.

(z. B. die Arbeit der Fokusgruppe, die an der Gestaltung der Quartiersplattform mitwirkte). Die Forscher*innen haben mithilfe eines Beobachtungsschemas (Przyborski und Wohlrab-Sahr 2014) und einer Audioaufnahme Beobachtungsprotokolle verfasst, die anschließend ebenfalls mit der strukturierenden qualitativen Inhaltsanalyse unter Anwendung der Software MAXQDA ausgewertet wurden. Durch die Teilnehmende Beobachtung konnte viel Wissen über die Prozesse und quartiersspezifische Besonderheiten gewonnen werden (Grates et al. 2018b). Die (Teil-)Ergebnisse wurden dann unter anderem den vor Ort zuständigen quartiersverantwortlichen Sozialarbeiter*innen im Sinne einer partizipativen Evaluation rückgekoppelt und mit ihnen diskutiert, auch um gegebenenfalls prozessbezogen Änderungen initiieren zu können (Heming und Vukoman 2018).

Abb. 3: Beispiel verschiedener Gremien, Gruppen und Treffen zur Quartiersentwicklung

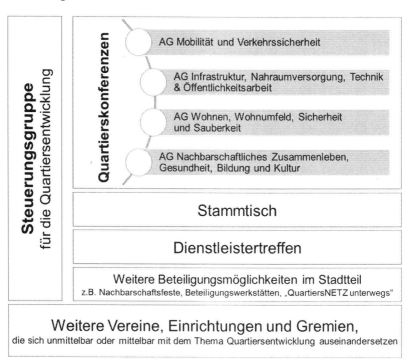

Quelle: Eigene Darstellung nach Heming et al. 2019

Nach ca. dreieinhalb Jahren Projektlaufzeit wurden abschließend die für die vier Referenzquartiere zuständigen Generationennetz-Mitarbeiter*innen interviewt. Diese Interviews zielten auf eine Auswertung des Beteiligungsprozesses in den Quartieren, der Zusammenarbeit und des Austausches mit Akteuren vor Ort und der Möglichkeiten zur Verstetigung angestoßener Projekte; ausgewertet wurden auch diese *Schlussinterviews* qualitativ inhaltsanalytisch.

Das Thema E-Partizipation wurde in einer *Gruppendiskussion* mit den Quartiersredakteur*innen (siehe Kapitel 4.1.7) erörtert (siehe Kapitel 8.3). Die Methode ist dienlich für die „Erforschung kollektiv verankerter Orientierungen" (Schäffer 2010, S. 76). Dabei geht nicht um die Summe individueller Meinungen, sondern um die Erkundung von Gruppenmeinungen zu einem bestimmten Thema. In Gruppendiskussionen artikulieren sich kollektiv geteilte Wissensbestände und Strukturen in einer nicht hierarchisch angelegten Kommunikationssituation. Grundsätzliches Ziel der Gruppendiskussion ist ein selbstläufiger Diskurs. Die Diskussion wird durch eine Moderation geleitet, möglichst zurückhaltend, nicht teilnehmend, wenig strukturierend, interessiert und offen. Thesen (entwickelt aus vorheriger Analyse) wurden in unserem Fall durch einen Diskutanten eingebracht, der sich an der Diskussion (zurückhaltend) beteiligt. Begonnen wurde mit einer Eingangsfrage, gefolgt von einer Phase des selbstläufigen Diskurses und schließlich einer direktiven Phase, in der Auffälligkeiten und Widersprüche gezielt angesprochen wurden. Auch die Gruppendiskussionen wurden qualitativ inhaltsanalytisch ausgewertet. Zusammengefasst liegen die Vorteile von Gruppendiskussionen in Evaluationsprozessen, dass Lernprozesse initiiert und ein kollektives Verständnis über geteilte Probleme sowie Lösungsmöglichkeiten entwickelt werden können.

Weiterhin wurde gegen Ende des Projekts durch das Teilprojekt Evaluation eine Schlussevaluation durchgeführt, die eine schriftliche Befragung der Teilnehmenden der Quartierskonferenzen, Gruppendiskussionen mit den steuernden Gremien in den vier Quartieren (siehe Kapitel 4.1.2) und eine schriftliche Befragung der Nutzer*innen der Angebote der Technikbotschafter*innen (siehe Kapitel 4.1.9) beinhaltete. Deren Ergebnisse wurden entweder statistisch mit der Software SPSS oder inhaltsanalytisch mit der Software MAXQDA ausgewertet (Grates et al. 2019a).

1.4 Überblick über nachfolgende Kapitel

Abschließend nun noch ein Überblick über die nachfolgenden Kapitel: In *Kapitel 2* wird zunächst darauf eingegangen, wie Partizipation und Koproduktion im Teilprojekt verstanden wurden sowie auf verschiedene Aspekte, die dabei zu beachten sind. Eingegangen wird zudem auf die Bedeutung des Alter(n)s im kommunalen Sozialraum. Weiterhin beschäftigen wir uns mit dem Zusammenhang von Partizipation und Demokratie und zeigen verschiedene Verständnisse der Partizipation in der Demokratietheorie auf. Des Weiteren geht es in dem Kapitel um den kommunalen Kontext von Partizipation, in dem sich das Projekt QuartiersNETZ bewegt, und damit auch um „Urban Governance".

Mit dem Quartier als Partizipationsebene beschäftigt sich *Kapitel 3*. Zunächst werden der Quartiersbegriff sowie die unterschiedlichen Wahrnehmungen und Vorstellungen von Quartieren diskutiert. Anschließend wird darauf eingegangen inwiefern die Ebene des Quartiers Vorteile für den Einbezug von Älteren in die Quartiersentwicklung und für die Teilhabe und Beteiligung generell bietet. Welche Strukturen können „besser" oder „einfacher" auf dieser Ebene eingerichtet werden und was bedeutet die Möglichkeit der persönlichen Begegnung im Quartier für die gesellschaftliche und politische Teilhabe/Beteiligung? Es wird allerdings auch drauf hingewiesen, dass Quartiere, selbst wenn sie unterschiedliche Charakteristika aufweisen, immer im Zusammenhang der Gesamtstadt betrachtet werden müssen.

Kapitel 4 betrachtet, wie Teilhabe und Beteiligung gestärkt werden und wie ein möglichst breiter Querschnitt der Bevölkerung, insbesondere von Exklusion bedrohte Menschen, erreicht werden können. Hierzu werden zunächst verschiedene Beteiligungsformate präsentiert, die im QuartiersNETZ-Projekt zum Einsatz gekommen sind. Diese werden im Anschluss in Bezug auf verschiedene Dimensionen von Beteiligungsprozessen reflektiert.

Der Aufbau von Quartiersnetzwerken ist Thema in *Kapitel 5*. Hier wird dargestellt, welche Schritte und Elemente beim Aufbau von Quartiersnetzwerken notwendig bzw. vorteilhaft sind. Außerdem wird die Rolle der Älteren als Ko-Produzenten der Quartiersnetzwerke reflektiert und daraus Schlüsse für die Verstetigung dieser Rolle gezogen.

Hindernisse und Grenzen von Partizipation im Quartier werden in *Kapitel 6* behandelt. Dies schließt z. B. nicht kooperationsbereite Akteure oder eine zeitliche Überforderung ebenso ein wie die Tatsache, dass manche Probleme sich zwar im Quartier bemerkbar machen, aber dort nicht oder nur in geringem Maße angegangen werden können.

Da im Projekt QuartiersNETZ gemeinsam mit Bürger*innen und anderen Akteuren sowohl reale als auch digitale Netzwerke aufgebaut wurden, betrachten die nächsten beiden Kapitel die digitale Seite der Partizipation. In *Kapitel 7* geht es zunächst um Partizipation in der Technikentwicklung. Es werden Erkenntnisse aus den jeweiligen Teilprojekten zu diesem Thema sowie dem Teilprojekt Evaluation dargestellt. Dieses Kapitel wurde von Miriam Grates verfasst.

Kapitel 8 erläutert dann den Begriff der E-Partizipation und beschreibt Chancen und Risiken sowie Formate und Instrumente, die E-Partizipation ermöglichen können. Als Beispiel eines Instruments wird die im Quartiers-

NETZ-Projekt entwickelte Digitale Quartiersplattform näher betrachtet. Eingegangen wird in diesem Zusammenhang auch auf die ehrenamtliche Arbeit des Redaktionsteams der Quartiersredakteure und deren Sicht auf die Möglichkeiten zur E-Partizipation, die sich durch die Plattform ergeben (könnten).

Kapitel 9 geht auf Erkenntnisse zur Partizipation von professionellen Akteuren, Dienstleistern und Geschäftsleuten im Quartier ein und beschreibt wie Engagement von Dienstleistern angestoßen werden kann und welche verschiedenen Engagementmöglichkeiten es gibt. Im Projekt ist hierbei deutlich geworden, dass unterschiedliche Bereiche der professionellen Akteure verschiedene Interessen und Bedürfnisse im Bereich der Quartiersentwicklung und der Partizipation im Quartier haben. Dementsprechend können und sollten diese unterschiedlich angesprochen und einbezogen werden.

Im *Kapitel 10* geht es um die Vernetzung von repräsentativer und partizipativer Demokratie auf kommunaler Ebene, die, wie oben dargelegt, ein wichtiges Thema des Teilprojekts Partizipationsmodell darstellt. Es wird zunächst die wissenschaftliche Diskussion zu diesem Thema kurz vorgestellt, um dann auf die Erkenntnisse des Projekts einzugehen. Besonders wichtig ist hier die Stadtbezirksebene der Politik, aber auch die Unterstützung von Teilhabe und Beteiligung auf gesamtkommunaler Ebene ist selbstverständlich von Bedeutung.

Im vorletzten *Kapitel 11* wird das relevante Thema der Verstetigung betrachtet. Wie lässt sich die Rolle von Ko-Produzent*innen sichern und verstetigen und wie können die in den Quartieren aufgebauten Strukturen erhalten werden? Auch hier gilt, dass jedes Quartier unterschiedlich ist, wodurch keine allgemeingültigen Mittel und Wege zur Verstetigung benannt werden können. Dennoch können Herangehensweisen und Möglichkeiten aufgezeigt werden, die verfolgt werden könn(t)en. Einige Beispiele und Möglichkeiten werden in diesem Kapitel erläutert, vor allem bezogen auf das Projekt, aber es werden auch zum Teil Erkenntnisse anderer Projekte benannt.

Das Buch endet mit einer Schlussbetrachtung *(Kapitel 12)*, in der noch einmal Partizipation ermöglichende und beschränkende Faktoren sowie Schritte zur partizipativen Entwicklung von Quartiersnetzwerken insbesondere mit Älteren zusammengefasst werden.

2 Teilhaben und Beteiligen im urbanen Raum

In diesem eher konzeptionell angelegten Kapitel gehen wir auf die Bedeutung der Begriffe Partizipation und Koproduktion ein bzw. darauf, wie sie in diesem Buch verstanden werden und wie Partizipation und Koproduktion hinsichtlich des Einbezugs v. a. älterer Menschen zusammenwirken. Hierzu gehört auch, die enge Verbindung aufzuzeigen, die zwischen Partizipation und Demokratie besteht (2.1). Im Fokus steht hierzu der lokale Sozialraum und dessen altersintegrierte, partizipative Gestaltung (2.2). Im Anschluss daran wird thesenhaft darauf aufmerksam gemacht, welche strukturelle Verbindung zwischen gesellschaftlichen Wandlungsprozessen und der verstärkten Bedeutung, die dem kommunalen Raum und dem Thema Partizipation heutzutage zugeschrieben werden, besteht (2.3) sowie der Zusammenhang zwischen Partizipation und der „Krise der Demokratie" beschrieben (2.4).

2.1 Partizipation und Koproduktion

Unterschieden werden kann zunächst zwischen politischer und sozialer Partizipation (Roßteutscher 2009; van Deth 2009). *Politische Partizipation* wird definiert als freiwillige Aktivität von Bürger*innen mit dem Ziel der politischen Einflussnahme (Wahlen, Mitgliedschaft in Parteien, Demonstrationen, Bürgerinitiativen etc.). Sie ist „nicht nur erforderlich für demokratische Entscheidungsfindung, sondern bietet dem Bürger auch Entwicklungs- und Selbstverwirklichungsmöglichkeiten" (van Deth 2009, S. 141). Partizipation ist das Lebenselixier der Demokratie: „Wer Demokratie sagt, meint Partizipation" (van Deth 2009, S. 141).

Soziale Partizipation meint generell individuelle wie kollektive Teilhabe und Beteiligung von Menschen an gemeinschaftlichen und/oder gesellschaftlichen Lebensbereichen.

„Soziale Partizipation reicht immer über rein private Belange hinaus. (…) Soziale Partizipation meint zudem Beteiligungsformen, die sich entweder an Kollektive richten (Ehrenamtliche beim Betrieb einer Suppenküche) und/oder direkt im Verbund, sozusagen kollektiv ausgeübt werden (als Mitglied der Bahnhofsmission, die eine Suppenküche betreibt). Soziale Partizipation unterscheidet sich schließlich von politischer Partizipation, die explizit die Beeinflussung von Entscheidungen oder Entscheidungsträgern auf unterschiedlichen politischen Ebenen zum Ziel hat." (Roßteutscher 2009, S. 163)

Wenn wir im Buch von Teilhabe und von Beteiligung sprechen, wollen wir damit zum Ausdruck bringen, dass zwischen Zugehörigkeit als solcher (Teilhabe/ein Teil vom Ganzen sein) und aktivem Sich-Beteiligen (mitsprechen, mitmachen, mitbestimmen) – sei es eigenständig oder durch Anregungen Dritter motiviert – begrifflich zu unterscheiden ist, dass hier aber zugleich ein sehr enger Zusammenhang besteht (aus Teilhabe wird Beteiligung, aus Beteiligung wird Teilhabe, je nach Gegebenheit, Situation, Thematik, Interesse etc.). Dieser enge Zusammenhang zeigt sich auch darin, dass gesellschaftliche oder soziale Teilhabe oft eher in dem Sinne des Zugehörigsein verstanden wird, während politische Teilhabe hingegen oft aktiver und eher im Sinne von Beteiligung verstanden wird. Genauso sind soziale und politische Partizipation, trotz begrifflicher Unterscheidung, empirisch betrachtet eng miteinander verzahnt (van Deth 2001), so dass eine klare Trennung zwischen sozialer und politischer Partizipation wohl nur rein analytisch sinnvoll ist. Partizipation kann also sowohl als soziale als auch als politische Form der Teilhabe/Beteiligung begriffen werden. Daher wird vermehrt argumentiert, dass auf der Ebene der Handlungspraxis politische und soziale Partizipation zusammengedacht werden sollten. Bestimmte Formen der sozialen/politischen Beteiligung lassen sich nun durchaus unter den Oberbegriff des „Bürgerschaftlichen Engagements" (Roth 2011a; Vetter und Remer-Bollow 2017) fassen, sofern sie der Begriffsbestimmung entsprechen, die die Enquete-Kommission „Zukunft des Bürgerschaftlichen Engagements" vorgelegt hat und an die wir uns hier anlehnen. Demgemäß heben wir mit der Bezeichnung Bürgerschaftliches Engagement darauf ab, dass sich hier Personen aus Solidarität für andere oder für ein Anliegen freiwillig und entgeltfrei im öffentlichen Raum einsetzen (Enquete-Kommission ‚Zukunft des Bürgerschaftlichen Engagements' Deutscher Bundestag 2002). Der Begriff wird vor allem dann benutzt, wenn betont werden soll, dass der Einsatz für das Gemeinwohl und das Gemeinwesen erfolgt, sei er sozial und/oder politisch motiviert (Embacher und Lang 2008). Die Engagementformen sind vielfältig (Embacher und Lang 2008; Kersting 2008). Sie umfassen beispielsweise das Engagement in sportlichen, kulturellen, sozialen und umweltbezogenen Bereichen, in nachbarschaftlichen bzw. quartiersbezogenen Kontexten wie auch die Unterstützung bestimmter Gruppen (z. B. Flüchtlinge, Pflegebedürftige). Zum Bürgerschaftlichen Engagement gehören zudem Demonstrationen, Petitionen, Unterschriftenaktionen, Streiks, Besetzungen etc. Ob das Engagement dabei im Rahmen einer festen Struktur erfolgt (z. B. Organisation, Verband) oder nicht (z. B. Bürgerinitiative, informelle Gruppe), ist weniger relevant.

Partizipation, insbesondere im Sinne von teilhaben, sich beteiligen oder beteiligt werden, mitgestalten bzw. mitwirken, mitbestimmen und mitentscheiden (wollen), hat unterschiedliche Facetten und wird je nach Thematik und (disziplinärer) Betrachtungsweise durchaus unterschiedlich verstanden.

Fragt man nach dem Spektrum oder der *Reichweite* von Partizipation, werden zur Veranschaulichung oftmals bestimmte „Stufen" (Rieger und Straßburger 2014; Arnstein 1969; Köster 2009; Wright et al. 2010) herangezogen (siehe Abb. 4). Diese umfassen in aufsteigender Folge z. B. Information, Anhörung,

Mitwirkung bzw. Mitgestaltung, Mitbestimmung, Mitentscheidung sowie bürgerschaftliche Selbstorganisations- und Selbstverwaltungsformen. Einige Autor*innen implizieren dabei, und die „Stufen"-Metapher suggeriert dies, dass je „höher" die „Stufe" ist, desto besser die Partizipation sei, während andere betonen, dass mit den verschiedenen „Stufen" keine Hierarchie bzw. Wertigkeit mitgedacht werden sollte. Wir möchten uns Letzteren anschließen, da wir der Auffassung sind, dass jede der Stufen ihre Berechtigung hat; auch können sie unseres Erachtens zeitlich und situativ so eng beieinanderliegen, dass von „Stufen" nicht wirklich die Rede sein kann. Als Vorstufe zur Partizipation gelten im Allgemeinen Information und Anhörung, während die Formen des „Mit" die Kernaspekte des Partizipationsbegriffs darstellen (Roth 2011a). Wenn auch nicht im engeren Sinne zur Partizipation zugehörig, so ist doch die Information und die Einschätzung, gut informiert zu sein, eine wichtige Voraussetzung für partizipative (demokratische) Prozesse. Es ist allerdings nicht ausreichend, wenn auf der Stufe der Information verharrt würde: Information ist zwar ein grundlegendes Element für Partizipation, aber kein ausreichendes.

Abb. 4: Beispiele für „Stufen" der Partizipation

Quelle: Eigene Darstellung nach Arnstein 1969; Straßburger und Rieger 2014b; Wright 2010

Unterschieden werden kann ferner danach, *von welcher Seite* Beteiligungsprozesse initiiert oder eingefordert werden (Straßburger und Rieger 2014a): von Fachkräften in beruflich-institutionellen Kontexten wie etwa Stadtplanung, Quartiersmanagement und Sozialarbeit oder z. B. von Bürgerinnen und Bürgern im Rahmen selbstinitiierten Bürgerschaftlichen Engagements. Von Fachkräften initiierte Partizipation findet sich beispielsweise häufig in der Stadtplanung. Hier wird Partizipation als Beteiligung an Planungen und Projekten verstanden, d. h. die Planer*innen beteiligen betroffene Bürger*innen und lassen diese an der Planung mitwirken oder mitentscheiden, wie z. B. der Neuplanung eines ehemaligen Industriegebiets, der Umgestaltung eines Platzes oder des Neubaus von Wohnsiedlungen oder Gebäuden. Im Kontext von integrierten Stadtentwicklungsprojekten wie z. B. im Rahmen des Bund-Länder-Programms „Soziale Stadt" liegt ein besonderer Fokus auf der Partizipation der Bewohner*innen der jeweiligen Stadtteile. Hier wird Partizipation stärker in dem Sinne verstanden, dass Bewohner*innen ihre eigenen Erfahrungen und das Wissen um ihre Lebenswelt einbringen können und dass sie eigene

Projekte und Ideen für den Stadtteil entwickeln können (Walther und Güntner 2007; Häußermann 2011; Bundesministerium für Umwelt, Naturschutz, Bau und Reaktorsicherheit (BMUB) 2016; Schmidt 2014). In der (gemeinwesenbezogenen bzw. sozialräumlichen) Sozialen Arbeit liegt der Fokus insgesamt stärker darauf, Menschen in die Lage zu versetzen, sich am gemeinschaftlichen, gesellschaftlichen oder politischen Leben zu beteiligen, sie zur Beteiligung anzuregen und mit dafür zu sorgen, dass sie sich beteiligen und selbstwirksam (kollektiv) einbringen können (Rieger und Straßburger 2014; Schnurr 2018).

Zudem ist noch zu differenzieren zwischen verschieden Verständnisweisen (*Haltungen*), die in ein Spannungsverhältnis geraten können bzw. eine Ambivalenz von Partizipation zu Tage fördern (Wagner 2014, 2012; Keim 2014). So kann Partizipation pragmatisch-instrumentell verstanden werden, etwa im Sinne eines mitwirkenden Einbezugs alltagsweltlicher Ressourcen und Kompetenzen der (älteren) Bürgerinnen und Bürger, z. B. bei der (Um-)Gestaltung eines Wohnumfelds. Gelesen werden kann dies auch als (Selbst-)Einbindung Älterer in die neoliberale Aktivgesellschaft (Lessenich 2013a, 2018, 2012b) bzw. als Ausdruck einer nachberuflichen „Wieder-Verpflichtung des Alters" (van Dyk 2007, S. 102, 2015a; van Dyk und Lessenich 2009a). Partizipation kann aber auch Kennzeichen eines Handelns sein, das – z. B. im kommunalen Sozialraum – primär auf die Stärkung von Demokratisierungs- und Emanzipationsprozessen setzt, etwa zwecks Einflussnahme auf die Veränderung gesellschaftlicher Verhältnisse – Selbstwirksamkeit bzw. -ermächtigung (Empowerment) oder Bildung von Gegenmacht inklusive (Aner 2016; Keim 2014). In konkreten Entwicklungsprozessen kann es allerdings sein, dass der pragmatisch-instrumentelle Aspekt von Partizipation durchaus mit dem demokratischemanzipatorischen verknüpft ist (Heite et al. 2015).

Mit Bezug nun auf den Begriff der *Koproduktion*, der sich auf die gemeinsame Herstellung von „etwas" bezieht, soll deutlich gemacht werden, dass für uns zwischen Partizipation und Koproduktion eine enge Verbindung besteht, d. h. Koproduktion nicht isoliert von Partizipation verstanden werden sollte. Das „Etwas" können neue materielle Produkte, neue Dienstleistungen, neue Konzepte, neue Softwarelösungen, aber auch neue individuelle und soziale Praktiken sein (wie z. B. neue biografische Orientierungen, neue Wohnformen, neue Formen integrierter Versorgung im Quartier oder neue Beteiligungswege). Koproduktion meint vor allem den Prozess der Herstellung. Dieser Prozess wird partizipativ von verschiedenen Individuen oder Gruppen durch kooperative Zusammenarbeit geleistet (Ostrom 1996; Koop und Pfaff 2015). Koproduktion impliziert beiderseitiges – wenn auch nicht per se gleichgewichtiges – Zusammenwirken. Mit dem Begriff der Koproduktion werden Bürger*innen nicht als passive Konsument*innen oder Kund*innen angesehen, sondern als selbstbewusste, mit Ressourcen, Fähigkeiten und Fertigkeiten ausgestattete Expert*innen ihrer alltäglichen Lebenswelt. So ist z. B. für personenbezogene Dienstleistungen (Standardbeispiel ist hier die Arbeit des Friseurs/der Friseurin), vor allem aber für die Soziale Arbeit, dieses Zusammenwirken insofern essentiell, als sie „ihre Ziele und Zwecke nur erreichen kann, wenn die Professionellen der Sozialen Arbeit und die Adressat_innen in einem Modus der Co-Produktion zusammenarbeiten und wenn die Adressat_innen bei der Bestimmung der Probleme und der Wahl der geeigneten Antworten mitwirken und mitentscheiden." (Schnurr 2018, S. 635)

Koproduktion ist stark mit Partizipation verknüpft. Partizipation ist aber weiter gefasst, als damit zum einen auch Teilhabe- und Beteiligungsformen gemeint sind, die nicht, wie im genannten Sinne, herstellungsorientiert sind, sondern generell das (freiwillige) Beteiligtsein und Beteiligtwerden durch entsprechende Ermöglichungsstrukturen gewährleisten wollen. Zum anderen sind hier aber auch zivilgesellschaftlich initiierte Partizipationsprozesse zu nennen, die – z. B. im Modus des Protests – bewusst auf Kooperation verzichten, da sie beispielsweise eine Instrumentalisierung und Vereinnahmung befürchten (Keim 2014; Wagner 2012; van Dyk 2007). Mit anderen Worten: Koproduktion ist stets Partizipation, aber Partizipation ist nicht immer Koproduktion. Im Gegensatz zur Koproduktion haben Partizipationsprozesse häufig auch einen anderen (zeitlichen) Rhythmus. Denn Koproduktion folgt meist einem bestimmten Zeitrahmen, in dem das gewünschte „Produkt" bzw. ein Prototyp fertig gestellt sein soll, sodass es hier eine relativ klare Ergebnisorientierung gibt. Partizipationsprozesse, und hier insbesondere Prozesse im Rahmen partizipativer Quartiersentwicklung, zeigen hingegen sowohl eine Ergebnis- als auch eine Prozessorientierung. Denn Partizipationsprozesse sind, vom (demokratischen) Grundgedanken her betrachtet, eher ergebnisoffen (Heite et al. 2015). Sie verlaufen selten gradlinig, da es sich um offene, dynamische Prozesse handelt, in deren Verlauf Themen überhaupt erst erarbeitet werden und es in dem Sinne kein zu erwartendes Ergebnis gibt. Allerdings ist es natürlich dennoch wichtig, dass bestimmte Ergebnisse erreicht werden. Es ist also

„zwischen dem eigentlichen Ergebnis von Beteiligungsprozessen und der Prozessgüte zu differenzieren. (...) Dort, wo diese Trennung in der Handlungspraxis nicht vollzogen wird bzw. nicht vollzogen werden kann, besteht die Gefahr (…), dass die Bedeutung bzw. die Qualität, die der Prozess für die Beteiligten hat (Wertschätzung, soziale Netzwerke erweitern und/oder vertiefen, neues Lernen, individuelles und kollektives Empowerment entwickeln u.v.a.m.), in den Wahrnehmungshintergrund gerät, was aber einem nachhaltigen Prozessnutzen nicht dienlich ist." (Heite et al. 2015, S. 421)

Bleibt noch zu erwähnen, dass Partizipation, wird sie von Fachkräften initiiert, möglichst authentisch und niedrigschwellig sein und unter Entwicklungsgesichtspunkten so früh wie möglich einsetzen sollte. Gestaltungsspielräume und -grenzen sollten transparent gemacht werden, sofern sie im Vorfeld bekannt sind oder im Prozess erkannt werden (siehe Kapitel 6). Mit dieser Art von grundlegender (demokratischer) Partizipation wird auch „die Übertragung von

Macht und Entscheidungsbefugnis auf die Bürger/innen" (Aner 2016, S. 145) assoziiert.

Um zu verhindern, dass sich durch Partizipation z. B. soziale Ungleichheiten reproduzieren oder gar verstärken, d. h. Partizipation nicht zum Privileg ohnehin schon nach Einkommen, Bildung und Statuspositionen privilegierter Gruppen (Embacher und Lang 2008) wird, ist schließlich mit Bezug auf das Setting der Beteiligungsmethoden darauf zu achten, dass auch (ältere) Bürgerinnen und Bürger mit wenig Einkommen, Bildung oder Beteiligungserfahrungen partizipativ einbezogen sind. Dies gilt in gleicher Weise auch für Menschen, die alters- oder krankheitsbedingt beispielsweise in ihrer Mobilität eingeschränkt sind und daher der Hilfe und Unterstützung durch Dritte bedürfen. Denn bestimmte Teilhabe- und Beteiligungsformate können (selbst-)ausgrenzende Wirkungen haben und zwar in dem Sinne, dass sich etwa marginalisierte Gruppen oder mobilitätsbeeinträchtigte Menschen davon nicht angesprochen fühlen (Munsch 2011; Jörke 2013) (siehe auch Kapitel 6). Um partizipationsbezogene soziale Schließungen zu vermeiden, müssen deshalb auch niedrigschwellige Partizipationsformate zur Anwendung kommen, d. h. Formate, die nicht an bestimmte Voraussetzungen geknüpft sind und deren „Nutzung" daher nur einen geringen Aufwand seitens der Teilnehmenden erfordert, z. B.: Es ist kein besonderes Vorwissen notwendig, der Ort des Formats ist im Wohnumfeld bzw. leicht erreichbar, die Zeit der Veranstaltung ist angepasst, es wird eine einfache Sprache angewendet.

2.2 Alter(n) und Sozialraum

Im Rahmen von Partizipationsprozessen, die auf den kommunalen Sozialraum bezogen sind, den Fokus auf *ältere Menschen* zu legen, ist nicht zuletzt vor dem Hintergrund des gesellschaftlichen und demografischen Wandels von hoher Bedeutung. Denn solche Wandlungsprozesse zeigen sich konkret vor Ort, d. h. in den Städten und Gemeinden (Rüßler 2007).

Die demografische Alterung bedeutet, dass der relative Anteil der älteren Menschen an der Gesamtbevölkerung steigt, dass die absolute Anzahl der Älteren wächst und auch der Anteil und die Zahl der Hochaltrigen (die über 85-Jährigen) zunehmen. Dieses „dreifache Altern" (Naegele 2006) ist räumlich differenziert (Beetz et al. 2009) (siehe Abb. 5). Regionen in Ostdeutschland und die altindustriellen Gebiete (Saarland, Ruhrgebiet) gelten z. B. als vergleichsweise „alte" Räume (Kiziak et al. 2014). Aber auch innerhalb der Regionen und Städte sind Altersunterschiede zu verzeichnen, d. h. auch in „alten" Regionen gibt es Städte, die einen höheren Anteil an jüngeren Bewohner*innen aufweisen und umgekehrt. Ebenso unterscheiden sich Stadtteile und Quartiere innerhalb von Städten und es gibt Viertel, in denen viele Ältere wohnen im Vergleich zu eher „jungen" Stadtteilen. Dies kann z. B. daran liegen, dass eine Alterskohorte zur selben Zeit in ein Quartier eingezogen ist und nun gemeinsam altert.

Die demografische Alterung bedeutet, dass der relative Anteil der älteren Menschen an der Gesamtbevölkerung steigt, dass die absolute Anzahl der Älteren wächst und auch der Anteil und die Zahl der Hochaltrigen (die über 85-Jährigen) zunehmen. Dieses „dreifache Altern" (Naegele 2006) ist räumlich differenziert (Beetz et al. 2009) (siehe Abb. 5). Regionen in Ostdeutschland und die altindustriellen Gebiete (Saarland, Ruhrgebiet) gelten z. B. als vergleichsweise „alte" Räume (Kiziak et al. 2014). Aber auch innerhalb der Regionen und Städte sind Altersunterschiede zu verzeichnen, d. h. auch in „alten" Regionen gibt es Städte, die einen höheren Anteil an jüngeren Bewohner*innen aufweisen und umgekehrt. Ebenso unterscheiden sich Stadtteile und Quartiere innerhalb von Städten und es gibt Viertel, in denen viele Ältere wohnen im Vergleich zu eher „jungen" Stadtteilen. Dies kann z. B. daran liegen, dass eine Alterskohorte zur selben Zeit in ein Quartier eingezogen ist und nun gemeinsam altert.

Für gesellschaftliche Veränderungen bzw. Transformationen haben demografische Veränderungen aber nur eine begrenzte Erklärungskraft (Barlösius und Schiek 2007). Vielmehr sind es Prozesse des sozioökonomischen Wandels, die ursächlich sind. Bedeutsam sind zudem noch altersstrukturelle Veränderungen (z. B. Feminisierung oder Singularisierung des Alters). Nicht selten überlagern sich die genannten Wandlungsprozesse und zeigen sich in spezifischer Weise vor allem auf der regionalen bzw. kommunalen Ebene. Ungeachtet örtlicher Unterschiede heißt dies, dass in den nächsten Jahren und Jahrzehnten – hier und da – vergleichsweise viele ältere Menschen in Städten und Quartieren wohnen und leben werden. Dies würde bedeuten, dass die „Zukunft unserer Städte (...) in erheblichem Maße davon abhängen (wird), wie kreativ und konstruktiv wir den Prozess einer älter werdenden Gesellschaft räumlich gestalten, von den baulichen Rahmenbedingungen über organisatorische Maßnahmen bis hin zum medizinischen Pflegekonzept" (Reicher et al. 2009, S. 7).

Alternssoziologisch betrachtet ist Alter(n) eine soziale Konstruktion (van Dyk 2015b; Phillipson 2013); Alternsverläufe sind von Mensch zu Mensch, von sozialer Gruppe zu sozialer Gruppe unterschiedlich. Altern ist somit ein differenzieller Prozess. Die Gruppe der älteren Menschen ist durch Heterogenität gekennzeichnet (Backes und Clemens 2013; Wahl und Heyl 2015). Unter anderem ist von einem jungen Alter und einem alten Alter (van Dyk und Lessenich 2009b) sowie von einem negativen (z.B. Altersarmut) und einem positiven (z.B. finanzielle Auskömmlichkeit) Alter (Clemens und Naegele 2004) die Rede. Auch interkulturell ist das Alter(n) verschieden.

Abb. 5: Anteil der Über-64-Jährigen an der Gesamtbevölkerung

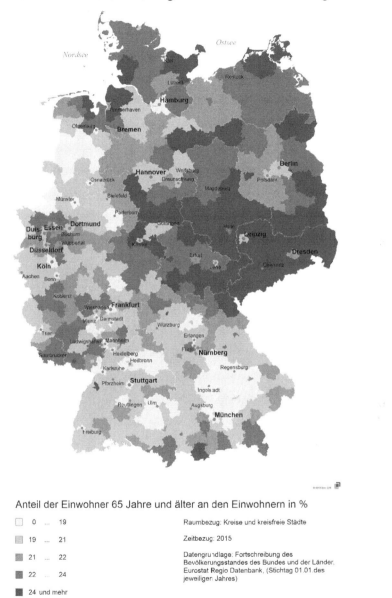

Anteil der Einwohner 65 Jahre und älter an den Einwohnern in %

☐	0 ... 19	Raumbezug: Kreise und kreisfreie Städte
▨	19 ... 21	Zeitbezug: 2015
▨	21 ... 22	Datengrundlage: Fortschreibung des
■	22 ... 24	Bevölkerungsstandes des Bundes und der Länder, Eurostat Regio Datenbank, (Stichtag 01.01.des jeweiligen Jahres)
■	24 und mehr	

Quelle: Bundesinstitut für Bau-, Stadt- und Raumforschung (BBSR) Bonn 2018, INKAR-Datenbank

39

Nicht zuletzt wird der Verlauf des Alterns, wie die Lebensqualität im Alter, von der Lebenslage bestimmt, in der man sich aktuell befindet oder in der man sich in der erwerbsbiografisch geprägten Lebensphase befand. Lebenslage bezeichnet hierbei materielle und nicht materielle Bedingungen, unter denen Menschen leben, wie z. B. Einkommen, Bildung, Gesundheit, Wohnen, soziale Netzwerke und Familienkonstellationen (Thieme 2008). In Kapitel 6 wird das Konzept der Lebenslage und wie sich die Lebenslage auf Partizipation auswirkt noch einmal ausführlicher betrachtet. Bezüglich der Stadt- und Quartiersentwicklung gilt es eine auf die verschiedenen Lebenslagen im Alter ausgerichtete differenzierte Sicht zu entwickeln, d. h. die jeweiligen Bedarfe, Bedürfnisse und Interessen zu beachten und in Quartiersentwicklungsprozesse partizipativ mit einzubeziehen.

Dem *kommunalen Sozialraum*, v. a. dem Quartier als lebensweltlicher sublokaler Nahraum, kommt im Alter herausragende Bedeutung zu. Denn aufgrund der Nahräumlichkeit bzw. Distanzempfindlichkeit des Alters (Rüßler 2007) ist insbesondere das Quartier ein zentraler Umweltbereich für ältere Menschen (Saup 1993). Im Unterschied zum Körperraum, zum Weltraum oder zum virtuellen Raum, ist der Sozialraum ein (realer) Raum, in dem sich „Menschen im Alltag begegnen, wie etwa Städte, Stadtteile, Quartiere, Plätze etc. Der Sozialraum ist einerseits geografisch bestimmbar; andererseits wird er geprägt von den (unterschiedlichen) Wahrnehmungen und (verschiedenartigen) Aktionsradien der Menschen, die z. B. in einem Stadtteil wohnen" (Grates et al. 2018a, S. 31). Der Sozialraum ist in dem Sinne relational, als dass er nicht einfach gegeben ist, sondern durch Handeln hergestellt wird (Löw 2015). Der Verweis auf diese Relationalität verdeutlicht, dass Räume keine absoluten Gegebenheiten sind, die ex ante bestehen: sie sind das Produkt sozialer Praktiken (Kessel und Reutlinger 2010).

Der kommunale Sozialraum avanciert u. a. zu einer wegweisenden altenpolitischen Instanz, auf die im Rahmen der Daseinsvorsorge wichtige Gestaltungsaufgaben im Hinblick auf die „Zukunft des Alter(n)s" zukommen. „Die zunehmende Alterung der Gesellschaft hat in den vergangenen Jahren dazu geführt, die sozialräumliche Lebenswelt und ihre Qualität für die Nutzung durch ältere Menschen stärker in den Mittelpunkt sozialpolitischer, städtebaulicher und auch wissenschaftlicher Diskurse zu stellen." (Bleck et al. 2015, S. 2). Beispielsweise rückt die Altenberichtskommission in ihrem siebten Altenbericht „Sorge und Mitverantwortung in der Kommune" (Bundesministerium für Familie, Senioren, Frauen und Jugend 2017) die Kommune als Gewährleistungseinheit der lokalen Daseinsvorsorge mit dem Tenor in den Vordergrund, die Städte und Gemeinden müssten für die Belange, Interessen, (Unterstützungs-)Bedarfe älterer Bürgerinnen und Bürger in ihrem Wohnumfeld mehr Sorge tragen bzw. Verantwortung übernehmen, einschließlich des beteiligungsorientierten Einbezugs der Ressourcen und Potenziale des Alters.

Ähnliche Argumentationen finden sich mit Bezug auf die inzwischen verabschiedete Neuordnung der Pflege (Pflegestärkungsgesetze I, II und III). Insbesondere das dritte Pflegestärkungsgesetz (PGS III) zielt auf eine Stärkung der Rolle der Kommunen in der Pflege. Damit reagiert der Gesetzgeber auf im Vorfeld von Fachleuten stark gemachte Argumente.

„Das Care Management muss eine kommunale Aufgabe werden. Kommunale Aufgabe ist es, Lebensweltbezüge und örtlich kulturelle Bezüge herzustellen, soziale Eingebundenheit zu organisieren, die Hilfen durch Nachbarschaft, Freundeskreise und ehrenamtliche Dienste zu unterstützen und zu fördern und so zu einem gelingenden Alltag beizutragen. Ihnen fällt es zu, den Hilfe-Mix zwischen professionellen und freiwilligen Hilfen zu organisieren. Dies ist der erfolgskritische Faktor schlechthin in einer Gesellschaft, in der die Familien kleiner werden und nicht mehr unbedingt an einem Ort zusammenbleiben. Angesichts der Mobilität brauchen diejenigen, denen keine familiäre Unterstützung vor Ort mehr zur Verfügung steht, neue soziale Formen der Unterstützung." (Hoberg et al. 2016, S. 42)

Auf den so zum Ausdruck kommenden Bedeutungszuwachs der lokalen Mikroebene, der durchaus in Zusammenhang mit gesamtgesellschaftlichen Wandlungsprozessen zu stehen scheint, gehen wir in Kapitel 2.3 ein.

Vorher ist jedoch noch darauf hinzuweisen, dass die Beteiligung von Älteren auch unter dem Gesichtspunkt sozialstaatlicher (marktvermittelter) Aktivierungspolitik und der „(Wieder-)Verpflichtung des Alters" (van Dyk 2007, S. 102) betrachtet werden kann. Die Aktivierungspolitik erklärt jeden Einzelnen „für die Gewährleistung des gesellschaftlichen Wohlergehens, für die Sicherstellung des Gemeinwohls zuständig" (Lessenich 2018, S. 24). In diesem Zusammenhang kann Partizipation also so verstanden werden, dass es darum geht, die zeitlichen und anderen Ressourcen des (jungen) Alters gesellschaftlich nutzbar zu machen. Die „allein ‚private' Nutzung" (van Dyk 2007, S. 93) der eigenen Zeit wird demnach kritisiert und es wird appelliert, diese im Sinne des Gemeinwohls für andere einzusetzen. So gesehen ist ein eher instrumentelles Verständnis von Partizipation handlungsleitend (s. o.). Da Partizipation aber auch die Möglichkeit eines bewussten Nichtmitmachens enthält (im Rahmen eines demokratisch-emanzipatorischen Verständnisses), wird hier noch einmal deutlich, dass Partizipation ein sehr ambivalenter Begriff ist (Kapitel 2.1) und ein „Spannungsverhältnis von Beteiligung als Vereinnahmung (...) und Beteiligung als emanzipatorisches Lern- und Handlungsfeld" (Keim 2014, S. 194) besteht.

2.3 Gesellschaftlicher und wirtschaftlicher Wandel – lokale Strukturen im Fokus

Angesichts derartiger Zuständigkeitszuschreibungen fragen wir nun nach den Gründen, die dafür sprechen könnten, dass – trotz globalisierter Zeiten – auf die Kommune mehr (politische) Verantwortung zuzukommen scheint.

Zu konstatieren ist erst einmal, dass in vielen gesellschaftlichen, wie auch in wissenschaftlichen Bereichen, die Relevanz der lokalen Mikroebene (d. h. Kommune bzw. Stadt – *allen voran das Quartier*) hervorgehoben wird – häufig in Verbindung mit dem Thema Partizipation. Zur Bekräftigung mögen hierzu folgende Stichworte genügen:

- die große Bedeutung des Bund-Länder-Programms „Soziale Stadt" für die Quartiersentwicklung (Quartiersmanagement) im Rahmen der Stadtplanung (Bundesministerium für Umwelt, Naturschutz, Bau und Reaktorsicherheit (BMUB) 2016; Güntner 2007; Walther und Güntner 2007),
- die anhaltende Diskussion in der Stadtsoziologie zum Thema Renaissance des Urbanen durch Prozesse der Re-Urbanisierung (Münter und Osterhage 2018; Häußermann et al. 2008; Brake und Herfert 2012),
- die wachsende Bedeutung, die der sozialräumlichen Sozialen (Alten-)Arbeit zukommt (Rüßler und Heite 2017; Bleck et al. 2015; Bleck et al. 2018),
- der in der (Sozial-)Geographie durch zahlreiche Publikationen inzwischen etablierte Bereich der Quartiersforschung (Drilling und Schnur 2011a, 2012b; Schnur und Drilling 2011a; Vogelpohl 2012; Schnur et al. 2010; Schnur 2008),
- sozial(-arbeits-)wissenschaftliche Fragen zum Thema Inklusion/Exklusion im kommunalen Kontext (Heite und Rüßler 2017),
- die Entwicklung digitaler Quartiersplattformen (z. B. in der Informatik) (Diepenbrock et al. 2018),
- der große Stellenwert altersgerechter Quartiersentwicklung in sozialgerontologischen, ökogerontologischen, stadtplanerischen Veröffentlichungen (Rüßler 2007; Beetz et al. 2009; Claßen et al. 2014; Kreuzer 2006; Sinning 2017),
- das Quartier als Setting der Gesundheitsförderung im Rahmen der Gesundheitsforschung (Reimann et al. 2010; Wright 2010),
- Publikationen in der Politikwissenschaft zum Status und zur Stärkung der lokalen Demokratie (Holtkamp et al. 2006; Gabriel und Kersting 2014; Kersting 2017; Vetter 2008)

Die Zunahme kommunaler Zuständigkeitszuschreibungen im Allgemeinen und die des Quartiersbezugs im Besonderen korrespondiert mit gesellschaftlichen, aber auch wirtschaftlichen Wandlungs- und Transformationsprozessen. Während die wirtschaftlichen Transformationsprozesse durch Globalisierung und Flexibilisierung geprägt sind, sind die gesellschaftlichen Wandlungsprozesse durch Individualisierungs- bzw. Subjektivierungsvorgänge geprägt (Krätke 2002; Rüßler und Heite 2017). Das heißt: sowohl das Subjekt, der (ältere) Mensch, als auch die lokale Mikroebene der Gesellschaft geraten mehr und mehr in den Verantwortungsfokus, sprich: beide werden zunehmend in die Pflicht genommen (*Korrespondenzthese*).

Die Korrespondenzthese unterstellt eine strukturelle Analogie von Individualisierungs- bzw. Subjektivierungsprozessen auf der einen und Prozessen der Kommunalisierung und/oder Quartierszentrierung auf der anderen Seite. Soziologisch betrachtet lässt sich der gesellschaftliche (und wirtschaftliche) Wandel nachzeichnen als Transformation vom *fordistisch* geprägten Kapitalismus (industrielle Massenproduktion, wohlfahrtsstaatliche Regulierung, Steigerung der Massenkaufkraft, Trennung von Produktion und Reproduktion, geschlechtsspezifische Arbeitsteilung, Normalarbeitsverhältnisse etc.) zum *Postfordismus* (Tertiärisierung, Flexibilisierung, sozialstaatliche Deregulierung, Prekarisierung, Erosion der Normalarbeitsverhältnisse, Ökonomisierung weiterer gesellschaftlicher Bereiche, Aktivierung von (mehr) Eigenverantwortung etc.), der, spätestens seit der Jahrtausendwende die aktuelle Phase des globalen, neoliberalen Finanzkapitalismus prägt (Schimank 2013; Rosa et al. 2013; Häußermann 2013; Heidenreich und Zirra 2013; Aner; Beck 2016; Boltanski und Chiapello 2006; Castel und Dörre 2009; Nachtwey 2017; Lessenich 2018, 2013a, 2012b). Die stichwortartige Auflistung postfordistischer Gesellschaftsverhältnisse, die für den heutigen Neoliberalismus kennzeichnend sind (Butterwegge et al. 2008; Brown 2015; Streeck 2014; Crouch 2013), zeigt, dass diese Verhältnisse nicht widerspruchsfrei, sondern höchst *ambivalent* sind. Das heißt sie sind mit Risiken *und* Chancen, mit Gewinn *und* Verlust verbunden, wie z. B. mit Entscheidungsfreiheiten und Entscheidungszwängen, mit Verantwortungszunahmen und (Selbst-)Überforderungen, mit Emanzipation und neuen Abhängigkeiten, mit Formen der Integration/Inklusion und Formen der Exklusion, mit Aufstiegsmöglichkeiten und Abstiegsängsten.

Während die postfordistischen Veränderungen zum einen dazu führen, dass sich durch die Globalisierung die Kontrollmöglichkeiten auf der lokalen Ebene stark verringern, kann man gleichzeitig eine Tendenz der „Lokalisierung" von Wirtschaftsaktivitäten beobachten (Savitch und Kantor 2002; Jessop 2000). Das heißt, dass die Flexibilisierung, die den Postfordismus kennzeichnet, die geografische Bündelung der Produktionstätigkeit und eine regionale Spezialisierung fördert (Scott und Garofoli 2007; Sabel 1994; Scott und Storper 1992). So sind wirtschaftliche Prozesse, die auf weltweiten Märkten basieren, gleichzeitig von lokalen Produktionskomplexen abhängig. Dieser Prozess wird als „Glokalisierung" (Globalisierung plus Lokalisierung) beschrieben, was darauf hindeutet, dass die wirtschaftliche Entscheidungsfindung sowohl auf internationaler als auch auf lokaler Ebene stattfindet, möglicherweise auf Kosten der zwischenstaatlichen Ebene (Brenner 2003; Swyngedouw 1992, 1997).

Neben den wirtschaftlichen und gesellschaftlichen Veränderungen ist auch eine sich ändernde Rolle und Haltung des Staates/der Politik zu beobachten. Am deutlichsten sind hier der Trend zu neoliberalen, marktgesteuerten Strategien sowie zu einer sogenannten Verlagerung von „Government" zur „Governance", also von stärker hierarchischen Regierungssystemen zu einem System, in dem eine Vielzahl von staatlichen und nichtstaatlichen Akteuren Entscheidungen beeinflussen (Benz et al. 2007; Jouve 2005). Der Begriff der Governance impliziert, dass der Staat zwar immer noch ein wichtiger Akteur ist, mit hoher Verantwortung und Befugnissen, dass er aber auch verstärkt private und institutionelle Akteure zur Lösung von Problemen einbeziehen muss (siehe Abb. 6). Damit werden die vormals eher starren Grenzen zwischen den genannten Akteuren durchlässiger; insbesondere die kommunale Politik hat sich durch Urban Governance, Sack (2012) zufolge, qualitativ verändert. Beide Trends führen im öffentlichen Bereich zu einer Übertragung von (fiskalischen und administrativen) Aufgaben der nationalen Ebene auf die regionale und lokale Ebene, z. B. in Politikbereichen wie Sozialdienstleistungen oder Infrastrukturplanung. Die lokale Ebene gewinnt also an Bedeutung, weil der Nationalstaat nicht willens oder nicht in der Lage ist, Aufgaben selbst zu bearbeiten und weil ein Einbezug der „neuen" weiteren Akteure auf der lokalen Ebene leichter vollzogen werden kann. Häufig findet diese Übertragung von Aufgaben allerdings ohne ausreichende Finanzierung statt (Brenner 2002).

Ähnlich wie im Bereich der Partizipation kann man auch bei der Governance von einem pragmatisch-instrumentellen (oder neoliberalen) und einem demokratisch-emanzipatorischen Verständnis sprechen. Das erstere bezieht sich z. B. auf öffentlich-private Partnerschaften für vormals öffentliche Aufgaben und Deregulierung, das letztere auf neuartige Formen der sozialen Kooperation, freiwillige Beiträge und kollektive Anstrengungen (Schmitter 2002).

Die sozialen Wandlungs- bzw. Transformationsprozesse werden auch als eine Ursache für die Entstehung von „Governance" gesehen. Dadurch, dass die Gesellschaft individualisierter und vielfältiger ist, ist es schwieriger geworden, dass ein Akteur (der Staat) die Antwort auf alle Probleme und Bedürfnisse finden kann. So bilden die Transformationsprozesse gewissermaßen den „äußeren Kontext", verstanden „als ein Set struktureller Bedingungen, die Einfluss auf politische Prozesse nehmen und die (ungleichen) Möglichkeiten der Teilnahme an diesen Prozessen mitbestimmen" (Alcántara et al. 2016, S. 27). Mit anderen Worten:

„Zunehmend werden klassische staatliche Aufgaben privatisiert, sodass Entscheidungskompetenzen entfallen. Gleichzeitig verlagern sich diese häufig weg von den bislang dominierenden nationalen Parlamenten hin zu supranationalen Institutionen. Die demokratisch gewählten Parlamente geben weitere Entscheidungskompetenzen an oft nur indirekt legitimierte Exekutiven ab, sowie anzunehmend wichtiger werdende Expertengremien." (Kersting et al. 2008, S. 42)

Abb. 6: Akteursgruppen der Governance

Quelle: Eigene Darstellung

2.4 Partizipation und die „Krise der Demokratie"

Angesichts dieser Entwicklung ist es nicht verwunderlich, dass, den „inneren Kontext" (Alcántara et al. 2016) betreffend, v. a. in der Politikwissenschaft eine kontroverse Debatte zur Krise bzw. Zukunft der Demokratie besteht. Kersting et al. (2008) zufolge zeigen sich folgende Krisenerscheinungen des demokratischen Systems:

- Partizipationskrise (sinkende Parteimitgliedschaft, v. a. sinkende Wahlbeteiligungen, insbesondere bei bestimmten Gruppen, wie z. B. Jüngeren, politisch Uninteressierten und Bildungs- und Einkommensbenachteiligten)
- Kontrollkrise, Kompetenzkrise, Entdemokratisierung (Machtzuwachs nicht demokratisch konstituierter Institutionen/Expertengremien, Privatisierung öffentlicher Einrichtungen und Güter, u. a. dadurch Kompetenzverlust der Parlamente)

45

- Legitimationskrise, politisch kultureller Wandel (politische Apathie und Desinteresse v. a. auf Seiten sich abgehängt fühlender Bevölkerungsgruppen); nicht zuletzt wegen der Kontroll- und Kompetenzkrise wird Politik „als wenig einflussreich wahrgenommen, wodurch der Eindruck des bloßen Machtkampfes um Privilegien zwischen Parteien und Politikern verstärkt wird." (Kersting et al. 2008, S. 45)

Bezüglich dieser Krisenerscheinungen ist vielfach auch von „*Postdemokratie*" die Rede (Bundeszentrale für politische Bildung (Hg.) 2011; Crouch 2015; Jörke 2017, 2013). Nach Crouch (2015) bezeichnet dieser Begriff

„ein Gemeinwesen, in dem zwar nach wie vor Wahlen abgehalten werden, Wahlen, die sogar dazu führen, dass Regierungen ihren Abschied nehmen müssen, in dem allerdings konkurrierende Teams professioneller PR-Experten die öffentliche Debatte während der Wahlkämpfe so stark kontrollieren, dass sie zu einem reinen Spektakel verkommt, bei dem man nur über eine Reihe von Problemen diskutiert, die die Experten zuvor ausgewählt haben. Die Mehrheit der Bürger spielt dabei eine passive, schweigende ja sogar apathische Rolle, sie reagieren nur auf Signale, die man ihnen gibt. Im Schatten dieser politischen Inszenierung wird die reale Politik hinter verschlossenen Türen gemacht: von gewählten Regierungen und Eliten, die vor allem die Interessen der Wirtschaft vertreten." (Crouch 2015, S. 10)

Geht man davon aus, dass das „demokratische Prinzip" (Frick 2017) auf Volkssouveränität basiert, d. h. wonach der Wille *aller* Mitglieder eines politischen Gemeinwesens „wiederkehrend nach dem Mehrheitsprinzip bestimmt und unter Berücksichtigung der Rechte demokratischer Minderheiten realisiert wird" (Frick 2017, S. 15), dann verweist der Postdemokratie-Begriff darauf, „dass die große demokratische Erzählung von der Souveränität des Volkes nicht oder zumindest immer weniger mit der Realität eines globalen Finanzmarktkapitalismus übereinstimmt" (Jörke 2017, S. 327). Vor diesem Hintergrund wird dem Thema Partizipation, hier v. a im Sinne des politischen Bürgerschaftlichen Engagements, gemäß der Leitfrage: „Mehr Partizipation – ein Heilmittel gegen die ‚Krise der Demokratie'?" (Pogrebinschi 2015, S. 127), eine erhöhte Beachtung zugewiesen (Vetter und Remer-Bollow 2017; Hebestreit 2013). Diesbezüglich finden u. a. partizipationsorientierte Demokratietheorien (wieder) eine große Beachtung.

Dies lenkt den Blick auf demokratietheoretische Überlegungen (Lembcke et al. 2012; Schmidt 2010; Massing et al. 2017; Frick 2017). Während sich liberale Ansätze hauptsächlich für den Output politischer Prozesse, d. h. für Verfahrensfragen der Übertragung von Entscheidungsverantwortung auf Repräsentant*innen, interessieren (Repräsentation), geht es beteiligungsorientierten Ansätzen um umfassenden Einbezug der Bürgerinnen und Bürger in den politischen Willensbildungsprozess (Deliberation). Bei direktdemokratischen Verfahren handelt es sich um unmittelbar entscheidungswirksame Willensbekundungen durch die Bürger*innen (Direktdemokratie). Von diesen Demokratiekonzepten zu unterscheiden ist die agonistische Demokratietheorie (siehe Abb. 7), für die der Widerstreit (Wettkampf) um politische Positionen den Kern des Politischen und des (Mit-)Streitens in der Demokratie ausmacht (Agonismus).

Gemäß der *liberalen Demokratietheorie* stehen repräsentative, freie und periodische Wahlen, die nach gleichen Maßstäben stattfinden, im Mittelpunkt. Alle Bürger*innen haben die gleichen Beteiligungschancen und die gewählten politischen Repräsentant*innen, denen per Wahlentscheid die Machtausübung temporär übertragen wird (Legitimität), orientieren sich bei ihren Entscheidungen am Bürger*innen-Willen (Responsivität). „Demokratie wird vor diesem Hintergrund als Wettbewerb zwischen gesellschaftlichen Interessengruppen um Einfluss und politische Macht verstanden; Partizipation artikuliert sich dabei in Form kollektiver Interessenpolitik" (Hebestreit 2013, S. 65). Politische Partizipation ist demnach „nur" ein Mittel zum Zweck, d. h. ein Instrument zur Legitimierung der gewählten Volksvertreter*innen. Gemäß dieser Konzeption, die z. B. für das politische System der Bundesrepublik Deutschland kennzeichnend ist, kann beispielsweise eine niedrige Beteiligungsrate als ein Krisenkennzeichen gewertet werden, allerdings auch als Ausdruck der Zufriedenheit der Bürgerinnen und Bürger mit den bestehenden (politischen) Verhältnissen.

Demgegenüber ist aus Sicht *beteiligungsorientierter Ansätze* die demokratische Beteiligung ein Wert an sich.

„Erst eine hohe und umfassende Bürgerbeteiligung macht eine Demokratie zu einer guten Demokratie. Beteiligung ist dabei nicht nur in der Politik notwendig, sondern in allen Sphären des gesellschaftlichen Lebens. Beteiligung soll aus dieser Perspektive weit über das Wählen hinausgehen, um die Persönlichkeit der Menschen als Mitglieder einer Gesellschaft zu prägen und zu stärken." (Vetter und Remer-Bollow 2017, S. 30)

Angesprochen sei damit ein demokratietheoretisches Konzept, das z. B. im Rahmen eines öffentlichen Diskurses auf deliberative (beratschlagende) Partizipation aller Bürger*innen abzielt. Deliberation ist dialogisch; jeder hat danach die Möglichkeit „sich an der Diskussion zu beteiligen und zu Äußerungen anderer Stellung zu beziehen, also ihnen zuzustimmen, sie zu hinterfragen oder ihnen zu widersprechen." (Landwehr 2012, S. 360). Vertreter dieses Konzepts ist u. a. Jürgen Habermas (Buchstein 2017; Landwehr 2012; Habermas 1997a, 1997b; Hebestreit 2013). Die Grenzen dessen, was in der Diskussion als zulässig gilt und was nicht, gebietet Habermas zufolge die (kommunikative) Vernunft. Angenommen wird, dass deliberative Prozesse, beispielsweise in Form von Diskussionsforen, Bürger*innen-Konferenzen, Beiräten, Planungszellen und Runden Tischen, eine hohe Legitimität v. a. dann beanspruchen dürfen, wenn bestimmte Lösungen oder Ideen dadurch kollektive Geltung erlangen (können), dass sie die Kraft des besseren Arguments haben. Das heißt, die „anderen" werden – unter spezifischen Voraussetzungen (Gewaltfreiheit, Herrschaftsfreiheit, Gleichheit, Offenheit, Inklusion) – durch gute Argumente überzeugt. Unter diesen Bedingungen (Idealfall der Deliberation) gilt der Konsens als anzustrebendes Ergebnis; faktisch ist es aber eher der möglicherweise erreichbare Kompromiss, der für die Beteiligten handlungsleitend ist. Je nach

Konstellation kann es jedoch auch zu einem Abbruch der Diskussion kommen. Insbesondere die hohen normativen Ansprüche an Vernunft- und Verständnisorientierung sind es, die vielfach als unrealistisch kritisiert werden. Außerdem „wird auf die empirisch feststellbare Unterrepräsentation bildungsferner Schichten in diskursiven Verfahren hingewiesen" (Hebestreit 2013, S. 72). Deliberation kann somit auch zu einer Partizipationshürde geraten (Munsch 2011). Um dies zu vermeiden sind, wie oben erwähnt (2.1), auch andere Partizipationsformen (z. B. niedrigschwellige) von demokratiefestigender Bedeutung.

Für *direktdemokratische Verfahren* ist Beteiligung ebenfalls von großem Wert. Sie ist aber weniger prozess-, sondern vielmehr wahlbezogen (Schmidt 2010; Vetter und Remer-Bollow 2017). Es geht aber nicht um die Wahl von Repräsentant*innen, sondern um Pro- oder Contra-Entscheidungen zu gesellschaftlichen und politischen Themen. Direktdemokratie heißt: die Bürger*innen haben die Möglichkeit, über Sachverhalte unmittelbar selbst zu entscheiden. Formen sind z. B. Referenden und Volks- oder Bürgerentscheide. Solche Entscheidungsverfahren können als ergänzende Partizipationsformen in repräsentativen Demokratien zur Wirkung kommen, ihnen kann aber auch selbst ein hoher Stellenwert, wie etwa in der Schweizer Verfassung, eingeräumt werden (plebiszitäre Demokratie). Im Vergleich ist die Direktdemokratie in der Bundesrepublik Deutschland eher schwach verankert. Dies gilt besonders für die Bundesebene, hier besteht für die Bürger*innen keine Möglichkeit der unmittelbaren Beteiligung an Sachentscheidungen. In den einzelnen Bundesländern (Länderverfassungen) und in den Kommunen (Ländergemeindeordnungen) sieht dies anders aus; hier sind Volksentscheide (Länderebene) und Bürgerentscheide (kommunale Ebene) möglich. Die rechtlichen Regelungen zu Referenden sind in den jeweiligen Landesverfassungen und Gemeindeordnungen festgeschrieben (Vetter und Remer-Bollow 2017, S. 256). Gerade auf der kommunalen Ebene gibt es vermehrt direktdemokratische Elemente (Roth 2011a). Eine radikale Auffassung von Demokratie vertritt die *agonistische Demokratietheorie*, die sich von den genannten Konzepten, insbesondere von der deliberativen Theorie abgrenzt. Chantal Mouffe (2017, 2014), exponierte Vertreterin des Agonismus, geht in ihrer Unterscheidung von Politik und dem Politischen davon aus, dass das Politische der Ort von Konflikten ist, genauer von (unüberbrückbaren) Gegensätzen (Antagonismen).

„Mit dem 'Politischen' meine ich die Dimension des Antagonismus, die ich für menschliche Gesellschaften konstitutiv betrachte, während ich mit 'Politik' die Gesamtheit der Verfahrensweisen und Institutionen meine, durch die eine Ordnung geschaffen wird, die das Miteinander der Menschen im Kontext seiner ihm vom Politischen auferlegten Konflikthaftigkeit organisiert." (Mouffe 2017, S. 16)

In diesem antagonistischen Konfliktverständnis ist das Politische eine Wettkampfarena, in der sich die Kontrahent*innen (Gegner*innen, nicht Feinde) nach demokratischen Spielregeln (gewaltfrei) streiten, d. h. sich als legitime

Gegner*innen betrachten „mit grundsätzlich legitimen Auffassungsunterschieden" (Frick 2017, S. 29). In Worten von Mouffe: „Dieser Widerstreit zwischen Kontrahenten stellt die 'agonistische Auseinandersetzung' dar, die Grundbedingung einer lebendigen Demokratie ist" (Mouffe 2014, S. 29). Von daher ist im Dialog mit Andersdenkenden nicht vernunftgeleiteter Konsens Ausdruck demokratischer Qualität, sondern vielmehr „Vielfalt und Dissens" (Frick 2017, S. 29). Eine demokratische Gesellschaft „braucht daher die Debatte über mögliche Alternativen. Sie muss Formen der politischen Identifikation anbieten, die auf klar unterscheidbaren demokratischen Positionen beruhen" (Mouffe 2014, S. 29). Proteste, Streiks, Demonstrationen, ziviler Ungehorsam etc. sind demnach ebenfalls wichtige Formen politischer Partizipation.

Abb. 7: Überblick Demokratietheorien in Bezug auf Partizipation

Liberale Demokratietheorie	Partizipationsorientierte Demokratietheorie
• Repräsentation • Wahlen • Übertragung von Entscheidungsverantwortung • Kollektive Interessenspolitik • Partizipation als Instrument zur Legitimation	• Bürgerbeteiligung • Einbezug in Willensbildung • Deliberation/Diskurs • Kraft des besseren Arguments • Konsens > Kompromiss • Partizipation als Wert an sich
Direktdemokratische Demokratietheorie	**Agonistische Demokratietheorie**
• Unmittelbare Entscheidungswirksamkeit • Pro- und Contra-Entscheidungen • Referenden • Bürgerentscheide	• Widerstreit • Wettkampfarena • Gegensätze/Konflikte • Demokratische Spielregeln • Vielfalt und Dissens

Quelle: Eigene Darstellung

Die oben beschriebene Krise des demokratischen (repräsentativen) Systems wirkt sich auch auf der kommunalen Ebene aus. Folgt man z. B. Kersting (2017) lassen sich auch hier bestimmte Krisensyndrome lokalisieren: generell abnehmende Kommunalwahlbeteiligung, geringere Teilnahme von gering gebildeten Gruppen, jüngeren Menschen sowie Frauen. Hinzu kommt, dass

„(p)olitisches Engagement insbesondere auf der kommunalen Ebene (…) insbesondere durch individuelle Ressourcen geprägt (ist)" (Kersting 2017, S. 85).

2.5 Fazit

Es kann festgehalten werden, dass die lokale Ebene zum „Experimentierfeld" (Kersting und Schneider 2016, S. 313) bürgerschaftlicher Partizipation avanciert bzw. „lokale Bürgerbeteiligung (...) zu Beginn des 21. Jahrhunderts ‚in‘ (ist). Ob in Ausschreibungen der EU, des Bundes oder der Länder, ob in großen oder kleinen Kommunen: Nahezu überall wird ‚mehr‘ Bürgerbeteiligung gefordert." (Vetter 2008, S. 9) Davon zeugt ein inzwischen breites Spektrum von verfassten und nicht verfassten bzw. konventionellen und unkonventionellen Möglichkeiten der Teilhabe und Beteiligung im kommunalen Kontext wie z. B.: Direktwahl der Bürgermeister*in, Online-Wahlmöglichkeiten, direktdemokratische Beteiligungen (Bürgerbegehren, Bürgerentscheide, Bürgerhaushalte), deliberative Verfahren (Konferenzen, offene Foren, Runde Tische, Beiräte, Planungszellen), aber auch vielfältige Möglichkeiten (online) zu demonstrieren und zu protestieren (Hebestreit 2013; Vetter und Remer-Bollow 2017; Kersting 2017, 2008). In diesem Zusammenhang ist allerdings auch noch einmal auf die verschiedenen Facetten sowie das unterschiedliche Verständnis von Partizipation bzw. Bürgerbeteiligung hinzuweisen. Verschiedene Disziplinen verstehen Partizipation unterschiedlich und je nach Kontext können verschiedene Bereiche der Partizipation im Fokus stehen. Das heißt die Forderungen und neuen Möglichkeiten beziehen sich zum einen auf die Ermöglichung von Teilhabe/Beteiligung von Bürger*innen sowie die frühzeitige Beteiligung an Entscheidungen (z. B. Bürgerhaushalte), zum anderen aber auch auf die Beteiligung an Entscheidungen und Projekten zu späteren Zeitpunkten der Entscheidung (z. B. Runde Tische).

Neben der hohen Bedeutung der lokalen Ebene für die Bürgerbeteiligung, steht sie außerdem im Fokus der Hoffnungen die Krise der repräsentativen Demokratie zu überwinden, da insbesondere direktdemokratische und dialogorientierte (deliberative) Formen als etwaiges „Heilmittel" (Pogrebinschi 2015) zur Überwindung der Krise angesehen werden. Diese Formen können auf der lokalen Ebene vergleichsweise leicht eingesetzt werden, erreichen die Bürger*innen bzw. Wähler*innen am direktesten und können die repräsentativen Strukturen sinnvoll ergänzen. Wie wir oben mit der Korrespondenzthese ausgeführt haben, wird damit auch die lokale Mikroebene der Gesellschaft – strukturanalog zu gesellschaftlichen Prozessen der Individualisierung bzw. Subjektivierung – verstärkt in die Verantwortung genommen, in „Sachen" Bürger*innen-Partizipation mehr zu tun.

Blickt man über die konkreten Formen, die Teilhabe und Beteiligung im kommunalen Sozialraum ermöglichen, hinaus, kann festgehalten werden, dass (neue) Strukturen kooperativen Zusammenwirkens heute eine wichtige Rolle bezüglich der kommunalen Daseinsvorsorge spielen. Leitbild ist hier nicht selten die Bürgerkommune und die kooperative Demokratie. Es bilden sich, analog zum Governance-Diskurs, Netzwerke verschiedenster Akteure zur Teilhabe und Beteiligung an der Kommunalpolitik zwecks kooperativer Problemlösung (Holtkamp und Bogumil 2007; Holtkamp et al. 2006). Diese Netzwerke sind je nach Sachverhalt und Thematik besetzt und die Akteure (d. h. Personen und Organisationen) wirken – zum Teil zeitlich befristet – zusammen. Auf diese Weise werden neben den öffentlichen/kommunalen Instanzen auch (Wohlfahrts-)Verbände, gewerbliche Unternehmen (lokale Ökonomie) sowie Akteure der Zivilgesellschaft (Bürgerinnen und Bürger) in die soziale Daseinsvorsorge aktivierend miteinbezogen („Urban Governance"), was Vor- und Nachteile haben kann. Durch den Einbezug weiterer Akteure kann sich die Problemlösungskompetenz vergrößern und starre Hierarchien werden durchlässiger. Allerdings bekommen so auch Akteure Einfluss auf staatliche Entscheidungen, die nicht durch Wahlen legitimiert wurden. Dies kann dazu führen, dass durchsetzungsstarke Gruppen einen verstärkten Einfluss auf bestimmte Themenbereiche erhalten.

Inwiefern Quartiersarbeit und Partizipationsstrukturen dazu beitragen können die Teilhabe und Beteiligung der Bewohner*innen zu verbessern sowie demokratische Prozesse auf der lokalen Ebene zu stärken und zu revitalisieren, soll im Folgenden betrachtet werden. Dabei fragen wir auch danach welche Akteure sich engagieren und was das genau bedeutet. Unsere Annahme ist hier, dass kommunale Gestaltungsspielräume bestehen, die erkannt und entsprechend genutzt werden, die aber auch in der Stadtgesellschaft diskutiert und anerkannt werden müssen, etwa durch Suche nach Kompromissen und/oder durch politisch-demokratische Kämpfe.

3 Das Quartier als Partizipationsebene

Wie in der Einleitung beschrieben, konzentriert sich das Projekt Quartiers-NETZ auf die Quartiersebene[5]. Lokale Handlungsspielräume nutzend, soll auf dieser Ebene den Herausforderungen des demografischen und sozialen Wandels begegnet werden. Dabei ist vor allem auch der Einbezug der Bewohnerinnen und Bewohner der Quartiere wichtig, um gemeinsam mit ihnen Lösungen und Ideen für das Quartier zu erarbeiten. Das heißt, dass ältere Menschen sich in ihrem Wohnumfeld mitwirkend, mitentscheidend und selbstorganisiert beteiligen und sie ihre vielfältigen Ideen, Interessen, Ressourcen und Fähigkeiten für ein „gutes" Leben im Quartier einbringen können.

Hierbei stellen sich zunächst einmal zwei Fragen: Zum einen, was ist überhaupt mit einem Quartier gemeint und zum anderen, warum gerade die Quartiersebene? Zum Teil wurde hierauf bereits in Kapitel 2 eingegangen. In diesem Kapitel sollen diese Fragen nun noch einmal genauer beantwortet werden. Wir beginnen dabei mit einer Erläuterung des Begriffs Quartier und dessen Verständnis im Projekt QuartiersNETZ (3.1), um anschließend den Bedeutungsgewinn der Quartiersebene in verschiedenen Bereichen zu beschreiben sowie welche Hoffnungen in die Quartiersebene gesetzt werden (3.2). In Kapitel 3.3 beschäftigen wir und mit der dialogorientierten Teilhabe und Beteiligung im Quartier und gehen auf verschiedene Erkenntnisse aus dem Projekt QuartiersNETZ zur „Partizipationsebene Quartier" ein. Im abschließenden Fazit verweisen wir dabei noch auf einige Einschränkungen und Hindernisse in Bezug auf die positive Besetzung der Partizipationsebene Quartier (3.4).

3.1 Das Quartier: Geografischer Raum und spezifischer Sozialraum

Der Quartiersbegriff ist in vielerlei Hinsicht ein ungenauer Begriff und sowohl im allgemeinen Sprachgebrauch als auch in der Literatur können sehr unterschiedliche und oft auch ungenaue Definitionen gefunden werden oder der Begriff wird erst gar nicht definiert, sondern implizit benutzt (Schnur 2014). Der Begriff „Quartier" wird hierbei oft auch gerade deshalb verwendet, um den Bezug zu administrativ definierten Räumen wie Stadtteilen oder Stadtbezirken zu vermeiden und auf einen „impliziten" Raum zu verweisen.

Im Projekt QuartiersNETZ wird ein Quartier verstanden als ein spezifischer Sozialraum, aber auch als geografischer Raum. Da das Quartier durch soziale Beziehungen und Vernetzungen geprägt wird und jeder den eigenen

---

5 Teile dieses Kapitels bauen auf Texten aus Grates et al. 2018c auf.

Nahraum individuell bzw. je nach Zugehörigkeit zu einer Gruppe (z. B. Kinder, Jugendliche, Ältere) verschiedenartig nutzt, nehmen die Menschen ihr Quartier und dessen territoriale Grenzen auch unterschiedlich wahr. Als allgemeine Aussage gilt, dass ein Quartier für die Bewohner*innen „überschaubar" ist und die geografische Ausdehnung oder Größe eines Quartiers zwischen der Nachbarschaft als unmittelbarer Wohnumgebung und dem Stadtteil als administrativer Einheit liegt (Schnur 2014). Es umfasst also nicht nur das unmittelbare, gut fußläufig erreichbare Wohnumfeld, sondern auch einen weitergehenden Raum und ist dabei mehr oder weniger unabhängig von administrativen Grenzziehungen. Das Quartier umfasst die unmittelbare Lebenswelt von Alltagserledigungen, Begegnungen, Versorgungen, Bildung, Sport, etc. (Aktionsraum) (Friedrich-Ebert-Stiftung 2016). Es erfüllt vielfältige soziale Funktionen, beeinflusst die Wahrnehmungen und Handlungen der Quartiersbewohner*innen und bietet Identifikationspotenziale (Ortsverbundenheit oder -identität) (Rüßler et al. 2015; Schnur 2014). In Anlehnung an einen relationalen sozialen Raumbegriff (Löw 2015; Löw und Sturm 2005) ist das Quartier sozial produziert und ist damit zugleich auch (partizipativ) gestaltbar bzw. veränderbar.

Eine besondere Charakteristik des Quartiersbegriffs ist, dass er sich nicht auf bestimmte (räumliche) Grenzen festlegt, sondern im Sinne der Vielfältigkeit individueller und kollektiver Definitionen, Wahrnehmungen und Bedeutungen vielschichtige Aspekte beinhaltet. Als Folge kann ein Quartier kaum eindeutig definiert werden. So können und sollen durchaus unterschiedliche Abgrenzungen ein- und desselben Quartiers bestehen. In der Praxis wird das Quartier allerdings dennoch häufig für die Quartiersentwicklung definiert und operationalisiert. Daher gibt es in Projekten und in der Quartiersarbeit oft dennoch räumliche Grenzziehungen, die je nach Kontext jeweils unterschiedlich ausfallen können – z. B. wird ein Quartier von der Stadtplanung möglicherweise anders definiert als von einem Jugendtreff. Es wird zumeist versucht, die Abgrenzung möglichst „objektiv" zu wählen bei gleichzeitiger Beachtung der Wahrnehmung möglichst vieler Bewohner*innen und/oder der infrage kommenden Zielgruppe(n). Dieser Abgrenzung werden zum einen die Ortsverbundenheit, die oft historisch gewachsen ist, zugrunde gelegt, aber auch die Grenzen administrativer Räume (Groos und Messer 2014). Im Projekt Quartiers-NETZ wurden die Quartiere anhand verschiedener Kriterien definiert, wie z. B. anhand statistischer Einheiten, aber auch anhand der Selbstdefinition der Akteure im Quartier. In diesem Sinne ist ein Quartier im Projektverständnis eine räumliche und soziale Ebene, die zwar definierte geografische Grenzen besitzt, aber an deren (Wahrnehmungs-)Grenzen die Quartiersarbeit nicht unmittelbar stoppt.

3.2 Zum Bedeutungsgewinn des Quartiers

Inwiefern hat das Quartier nun einen besonderen Vorteil als Ebene der Partizipation und warum beschäftigen sich so viele Bereiche mit der Quartiersebene und Quartiersentwicklung? Sowohl in der Politik als auch in der Öffentlichkeit und Wissenschaft ist die sozialräumliche Ebene bzw. die Ebene kleinteiliger räumlicher Strukturen in den letzten Jahren und fast schon Jahrzehnten verstärkt ins Bewusstsein und in den Mittelpunkt gerückt und drückt sich in der Beschäftigung mit dem „Quartier" aus. Verschiedene Gründe können hierfür gefunden werden: Zum einen führen strukturelle gesellschaftliche Veränderungen sowie der demografische Wandel zu einem Bedeutungsgewinn des direkten sozialräumlichen Umfelds bzw. Wohnumfelds (siehe Kapitel 2). Zum anderen hängt die verstärkte Wahrnehmung auch mit einer wachsenden sozialräumlichen Polarisierung in den Städten zusammen, die seit den 1980er Jahren wahrnehmbar ist und in der Stadtentwicklung zur sogenannten „integrierten Stadtteilentwicklung" geführt hat (Schnur 2014; Heinze 2016).

Der demografische Wandel, insbesondere die demografische Alterung, führt insofern zu einem Bedeutungsgewinn des Wohnumfelds und der Quartiersarbeit, da mit steigendem Alter die Bedeutung des direkten Wohnumfelds für das alltägliche Leben wächst (Rüßler 2007; Bleck et al. 2015). Dies liegt zum einen an der Funktion des Quartiers als Ort des Wohnens, zum anderen an der Funktion als Ort des sozialen Austauschs und der gesellschaftlichen Teilhabe/Beteiligung, wie z. B. in Vereinen, aber auch im öffentlichen Raum. Diese Funktionen werden umso wichtiger, wenn die Mobilität, z. B. gesundheitsbedingt, eingeschränkt ist oder aber es weniger Anlässe (wie z. B. Erwerbsarbeit) gibt, das Quartier zu verlassen (Rüßler et al. 2015). Für die Altenhilfe/ -politik gelten Quartiere daher bereits seit längerem als wichtiger Bezugsrahmen (Schnur und Drilling 2011b). Ein weiteres Merkmal des sozialen und demografischen Wandels, das sich auch auf den Bedeutungszuwachs des Quartiers auswirkt, ist die steigende Diversität der Gesellschaft. Das Quartier wird als wichtiger Integrationsraum angesehen, denn, auch wenn Integrationsangelegenheiten im Wesentlichen auf den übergeordneten Ebenen von Bund und Land (Makroebene) entschieden oder diskutiert werden, erfolgt soziale Integration von Zuwanderer*innen faktisch auf der lokalen Ebene (Mikroebene), da hier die tatsächlichen Begegnungen stattfinden (Schnur et al. 2013). Das Quartier ist aber nicht nur ein Ort der Integration; auch Formen der Exklusion zeigen sich besonders deutlich auf dieser Ebene, nicht zuletzt in urbanen Räumen.

Die wachsende sozialräumliche Polarisierung hat zur Bedeutung der Quartiers- bzw. der Stadtteilebene beigetragen, da sogenannte „Problemgebiete" (Häußermann et al. 2008, S. 253), z. B. durch gewalttätige Ausschreitungen in den 1980er und frühen 1990er Jahren (wie z. B. in den Pariser Banlieues oder in Stadtteilen Englands) in den Fokus der Öffentlichkeit kamen. Es wurde offensichtlich, dass diese Gebiete sich benachteiligend und ausgrenzend auf deren Bevölkerung auswirken, u. a. durch die entstehenden sozialen und kulturellen Milieus und räumliche Stigmatisierung (Kontext- oder Quartierseffekte). Aufgrund dessen wurde Mitte der 1990er Jahre in mehreren EU-Ländern das Leitbild einer integrierten Stadtteilentwicklung entwickelt, das baulich-investive mit sozialinvestiven Maßnahmen zu verbinden sucht. Im Rahmen der Leipzig Charta haben sich alle EU-Länder auf dieses Leitbild verständigt (Europäische Union 2007). Wichtige Erwartungen, die mit der integrierten Stadtteilentwicklung verbunden werden, sind vor allem eine Stärkung des nachbarschaftlichen Zusammenhalts, der Handlungskompetenz, des Selbstwirksamkeitsgefühls der Bewohner*innen (Sozialkapital), eine bedürfnisgerechtere und effektivere Planung mit der sich die Betroffenen stärker identifizieren sowie eine stärkere politische Legitimität der Planungen durch einen direkten Austausch mit Lokalpolitiker*innen (Schmidt 2014).

Hierzu ist anzumerken, dass bereits die Entstehung der Gemeinwesenarbeit (Stövesand et al. 2013) seit den 1880er Jahren in den USA, aber auch in Europa, auf der räumlichen und sozialen Segregation beruhte. Das heißt, damals wie auch jetzt wirkt sich die räumliche und soziale Segregation insofern aus, dass bestimmte Quartiere ein besonderes Defizit an gesellschaftlicher und politischer Teilhabe/Beteiligung aufweisen, da hier besonders benachteilige Bevölkerungsgruppen leben. Daher hat sich die Gemeinwesenarbeit in ihren Anfängen auf der Quartiersebene entwickelt, um die damalige (abgehängte) Arbeiterklasse zu empowern und Ungerechtigkeiten auf dieser Ebene durch Unterstützung und Bildung zu bekämpfen (Oehler und Drilling 2016). Durch die sich immer noch auswirkende und teilweise wieder verstärkende räumliche und soziale Segregation ist auch in diesem Zusammenhang das Quartier als Integrationsraum von Bedeutung, da in vielen der benachteiligten Quartieren ein hoher Anteil von Menschen mit Migrationshintergrund wohnt (Bundesministerium für Umwelt, Naturschutz, Bau und Reaktorsicherheit (BMUB) 2014).

Weiterhin werden der räumlichen und sozialen Ebene des Quartiers in vielen anderen (lebensweltlichen) Bereichen ein besonderer Status oder besondere „Fähigkeiten" zugeschrieben (siehe Abb. 8). So wird u. a. argumentiert, dass auf dieser Ebene Inklusion möglich wird (Heite und Rüßler 2017) und das Quartier Lernort und Ort der gegenseitigen Hilfe sein kann (Lanz 2011; Beißwenger et al. 2018). Das Quartier als Aktionsraum ist ein Ort, an dem eigenes alltagsweltliches Handeln am einfachsten umsetzbar ist und Prozesse (kollektiv) angegangen werden können (Schnur 2014). Auch in Bezug auf Nachhaltigkeit wird der Quartiersebene eine besondere Rolle zugeschrieben, die eng verknüpft ist mit der Teilhabe und Beteiligung der Bewohner*innen (Hopfner und Zakrzewski 2012).[6]

Abb. 8: Wichtige „Wirksamkeiten" der Quartiersebene

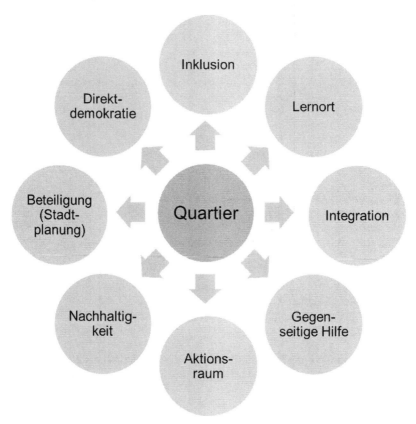

Quelle: Eigene Darstellung

Ebenso findet lokale Bürgerbeteiligung auch im Bereich der Planung starke Beachtung und die sogenannte informelle (da nicht durch Gesetze geregelte) Bürgerbeteiligung wird von vielen Kommunen ausgeweitet (Fritsche 2011). Auch hier stellt die Stadtteil- oder Quartiersebene eine wichtige Beteiligungsebene dar, da die „Betroffenheit" von bestimmten Planungen sich zum großen

6 Man kann natürlich argumentieren, dass einige dieser Zuschreibungen genauso für die räumlich kleinere Ebene der Nachbarschaft oder die räumlich größere Ebene der Stadtteile oder der Kommunen zutreffend sind. Dies zeigt die bereits erläuterte „Ungenauigkeit" des Begriffs Quartier auf (Schnur 2014).

Teil auf dieser Ebene auswirkt oder, in anderen Worten, „gerade auf der lokalen Ebene bzw. im Quartier Entscheidungen vorbereitet, getroffen und umgesetzt werden, die den Alltag der dort Lebenden direkt" (Fritsche 2011, S. 16) berühren. Während das Interesse Bürger*innen stärker in Entscheidungen einzubeziehen, die ihre Lebens(um)welt betreffen, ein Grund für Bürgerbeteiligung ist, ist ein anderer Grund, die Legitimität von Planungen zu stärken, und zu vermeiden, dass Proteste und Widersprüche im späteren Verlauf der Planungen den Prozess aufhalten, indem Probleme möglichst frühzeitig angesprochen und geklärt werden können (Schmidt 2014). Aber auch der Stadtentwicklungsbericht des Bundes hebt den sozialräumlichen oder Quartiersansatz hervor, weil „nicht nur bestimmte Zielgruppen, sondern alle in der Nachbarschaft lebenden Menschen von einer verbesserten sozialen Infrastruktur und von Unterstützungsangeboten profitieren" (Bundesministerium für Umwelt, Naturschutz, Bau und Reaktorsicherheit (BMUB) 2017, S. 54). Dennoch kann man feststellen, dass es in der Planung häufig stärker um Beteiligung *an* bestimmten Projekten geht als um die Teilhabe/Beteiligung der Bewohner*innen.

Im Bereich Nachhaltigkeit tritt insbesondere die soziale Dimension auf der Quartiersebene in den Vordergrund. Aber auch die wirtschaftliche und ökologische Dimension können hier in bestimmten Bereichen gut und vielleicht sogar besser als auf anderen räumlichen Ebenen umgesetzt werden. Zum Beispiel bietet die Quartiersebene die Möglichkeit zum Ausprobieren neuer Formen der Gemeinwesen- oder solidarischen Ökonomie und neuer Steuerungsformen unter Beteiligung des sogenannten „dritten Sektors" (Drilling und Schnur 2011b). Aber auch Konzepte zur dezentralen Energieerzeugung wie Blockheizkraftwerke oder Nahwärmenetze sowie alternative Mobilitätsformen wie Car-Sharing oder Shared- Space-Straßen, in denen Autos, Radfahrer*innen und Fußgänger*innen denselben Straßenraum benutzen, werden auf der Quartiersebene umgesetzt und ausprobiert. „Die Quartiersebene bietet gute Voraussetzungen dafür, dass die oft so schwer herzustellende Ausgewogenheit zwischen den verschiedenen Dimensionen gelingt." (Hopfner und Zakrzewski 2012, S. 55)

3.3 Dialogorientierte Teilhabe und Beteiligung im Quartier

Der Großteil der eben beschriebenen Bereiche steht im Zusammenhang mit Partizipation oder, in anderen Worten, mit Teilhabe und Beteiligung. So geht es sowohl in der integrierten Stadtteilentwicklung als auch in der alter(n)sintegrierten Quartiersentwicklung um die Teilhabe und Beteiligung der Bewohner*innen und anderer Akteure. Auch bei der Integration und Inklusion ist die Teilhabe/Beteiligung bestimmter Bevölkerungsgruppen im Blick und das

Quartier als Lernort und Ort der gegenseitigen Hilfe auch Ort von Partizipationschancen. Gleiches gilt für den Bottom-up-Ansatz der Lokalen Agenda 21 in Bezug auf Nachhaltigkeit.

Grundlage der Annahme, dass die Quartiersebene hier die „passende" Ebene ist oder dass das Quartier „der zentrale Ort gesellschaftlicher Teilhabe und bürgerschaftlichen Engagements" (Friedrich-Ebert-Stiftung 2016, S. 16) ist, ist, dass das Quartier Ort der Begegnung und des sozialen Austauschs ist, der Ort, an dem sich Menschen treffen und miteinander agieren, aber auch der Ort, an dem sie häufig die meiste Zeit verbringen. Dies trifft natürlich nicht für alle Menschen in gleichem Maße zu. Gerade Berufstätige werden wahrscheinlich mehr Zeit außerhalb ihres Quartiers zubringen als innerhalb. Auch die Individualisierung sowie die Verbreitung digitaler sozialer Netzwerke bedeutet, dass viele sich möglicherweise Menschen näher fühlen, die räumlich weit entfernt sind, aber ähnliche Interessen und/oder Lebensstile/-lagen haben. Traditionelle Vorstellungen von Nachbarschaft als eine soziale (homogene) Gruppe, die allein wegen des gemeinsamen Wohnorts interagiert (Hamm 1998), werden dadurch aufgebrochen. Räumliche Nähe stiftet nicht per se auch soziale Nähe (Reutlinger, Stiehler und Lingg 2015). Dennoch ist die räumliche Nähe des Quartiers eine Nähe, die nicht immer umgangen werden kann und dadurch einen – mehr oder weniger erwünschten – sozialen Austausch verursacht. Auch die zunehmenden, unterschiedlich gelagerten Erwartungen von „intakter" Gemeinschaft und Nachbarschaft (Rohr-Zänker und Müller 1998) zeigen, dass dieser Austausch und dadurch (potenziell) im Quartier ermöglichte soziale Nähe durchaus (wieder) an Bedeutung gewinnen – nicht zuletzt auch unterstützt durch die sozialräumliche Soziale Arbeit, aber auch durch digitale Möglichkeiten (z. B. Nachbarschaftsplattformen).

Die lokale Ebene wird auch im Bereich der Politikwissenschaften und Demokratietheorie als die Ebene angesehen, auf der Partizipation oder Beteiligung am „einfachsten" gelingen kann, da sie sozusagen am „nächsten" am eigenen Leben ist und daher der Kontakt zwischen Politik/Verwaltung und den Bürger*innen einfacher herzustellen ist sowie deren Gefühl der Betroffenheit bzw. Verantwortlichkeit größer ist (Vetter und Remer-Bollow 2017). Weiterhin ist hier der mögliche Einfluss der Bürger*innen stärker bzw. offensichtlicher, da Änderungen meist direkt vor Ort sichtbar sind. Dies mag einer der Gründe sein, dass auf der kommunalen Ebene die direkt-demokratischen Elemente ausgeweitet wurden (z. B. Direktwahl der Bürgermeister*innen, Bürgerbegehren, Bürgerentscheid) und dialogorientierte bzw. deliberative Beteiligungsformen (z. B. Bürgerkonferenzen/-foren, Gebietsbeiräte) an Bedeutung gewinnen (Kersting 2017), während auf den anderen politischen Ebenen weiterhin eher die repräsentative Demokratie vorherrscht (Roth 2011a) (siehe auch Kapitel 2).

Auch aus den Erkenntnissen des Projekts QuartiersNETZ heraus kann festgehalten werden, dass das Quartier eine wichtige Partizipationsebene bildet.

Im Rahmen des Projekts wurden unter anderem Interviews mit Bürger*innen und anderen Akteuren im Quartier durchgeführt mit Themenschwerpunkten beispielsweise wie sich die Befragten im Quartier austauschen und beteiligen (möchten), inwiefern ihr Quartier wichtig in Bezug auf ihre Lebens- und Arbeitswelt ist und wie sie sich mehr Teilnahme und Mitwirkung vorstellen können (siehe Kapitel 1.3).

Mit Bezug auf das Quartier als Partizipationsebene kann zusammengefasst werden, dass einigen der Interviewpartner*innen die Teilhabe und das Engagement auf Quartiersebene insofern wichtig ist, als dass sie gerne mitentscheiden möchten und sie vor allem auch Informationen darüber erhalten wollen, was im Quartier passiert bzw. passieren kann, insbesondere auch, weil die Situation im Quartier Einfluss auf das eigene Leben hat.

„Um mitzuentscheiden, um wirklich zeitnah und schnell Informationen zu bekommen. (…) Für mich ist es auch wichtig, wenn irgendwas hier entschieden wird in (Quartier X), dann möchte ich sagen (können), okay, ich hab da mitentschieden und brauch mich dann nicht großartig darüber aufzuregen, dass andere Mist gebaut haben. Dann habe ich das halt gemacht." (Interview Herr K.)

„Ich wohne hier und ich denke mir auch, dass das, was ich selber mitbewegen kann, mir hinterher eines Tages auch zu Gute kommt." (Interview Frau J.)

An den *Quartierskonferenzen*, die im Rahmen von QuartiersNETZ in den Referenzquartieren stattfinden (siehe Kapitel 4), nehmen einige der Interviewpartner*innen teil, weil sie die Möglichkeit sehen, dass man in der Gemeinschaft stärker ist und mehr bewirken kann, aber auch weil man auf der räumlich kleineren Ebene Themen praktisch angehen kann.

„Das ist auch eine andere Struktur, wo die Möglichkeit besteht, sich nicht als Einzelkämpfer zu betätigen, sondern zu sagen, dass ist eine Interessengemeinschaft, die da besteht und wir können was bewegen." (Interview Frau AC)

Weiterhin ist es für einige Befragte persönlich auch ein Vorteil, dass die Teilnahme an Veranstaltungen im Quartier mit wenig (Mobilitäts-)Aufwand verbunden ist. Ebenso ist es möglich, bereits bestehende Kontakte zu vertiefen oder neue Bekanntschaften zu schließen[7]. Diese Bekanntschaften werden implizit auch deshalb als positiv angesehen, weil es einfacher ist, sie aufrechtzuerhalten, da die neuen Bekannten in der Nähe wohnen und man unkompliziert Kontakt aufnehmen kann.

„Für mich wichtig ist der Austausch, gemeinsame Aktionen, die wir machen. (…) Das Beste, das Größte für mich ist der Austausch." (Interview Frau L.)

---

7   Dies wird auch durch bei den Quartierskonferenzen von den Teilnehmenden ausgefüllte Fragebögen (Trendanalyse) bestätigt (Heming et al. 2019).

An den Quartierskonferenzen teilnehmende Politiker*innen und auch soziale Dienstleister äußern außerdem, dass sie hier die Möglichkeit haben, zu erfahren, was die Bewohner*innen bewegt und welche Probleme besonders wichtig sind.

„Natürlich (gehe ich) auch (hin) um zu hören, was bewegt die Menschen, was ist ihnen wichtig, wo können wir (…) vielleicht noch was anbieten oder machen." (Interview Frau AE)

Dennoch ist den Interviewpartner*innen auch bewusst, dass die Teilnehmer*innen der Quartierskonferenzen nicht unbedingt für das ganze Quartier sprechen können.

„(Mitentscheidung) kann ja nur entstehen, wenn genügend Leute da sind. Wenn drei (Leute) sagen: ‚ich möchte das so haben (…)‘, das nützt gar nichts, da müssen es schon hunderte sein." (Interview Herr V.)

Ein anderes Beispiel von Partizipation auf Quartiersebene ist der *Gebietsbeirat*. Dies ist ein Gremium, das meist im Rahmen des Bund-Länder-Programms „Soziale Stadt", welches benachteiligte Stadtteile im Rahmen der Stadterneuerung fördert, eingerichtet wird, wie z. B. auch im Referenzquartier Schalke. Die Hauptaufgaben des Gebietsbeirats, der hier 2011 gegründet wurde, sind, aktiv an der Entwicklung des Stadtteilprogramms mitzuwirken, über Mittel des Quartiersfonds[8] zu entscheiden und zwischen den politischen Gremien der Stadt und den Akteuren des Stadtteilprogramms als Bindeglied zu fungieren. Mitglieder des Gebietsbeirates sind sechs Bürger*innen, ein*e Vertreter*in der örtlichen Wohnungswirtschaft, ein Mitglied des Integrationsrates der Stadt, zwei Mitglieder der Bezirksvertretung Gelsenkirchen-Mitte sowie drei Mitglieder des Rates. Die Vertreter*innen der Bürgerschaft werden im Rahmen der jährlichen, vom Stadtteilbüro organisierten Stadtteilkonferenz Schalke[9] für die Dauer von zwei Jahren gewählt. Die Geschäftsführung des Gebietsbeirates liegt ebenfalls beim Stadtteilbüro Schalke, während der Vorsitz bei einem gewählten Mitglied der Bürgerschaft liegt. Der Beirat tagt, je nach Bedarf, ungefähr zwei- bis dreimal im Jahr. (Stadterneuerung Gelsenkirchen 2015) Auch für das Referenzquartier Hüllen gab es, im Rahmen des räumlich weiter gefassten Fördergebiets „Süd-Ost" einen Gebietsbeirat, der inzwischen jedoch nicht mehr existiert, da die Förderung ausgelaufen ist.

---

8   Mit den Mitteln des Quartiersfonds können Projekte für den Stadtteil umgesetzt werden. Bürger*innen können beim Gebietsbeirat Mittel für ihre Idee beantragen, der über die Anträge entscheidet. Der Quartiersfonds ist durch das Programm „Soziale Stadt" gefördert. Zu Vor- und Nachteilen von Quartiersfonds siehe Grabner 2012.

9   Das Stadtteilbüro Schalke ist 2010 im Rahmen des Bund-Länder-Förderprogramms „Soziale Stadt" eingerichtet worden und hat den Auftrag, sich um die Stadterneuerung in Schalke zu kümmern und das Förderprogramm im Stadtteil umzusetzen. Die Stadtteilkonferenzen, die jährlich stattfinden, informieren über die Arbeit des Stadtteilbüros. Außerdem diskutieren die Teilnehmenden verschiedene, für den Stadtteil wichtige Themen.

In den im Rahmen des Projekts durchgeführten (Experten-)Interviews mit Bürger*innen und anderen Akteuren im Quartier wurden diese auch danach befragt, wie sie entweder den bestehenden Gebietsbeirat oder die dahinterstehende Idee einschätzen. Diese Antworten sind selbstverständlich durch persönliche Kenntnisse und Netzwerke geprägt, dennoch geben die Antworten einen Hinweis darauf, wie die Befragten der lokalen Partizipationsebene gegenüberstehen.

Zunächst ist festzuhalten, dass viele der Befragten, die „Idee" positiv einschätzten, das heißt, sie fanden die Möglichkeit zur Beteiligung von Bürger*innen an Entscheidungen zum Stadtteil wünschenswert, sowie auch die Möglichkeit, ein gewisses Budget für das Quartier zu haben, über das selbstständig entschieden werden kann und mittels dessen kleinere Projekte relativ unbürokratisch umgesetzt werden können. Hier wurde auch erwähnt, dass dies eventuell ein besseres Verständnis seitens der Bürger*innen für die Politik hervorrufen könnte, da aufgezeigt wird, dass Budgetentscheidungen nicht immer einfach sind. Gerade die Zusammenarbeit von Politik und Bürgerschaft wurde in diesem Kontext als positiv hervorgehoben. Zum einen, weil überhaupt erst einmal ein Kontakt entsteht und zum anderen, weil die Politik, die insgesamt letztendlich die Entscheidungen trifft, durch die Beteiligung im Gebietsbeirat die Ideen bereits kennt und nicht nur durch Protokolle informiert wird. Außerdem böte der Gebietsbeirat die Möglichkeit für Politiker*innen unmittelbar zu erfahren, um was es und wie es den Menschen im Quartier geht. Ein Politiker merkte außerdem an, dass auch der Umgang der Parteien untereinander durch den Gebietsbeirat verbessert worden sei.

Dennoch wurde der Gebietsbeirat oder die Idee dahinter auch durchaus kritisch gesehen bzw. wurden einige potenzielle Probleme aufgezeigt. So wurde auf die Gefahr hingewiesen, dass sich die „üblichen Verdächtigen" beteiligen, die nur bedingt repräsentativ für das Quartier sind und angemerkt, dass die „Mischung" wichtig sei:

„Es muss nur auch ziemlich gemischt sein, also von allen Interessengruppen, also nicht nur Ältere und nicht nur Jüngere, sondern auch gemischt." (Interview Frau I.)

„Ich darf nicht die Interessen derjenigen, die sich da engagieren, für die Interessen der Bewohner des Quartiers halten. Es sind immer die Interessen derjenigen, zunächst einmal, die dort agieren." (Interview Herr O.)

Es wurde auch angemerkt, dass „Mischung" und Teilnahme davon abhängen kann wie viel Wissen vorausgesetzt wird bzw. wie kompliziert die Teilnahme ist und wie artikulationsstark man sein muss, wodurch einige Bürger*innen ausgeschlossen werden könnten.

„Da sind Leute, die ganz unbeleckt sind. (…) Man merkt natürlich in den Sitzungen auch, dass die etwas Unbeleckteren und vielleicht Zurückhaltenderen sich dann vielleicht auch sehr zurücknehmen. Die politischen Vertreter, die sind so eine Arbeit gewöhnt, die sind gewöhnt viel zu sprechen und ihre Meinung zu vertreten und das dominiert teilweise schon sehr." (Interview Frau A.)

Andere wiederum wiesen darauf hin, dass einige der Bürger*innen im Gebietsbeirat auch einer Partei angehören würden, wenn sie auch keine Politiker*innen seien. Dadurch sehen sie die Gefahr einer (einseitigen) politischen Färbung des Gebietsbeirats.

Weitere wichtige Fragen, die sich die Interviewpartner*innen stellten, waren, inwiefern so ein Gremium wirklich etwas erreichen kann, wie viel Entscheidungsmacht wirklich gegeben und wie das Verhältnis zu den Bezirksvertretungen sei (siehe hierzu auch Kapitel 4). Außerdem wurde kritisch hinterfragt, ob wirklich andere Menschen erreicht werden als mit anderen Beteiligungsmöglichkeiten und wenn nicht, inwiefern so ein relativ formelles und aufwendiges Instrument notwendig ist.

Insgesamt kann festgehalten werden, dass die Partizipation auf der lokalen Ebene den Interviewpartner*innen wichtig ist, dass sie dieser insgesamt positiv gegenüberstehen, aber dass vieles bedacht werden muss, um mit einem Instrument wie dem Gebietsbeirat auch wirklich „alle" Bewohner*innen zu erreichen und denjenigen eine Möglichkeit zu geben, sich zu beteiligen, die sich sonst nicht beteiligen.

„Ich glaube, dass so ein Instrument dazu dienen kann, das Engagement zu mobilisieren im Stadtteil. (…) Dass das auch (…) dazu führen kann, einen sozialen Zusammenhalt zu verbessern oder Nachbarschaften zu stärken. (…) Die Sache ist dann natürlich wieder die, wer organisiert das, weil das ein wahnsinniger Aufwand ist (…). Das läuft ja nicht von selbst." (Interview Frau A.)

Ähnlich (selbst-)kritisch werden die Quartierskonferenzen und ihre Arbeitsgruppen bzw. Interessengemeinschaften in dem Sinne gesehen, dass auch diese nicht für das gesamte Quartier sprechen könnten. Dennoch seien sie eine gute Möglichkeit, Teilhabe und Beteiligung anzustoßen und verschiedenste Menschen im Quartier zu erreichen.

3.4 Fazit

Bleibt festzuhalten: Da das Quartier der alltäglichen Lebenswelt der Menschen geografisch und sozialräumlich nah ist, sie hier ihr Alltagswissen und ihre Ortskenntnisse einbringen können und hier Änderungen, je nach Thema, vergleichsweise schnell und praktisch erreicht werden können, ist hier eine Beteiligung „einfacher" und oft auch „wirksamer". Dennoch gibt es auch Einschränkungen, die erwähnt werden müssen.

Zum einen ist es zentral, dass die Quartiersebene (wie auch die kommunale Ebene insgesamt) nicht dafür instrumentalisiert wird, Verantwortung, die (auch) auf politisch überregionaler Ebene besteht, ins Lokale zu verlagern. Das heißt, die Beteiligungsbereitschaft der Bürger*innen sollte nicht (aus-)genutzt werden; das wäre beispielsweise der Fall, wenn staatliche Aktivitäten – quasi im gleichen Atemzug – zurückgefahren würden. Auch wenn Quartiersentwicklung heute nicht mehr ohne Teilhabe und Beteiligung von Bürger*innen und anderen lokalen Akteuren denkbar ist, ist kritisch im Auge zu behalten, dass wegfallende staatliche Angebote der Daseinsvorsorge nicht durch Engagement auf der lokalen Ebene kompensiert werden (sollten). Dies würde diese Ebene vermutlich überfordern (Akademie für Raumforschung und Landesplanung 2016; Rüßler und Heite 2017). Ebenso sollten die Kommunen adäquat für ihre Daseinsvorsorgeaufgaben, z. B. im Bereich der Sozialen (Alten-)Arbeit, ausgestattet werden und nicht nur Aufgaben übertragen bekommen ohne eine entsprechende finanzielle Ausstattung zu erhalten (Brenner 2003; Parker und Street 2015). Gerade die Quartiersentwicklung ist oft eine ressourcenintensive Arbeit, in der viele verschiedene Aufgaben anfallen und die meist im Vergleich schlechtbezahlt ist und zu viele Aufgaben für zu wenige Stunden hat (Becker 2014).

Weiterhin ist es entscheidend, sich auch der Grenzen der Quartiersarbeit bewusst zu sein, d. h. es ist stets mit zu berücksichtigen, dass manche Probleme und Themen nicht auf der Quartiersebene gelöst werden können. Beispielsweise können eine hohe Arbeitslosigkeit oder ein angespannter örtlicher Wohnungsmarkt gar nicht oder nur sehr schwer auf dieser Ebene und durch Interventionen von Quartiersbewohner*innen beeinflusst werden (siehe auch Kapitel 6). Es müssen also vielmehr auch gesamtgesellschaftliche Verhältnisse in den Fokus geraten und gegebenenfalls verändert werden. Dies ist eher eine Aufgabe auf der Makro- und nicht eine auf der gesellschaftlichen Mikroebene. Nichtsdestotrotz sollten Handlungs- und Gestaltungsspielräume, die durchaus auf der kommunalen Ebene gegeben sind, ausgelotet und politisch sichtbar gemacht werden (Heite und Rüßler 2017).

Schließlich soll darauf hingewiesen werden, dass Teilhabe und Beteiligung dennoch auch auf der Quartiersebene nicht „automatisch passieren", sondern dass Menschen befähigt werden müssen teilzuhaben, dass sie positive Erfahrungen der Selbstbestimmung benötigen, um die Bereitschaft und Fähigkeit zur Selbst- und Mitbestimmung zu erlernen (siehe auch Kapitel 4). Denn auch die Idee der Stärkung der Selbstverantwortung und Partizipation von Bürger*innen kann zur weiteren Diskriminierung von benachteiligten Bewohnergruppen führen; dadurch, dass die bereits artikulationsstarken Bürger*innen eine starke Stimme im Quartier bekommen, während andere nicht zu Wort kommen (Jörke 2013; Fritsche 2014). Da die Mitwirkung an vielen der angewandten (häufig deliberativen) Partizipationsformen ein hohes Niveau an Redegewandtheit und Selbstvertrauen voraussetzt, könn(t)en bildungs- und einkommensarme Bevölkerungsschichten hier weiter benachteiligt werden, da sie genau dies oftmals nicht mitbringen (Munsch 2005). So „wäre – ausgerechnet durch mehr Partizipationsmöglichkeiten – nicht lediglich von wachsender Segregation zu sprechen, sondern sogar von einer möglichen Exklusion breiter Bevölkerungsgruppen aus den politischen und gesellschaftlichen Entscheidungsprozessen" (Back 2016, S. 136). Dieser Stärkung der Selbstwirksamkeit und der Möglichkeit, möglichst viele verschiedene Bevölkerungsgruppen im Quartier zu erreichen werden wir uns im weiteren Verlauf noch widmen.

4 Ermöglichung und Entwicklung von Partizipation

Dieses Kapitel beschäftigt sich damit, in welcher Art und Weise Teilhabe und Beteiligung (älterer Menschen) durch den Aufbau entsprechender Strukturen ermöglicht und gestützt werden können. Hierzu werden zunächst die Beteiligungsformate, die im QuartiersNETZ-Projekt konzipiert und umgesetzt wurden, sowie ausgewählte Beteiligungsinstrumente, die zur Anwendung kamen, dargestellt (4.1). Anschließend werden wichtige Dimensionen, mittels derer man Beteiligungsprozesse betrachten kann, vorgestellt und am Beispiel des zentralen Beteiligungsformats Quartierskonferenzen diskutiert (4.2). Thema ist hierbei auch wie, mit Sicht auf die Heterogenität der Bevölkerung, möglichst „alle" oder zumindest viele ältere Menschen potenziell erreicht und partizipativ einbezogen werden können. Das Kapitel schließt mit einem Fazit zur Ermöglichung von Partizipation.

4.1 Das Partizipationsdesign – Formate und Instrumente

Um Partizipation zu stärken, ist es notwendig, Beteiligungsformate und -instrumente zu entwickeln bzw. anzuwenden, die Teilhabe und Beteiligung für unterschiedliche Gruppen ermöglichen. Im Rahmen des Projektes QuartiersNETZ wurden verschiedene Beteiligungsformate speziell für die heterogene Gruppe der Älteren entwickelt und implementiert (siehe Abb. 9); zudem kamen in diesem Rahmen bestimmte eher niedrigschwellige Beteiligungsinstrumente zum Einsatz, auf die später noch eingegangen wird (siehe Abb. 12). Dieses Partizipationsdesign sei jetzt beschrieben[10].

4.1.1 Quartierskonferenzen

Zentrales Beteiligungsformat im Quartiersentwicklungsprozess sind die sogenannten *Quartierskonferenzen*, die in allen Referenzquartieren viermal jährlich stattfanden.[11] Zu diesen Veranstaltungen wurden für die erste Konferenz alle Bürger*innen des betreffenden Quartiers ab 50 Jahren schriftlich eingeladen. Diejenigen, die eine Konferenz besucht und ihr Einverständnis gegeben hatten, im weiteren Verlauf Informationen zu erhalten, bekamen Einladungen für alle

---

10 Eine ausführlichere Beschreibung der Beteiligungsformate und -instrumente findet sich in Handbuch 3 der QuartiersNETZ-Handbuchreihe „Quartiersnetzwerke mit Älteren entwickeln" (Heite und Rüßler 2018).

11 Die Ausführungen hierzu beziehen sich z.T. auf Kap. 2.2.1 des Handbuchs 3, der Handbuchreihe des Quartiersnetzprojekts (Freese et al. 2018).

weiteren Quartierskonferenzen. Zusätzlich gab es Plakataushänge und Flyer im Quartier und auch Pressemitteilungen. Speziell eingeladen wurden auch lokale Dienstleister, Politiker*innen und, je nach Anliegen, auch Mitarbeiter*innen der Stadtverwaltung.

Abb. 9: Beteiligungsformate im Projekt QuartiersNETZ

Quartierskonferenzen (themenbezogene Arbeitsgruppen inklusive)

Koordinierungskreise/Steuerungsgruppen

Stadtweite Arbeitsgruppen: Digitale Quartiersplattform, Entwicklungswerkstatt, Lernverbund, Teilhaben und Beteiligen

Stadtweite QuartiersNETZ-Konferenzen

Dienstleisterkonferenzen in den Quartieren

Niedrigschwellige, zugehende Beteiligungsformen („QuartiersNETZ unterwegs")

Digitale Quartiersplattform (E-Partizipation)

Redaktionsteams für Quartiersplattforminhalte

Techniktreffs

Technikbotschafter*innen und Techniklots*innen

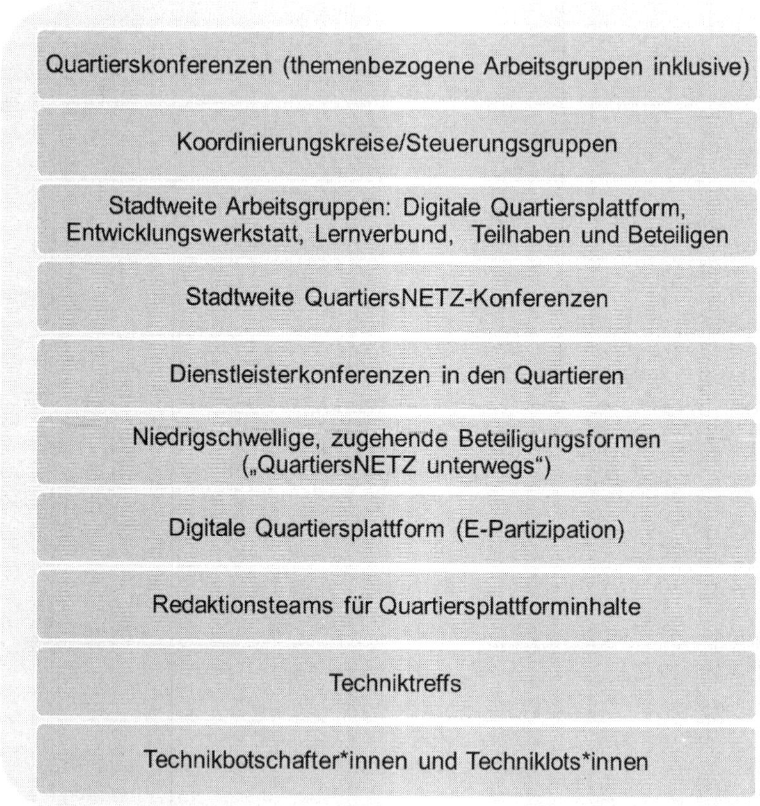

Quelle: Eigene Darstellung

Die Quartierskonferenzen hatten das Ziel, insbesondere älteren Bewohner*innen des Quartiers die Möglichkeit zu geben, sich über das Projekt Quartiers-NETZ zu informieren, sich in die Gestaltung ihres Wohnumfelds einzubringen sowie Ideen und Aktivitäten mit zu entwickeln, die geeignet scheinen, die Lebensqualität im Quartier verbessern. Die Teilnehmenden sollten darin unterstützt werden, ihre eigenen Wünsche in Bezug auf das Quartier und andere

Lebensbereiche zu erkennen und auszudrücken (Empowerment). So wurde in den Quartierskonferenzen über Entwicklungen und wichtige Themen im Quartier diskutiert und in Arbeitsgruppen zu verschiedenen Themen gearbeitet. Um über anstehende oder vergangene Aktivitäten sowie Probleme im Quartier zu informieren (z. B. Gemeindefeste, Sportveranstaltungen, Baustellen, Verkehrsstörungen) gab es im Plenum stets den Tagesordnungspunkt „Neues aus dem Stadtteil". Hier hatten alle Teilnehmenden die Möglichkeit, Neuigkeiten (gute wie schlechte) aus dem Quartier und darüber hinaus bekannt zu machen, Termine weiterzugeben und Aktivitäten zu bewerben sowie von diesen zu erfahren (Abb. 10). Die Auftaktkonferenzen waren in allen Quartieren sehr stark besucht und es kamen zwischen 100-200 Teilnehmende. Im Verlauf des Projekts pendelten sich die Zahlen dann erwartungsgemäß bei niedrigeren Teilnehmerzahlen ein: je nach Quartier bei durchschnittlich zwischen 37 und 55 Teilnehmenden (Heming et al. 2019).

Abb. 10: Beispielhafter Ablauf einer Quartierskonferenz

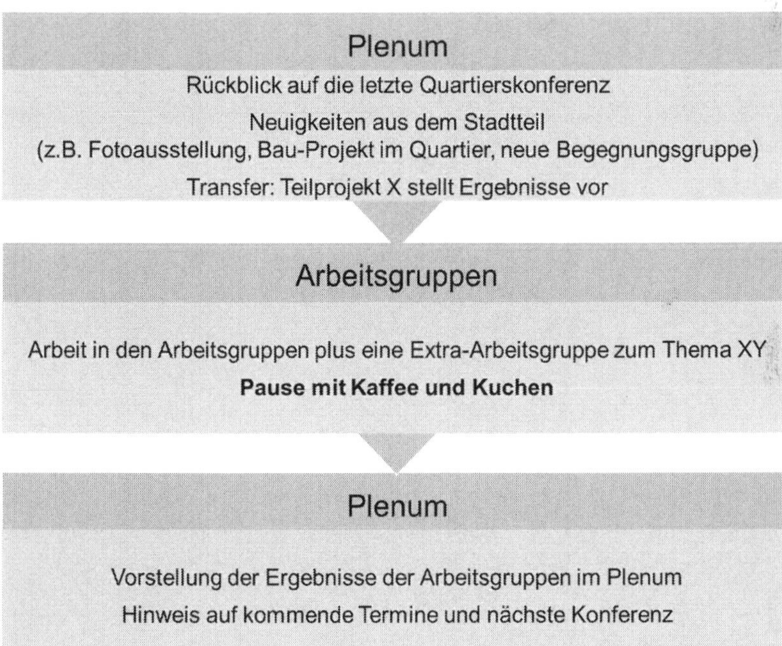

Plenum

Rückblick auf die letzte Quartierskonferenz

Neuigkeiten aus dem Stadtteil
(z.B. Fotoausstellung, Bau-Projekt im Quartier, neue Begegnungsgruppe)

Transfer: Teilprojekt X stellt Ergebnisse vor

Arbeitsgruppen

Arbeit in den Arbeitsgruppen plus eine Extra-Arbeitsgruppe zum Thema XY
Pause mit Kaffee und Kuchen

Plenum

Vorstellung der Ergebnisse der Arbeitsgruppen im Plenum

Hinweis auf kommende Termine und nächste Konferenz

Quelle: Eigene Darstellung

In den Arbeitsgruppen wurde an der Lösung oder Umsetzung spezifischer Themen, Ideen und Anliegen gearbeitet, die die Teilnehmenden als wichtig erachteten. Für die Arbeitsgruppen wurden entweder während der zwei- bis dreistündigen Quartierskonferenzen ein gewisses Zeitfenster eingeräumt oder auch gesonderte Termine außerhalb der Konferenzen verabredet, die in den Gruppen selbstständig ausgehandelt wurden. Die Arbeitsgruppen bestanden in der Regel für einen längeren Zeitraum, Änderungen ergaben sich z. B., wenn bearbeitete Themen oder Ideen als erledigt angesehen oder neue Schwerpunkte gesetzt wurden. Ebenso gab es Workshops zu speziellen oder projektaktuellen Themen (z. B. Nutzung der Digitalen Quartiersplattform). Diese Workshops fanden jeweils nur punktuell statt. Nicht zuletzt bestand immer die Möglichkeit, sich informell auszutauschen. Gezielt eingesetzte Pausen, in denen zum Beispiel Kaffee und Kuchen bereitgestellt werden, spielen diesbezüglich eine wichtige kommunikative und wertschätzende Rolle.

Seitens der Organisation wurde darauf geachtet, dass die Quartierskonferenzen einen verlässlichen Rahmen bieten, d. h. regelmäßig stattfanden, inhaltlich an vorherige Veranstaltungen anknüpften sowie, dass Inhalt und Ablauf transparent waren und Termine frühzeitig bekannt gemacht wurden. Beispielsweise wurden Kärtchen mit Terminen für die nächsten Monate sowie Protokolle bereitgestellt. Weiterhin wurde in regelmäßigen Abständen das schon Erreichte gemeinsam reflektiert, gefundene Schwerpunkte aktualisiert und ggf. neue Themen hinzugefügt.

Aus den Quartierskonferenzen heraus haben sich auch Impulse für weitere Veranstaltungsformate ergeben, die erprobt und etabliert wurden. So gibt es in einigen Quartieren Stammtische. Dies sind informelle Treffen außerhalb der Konferenzen, bei denen sich die Bewohner*innen zusammensetzen und sich informell (bei Kaffee und Kuchen) austauschen. Diese sind dadurch sehr niedrigschwellig. Entstanden ist dieses Format aus dem Bedürfnis von Quartierskonferenzteilnehmenden, häufiger als alle drei Monate zusammen zu kommen.

4.1.2   Koordinierungskreise bzw. Steuerungsgruppen

Koordinierungskreise bzw. Steuerungsgruppen[12] sind die Akteursnetze, die sich im Rahmen der Quartiersentwicklungsprozesse mit der Organisation und der inhaltlichen Gestaltung der Quartierskonferenzen befassten, darüber hinaus aber auch weitere Aktivitäten und Veranstaltungen im Quartier koordinierten. Ihre konkreten Zielsetzungen, Arbeitsweisen und Zusammensetzungen und auch die Namensgebung variierten zwischen den Quartieren, aber die umfassende Zielsetzung war die gleiche. Die jeweiligen Steuerungsgruppen wurden zunächst aus der Gruppe jener Akteure heraus gegründet, die schon in der

---

12   Im Folgenden werden die Begriffe Koordinierungskreise, Ko-Kreise und Steuerungsgruppen synonym verwendet. Die Bezeichnungen variieren in den verschiedenen Quartieren, bezeichnen aber dasselbe Beteiligungsformat.

Anfangsphase involviert waren bzw. bereits im Vorfeld ein Mitwirkungsinteresse bekundet hatten, wie z. B. die Akteure, die das Quartier für eine Projektteilnahme vorgeschlagen hatten und auch die bereits im Quartier Aktiven, wie etwa die Seniorenvertreterinnen/Nachbarschafsstifter. Initiierung und auch Koordination der Steuerungsgruppen erfolgte durch hauptamtliche Mitarbeiter*innen des Generationennetzes. In allen Quartieren erweiterten sich die Gruppen nach und nach. Hierbei wurden entweder potenzielle Akteure gezielt angesprochen oder bei den Quartierskonferenzen im Plenum nachgefragt, ob es weitere Interessent*innen gibt. Ziel war, ein möglichst breites Spektrum von örtlichen Akteuren einzubeziehen, sprich Quartiersnetzwerke aufzubauen.

4.1.3 Stadtweite QuartiersNETZ-Konferenzen und Arbeitsgruppen

Die stadtweiten QuartiersNETZ-Konferenzen fanden zwei Mal im Jahr statt. Die erste Konferenz war zugleich der offizielle Start des Projekts, zu der eine große Anzahl verschiedenartiger Akteure und Personengruppen eingeladen wurden. Diese stadtweiten Konferenzen waren zum einen auf die Themen der Teilprojekte des Projekts ausgerichtet, aber auch die Entwicklungen in den Quartieren wurden vorgestellt. Ziel der Konferenzen war es, Ergebnisse und Erkenntnisse in den Modellquartieren und der quartiersübergreifenden Arbeits- bzw. Entwicklungsgruppen stadtweit zu kommunizieren wie auch zu validieren. Zu Beginn der Veranstaltung wurden meist Projektneuigkeiten oder besondere Erkenntnisse aus den Teilprojekten vorgestellt und es gab einen allgemeinen Austausch im Plenum, während sich der zweite Teil auf bestimmte projektentwicklungsbezogene Inhalte bezog, die in Themenworkshops oder den Teilprojekt-Arbeitsgruppen bearbeitet wurden. Diese Konferenzen hatten jeweils ca. 150 Teilnehmende und erreichten auch (ältere) Menschen außerhalb der eigentlichen Referenzquartiere, was insofern wichtig war, als dass dadurch auch Bewohner*innen und Akteure aus anderen Quartieren an den Ergebnissen und Ideen teilhatten und ihre Ansichten, Vorschläge und Kritikpunkte in den Entwicklungsprozess einbringen konnten. Von Projektbeginn an war damit ein stadtweiter Austauschprozess zur Quartiersentwicklung angestoßen.

Stadtweite Arbeitsgruppen der Teilprojekte trafen sich zum einen bei den stadtweiten QuartiersNETZ-Konferenzen, wenn auch nicht bei jeder Konferenz. Einige der Teilprojekte organisierten aber auch Treffen außerhalb des Konferenzrahmens. So gab es die AG Digitale Quartiersplattform, die AG Teilhaben und Beteiligen, sowie die Entwicklungswerkstatt Technikbegleitung und der daran gekoppelte Lernverbund. Die Arbeitsgruppen[13] hatten das

---

13 Zur AG Digitale Quartiersplattform und zur Entwicklungswerkstatt Technikbegleitung sowie dem Lernverbund siehe Näheres in Kap. 4.1.6 bzw. 4.1.9 sowie Diepenbrock et al. 2018 und Bubolz-Lutz und Stiel 2018; zur AG Teilhaben und Beteiligen, siehe oben Kapitel 1.2.

Ziel, Bürger*innen und andere Akteure zusammenzubringen, die an dem jeweiligen Thema interessiert waren, und mit ihnen zusammen partizipativ die entsprechenden Inhalte zu bearbeiten.

4.1.4 Dienstleisterkonferenzen

Um die ortsansässigen Dienstleister anzusprechen und in die partizipative Quartiersentwicklung mit einzubeziehen bzw. mit ihnen über nachhaltige lokale Versorgungsstrukturen und Vernetzung zu reden, wurden diese zu speziellen Dienstleisterkonferenzen bzw. Dienstleistertreffen im Quartier eingeladen. Diese Treffen sollten die verschiedenen Akteure aus dem Bereich lokaler Dienstleistungen zusammenbringen, um Kenntnis übereinander zu gewinnen, neue Ideen der möglichen Zusammenarbeit zu generieren, passende Angebote für Bedarfe aus dem Quartier heraus zu entwickeln und gegebenenfalls das eigene Geschäftsfeld zu erweitern. Im nächsten Schritt wurde die Verknüpfung mit Bürgerschaftlichem Engagement angestrebt. Eine weitere Etappe stellte der Austausch über die Möglichkeiten der im Projekt entwickelten Digitalen Quartiersplattform dar – hier ging es um die Möglichkeit zur Eigendarstellung und das Finden von Kooperationspartnern sowie das Bekanntmachen neuer kooperativ angelegter Geschäftsmodelle (Fachinger et al. 2018). Ein Grund für gesonderte Dienstleistertreffen war, dass angenommen wurde, dass die zuvor beschriebenen Quartierskonferenzen für Akteure aus Unternehmen und Wirtschaft keine zeitlich und inhaltlich passende Kommunikationsplattform darstellen. Zur Vorbereitung der Dienstleisterkonferenzen wurde zunächst im Rahmen des Teilprojekts Geschäftsmodell eine Bestandsaufnahme durchgeführt, um sämtliche Dienstleister im Quartier zu erfassen. Anhand dieser Listen und zum Teil mit Ergänzungen der Bewohner*innen und Akteure wurden dann Einladungen zu einem ersten Dienstleistertreffen im Quartier verschickt. Gleichzeitig wurden einige Dienstleister durch die Mitarbeiter*innen vor Ort persönlich angesprochen und eingeladen.

Die Dienstleistertreffen beschäftigten sich mit verschiedenen Themen, die u. a. auch durch die jeweilige örtliche Lage im Quartier und die Themenwünsche der Dienstleister beeinflusst wurde. Themenblöcke, die in allen Quartieren gleich waren, wurden vor allem durch die Arbeit des Teilprojekts Geschäftsmodell systematisiert. So wurden z. B. die Ergebnisse einer Bedarfs- und Nutzeranalyse präsentiert, die die Bedarfslücken und auch gedeckten Bedarfe der älteren Bürger*innen in den Bereichen Gesundheit und Pflege, Haushalt und Versorgung, Sicherheit und Privatsphäre, Kommunikation und soziales Umfeld sowie Mobilität aufzeigt (für weitere Details siehe Fachinger et al. 2018). Die Konferenzen entwickelten sich in den Quartieren unterschiedlich weiter. Dies hatte unter anderem damit zu tun, inwieweit die Dienstleister bereits vor Projektbeginn kooperierten, z. B. in sogenannten Gewerbegemeinschaften, und ob sie an solchen Zusammenkünften überhaupt weiterhin ein Interesse bekundeten (näheres hierzu siehe Kapitel 9).

4.1.5 Zugehende Beteiligungsformate („QuartiersNETZ unterwegs")

Zugehende Beteiligungsformate[14] beziehen sich darauf, dass auf Menschen zugegangen wird und sie nicht zu bestimmten Veranstaltungen hingehen müssen („Komm-Strukturen"). Zugehende Formate zielen darauf ab, (ältere) Bürger*innen in ihrem direkten Lebensumfeld zu erreichen, auch um Gruppen anzusprechen, die sich bisher nicht sichtbar am Quartiersleben beteiligen bzw. nicht beteiligen konnten. Mit Bezug auf die Gruppe der Älteren sind es insbesondere Hochaltrige, ältere Menschen mit Migrationshintergrund, bildungsferne oder immobile ältere Menschen, für die herkömmliche Angebote in Form von Komm-Strukturen schwer erreichbar bzw. weniger passend oder ansprechend sind. In diesem Zusammenhang wurde überlegt, wie eine Brücke zu diesen Menschen mittels zugehender Formate geschlagen werden könnte. Diese wurden unter dem Titel „QuartiersNETZ unterwegs" begrifflich zusammengefasst. Durchgeführt wurden z. B. Hausflurgespräche und Gespräche im (halb-)öffentlichen Raum, wie an nahegelegenen, barrierearmen Orten (z. B. vor Lebensmittelgeschäften, Sparkassenfoyers, am Eingang eines mehrstöckigen Wohnhauses). Zudem wurden Zusammenkünfte wie Feste und Aktionen im Stadtteil genutzt, um zu informieren sowie Ideen und Anregungen einzuholen.

4.1.6 Digitale Quartiersplattform (E-Partizipation)

Im Projekt QuartiersNETZ wurde auch eine Digitale Quartiersplattform realisiert, auf der von Nutzer*innen u. a. Informationen aus den Projektquartieren abgerufen oder eingestellt werden können. Die Digitale Plattform war als eine Möglichkeit zur Teilhabe und Beteiligung im Quartier gedacht und sollte reale Strukturen des Quartiers in gewisser Weise auch digital abbilden. Neben anderen Vorteilen (z. B. Quartiersbezug, barrierefreie Bedienung) sollten dadurch Menschen z. B. mit (Mobilitäts-)Einschränkungen besser am gesellschaftlichen Leben partizipieren und länger selbstständig in ihrer gewohnten Umgebung leben können (Eherer 2012). Um diese Vision umsetzen zu können, wurde die Digitale Plattform bedarfs- und adressatengerecht gestaltet. Die

---

14 Die Ausführungen hierzu beziehen sich weitgehend auf Kap. 2.2.2 des Handbuchs 3, der Handbuchreihe des Quartiersnetzprojekts (Freese et al. 2018).

partizipative Entwicklung der Plattform fand in der schon erwähnten Fokus-
bzw. Arbeitsgruppe Digitale Quartiersplattform statt. Die Quartiersplattform
(siehe Abb. 11) bietet u. a. die Möglichkeiten, aktuelle Nachrichten zu veröf-
fentlichen und zu lesen, eine Kalenderfunktion für die Veröffentlichung von
Terminen aus dem Quartier, die gezielte Kontaktaufnahme (z. B. zu Hauptamtlichen des Netzwerks, den Redaktionsteams und den Technikbotschafter*innen) und dient gleichzeitig als Medium, um einen Überblick über die im
Quartier vorhandenen Angebote zu erhalten (Schabsky und Sorgalla 2018).

Abb. 11: Ausschnitt der Willkommensseite der Digitalen Quartiersplattform

Quelle: www.quartiersnetz.de

Die Arbeitsgruppe Digitale Quartiersplattform bestand aus interessierten Bürger*innen und Dienstleistern und wurde jeweils von einem Informatiker der
Fachhochschule Dortmund sowie einem Mitarbeiter des Generationennetzes
moderiert. Die Gruppe traf sich anfangs vierteljährlich, dann monatlich und
erarbeitete partizipativ den Funktionsumfang der Plattform sowie deren Ober-
flächengestaltung/-darstellung. Durch die Beteiligung der Bürger*innen sollten deren lebensweltliche Expertise und Bedarfe direkt in die Entwicklung in-
tegriert werden, um so bedarfsgerechte Lösungen zu entwickeln (Schabsky
und Sorgalla 2018). Daraus wurden Anforderungen generiert und in konkrete
Bestandteile und Funktionen (z. B. Veranstaltungskalender, Tauschbörse,
Spracheingabe, Mehrsprachigkeit) „übersetzt". Die am Projekt beteiligten
Informatiker*innen entwickelten dann in Kooperation mit Expert*innen für
Barrierefreie IT (einer der Unternehmenspartner des Verbundprojekts) erste
Prototyp-Versionen. Die Prototypen dienten jeweils als Grundlage zur Gene-
rierung weiterer Ideen und Vorschläge zu gewünschten Funktionen. Im
gemeinsamen (iterativen) Entwicklungsprozess konnten zudem verschiedene
Bedienelemente auf ihre Verständlichkeit und Nutzbarkeit getestet werden.
Die Entwicklungsschritte wurden mehrfach wiederholt, um alle Bereiche der

Plattform zu entwerfen, bevor sie von den professionellen Entwickler*innen programmiert und architektonisch umgesetzt wurden (siehe Kapitel 7). Insbesondere zu Beginn gestaltete sich dieser partizipative Entwicklungsprozess schwierig, da noch nichts „Greifbares" getestet werden konnte. Dies relativierte sich je weiter die Entwicklung durch die Rückmeldungen der Teilnehmenden sichtbar voranschritt und je benutzerfreundlicher die Oberfläche dadurch wurde. Der Ansatz partizipativer Technikentwicklung erforderte bei den Softwareentwickler*innen zu Beginn erhöhte Geduld, v. a. wegen der für die Profis doch eher ungewohnten, entschleunigten und z. T. auch zirkulären Vorgehensweise. Es galt somit sich u. a. auf die Iterationsschleifen mit vielen Aushandlungsprozessen und das offene Gruppensetting einzulassen.

4.1.7 Redaktionsteams der Quartiersplattform

Um die Quartiersplattform inhaltlich auszugestalten wurden in den einzelnen Quartieren sogenannte Redaktionsteams initiiert und handlungsfähig zusammengestellt.[15] Diese Teams bestehen hauptsächlich aus interessierten Bürger*innen und den für das jeweilige Quartier zuständigen Mitarbeiter*innen des Generationennetzes als übergreifende Koordinierungsstelle und Trägerorganisation. Die ehrenamtlich tätigen Teams bearbeiten arbeitsteilig die eingehenden Anregungen und Inhalte (z. B. Nachrichten oder diverse Angebote) von Bürger*innen, Dienstleistern etc.; sie schreiben aber auch selbst Artikel für die Plattform. Sie moderieren die Inhalte und überprüfen, ob die Informationen ethisch vertretbar sind, die Datenschutzrichtlinien und die Copyright-Regelungen Beachtung finden.

Die Anfangsqualifizierung der Redaktionsteams durch einen ausgebildeten Journalisten informierte über journalistische Gepflogenheiten, redaktionelle Regeln und lieferte die notwendigen Basisinformationen. In monatlichen Treffen aller Reaktionsteams wurden Neuigkeiten, Informationen, Anliegen, Tipps und Erfahrungen ausgetauscht sowie Absprachen z. B. bezüglich publikationsbezogener Rechte getroffen. In kleinen Schreibwerkstätten im Quartier wurde die Erstellung von eigenen Beiträgen geübt und journalistisch unterstützt. Ebenso wurde ein Rechtekonzept entworfen, „welches Zuständigkeiten, Voraussetzungen und Verpflichtungen zur Erstellung, Einstellung, Bearbeitung und Veröffentlichung eigener wie vorgelegter Beiträge für die jeweilige Quartiersplattform und ihre verschiedenen Bereiche regelt." (Heite 2018, S. 95)

---

15 Die Ausführungen hierzu beziehen sich weitgehend auf Kap. 3.3.2 des Handbuchs 3, der Handbuchreihe des Quartiersnetzprojekts (Heite 2018).

4.1.8 Techniktreffs

Um ein gemeinsames Erproben von unbekannter Technik zu ermöglichen und auch um eventuelle Vorbehalte abzubauen, wurden im Projekt fünf sogenannte Techniktreffs eingerichtet[16]. Diese Techniktreffs wurden in Räumen verschiedener Akteure im Quartier, sowie in der Volkshochschule (als zentralem Ort in der Innenstadt) errichtet und mit neuester Technik ausgestattet. Hier können PC-Kurse, Schulungen und Techniksprechstunden, aber auch anderweitige Treffen abgehalten werden (Bubolz-Lutz und Stiel 2018). Techniktreffs sind „niedrigschwellige Erfahrungsorte" für neue Technologien, die im kommunalen Sozialraum für alle offen sind (Bundesarbeitsgemeinschaft der Senioren-Organisation e.V. (BAGSO), 2017). Zum anderen sind sie aber auch neue Orte Bürgerschaftlichen Engagements im Quartier.

Die einzelnen Techniktreffs haben verschiedene Ausstattungsschwerpunkte. Mögliche Schwerpunktthemen (Gesundheit und Selbstständigkeit, Kommunikation, Spiele und Spaß, Haushaltstechnik, Sicherheit sowie Lernen und Lehre) wurden den Quartieren im Rahmen der jeweiligen Quartierskonferenzen vorgestellt; anschließend priorisierten die Teilnehmenden „ihren" Schwerpunkt. Geachtet wurde aber auch darauf, inwiefern die zur Verfügung stehenden Räumlichkeiten zur gewünschten Ausstattung passen und das insgesamt über die Quartiersgrenzen hinweg alle Schwerpunktthemen in der Stadt vertreten sind.

Für jeden Techniktreff wurde ein Kooperationsnetzwerk etabliert, welches beispielsweise die Technikbegleitung im Techniktreff, die Nutzung des Techniktreffs sowie konkrete Angebote verbindlich plant, regelt, dokumentiert und kontrolliert. Während die Verantwortlichkeit für die Techniktreffs nach Projektende zunächst für fünf Jahre beim Generationennetz Gelsenkirchen e. V. liegt, erfolgt der konkrete Betrieb vor Ort durch das jeweils quartiersspezifische Kooperationsnetzwerk.

4.1.9 Technikbotschafter*innen und Techniklots*innen

Technikbotschafter*innen und Techniklots*innen unterstützen insbesondere ältere Menschen im Umgang mit Technik (Bubolz-Lutz und Stiel 2018). Die Technikbotschafter*innen sind hierbei ehrenamtlich engagierte und eigens geschulte Bürger*innen jeden Alters, die Technikbegleitung für Ältere kostenfrei anbieten und interessierte ältere Personen beim Umgang mit technischen Geräten und digitalen Medien unterstützen, sowie Technik- und Medienkompetenz fördern. Über verschiedene Wege wurden Interessierte motiviert, sich

---

16 Die Ausführungen hierzu beziehen sich z.T. auf Kap. 3.3.3 des Handbuchs 3, der Handbuchreihe des Quartiersnetzprojekts (Heite 2018).

als Technikbotschafter*innen zu engagieren. Techniklots*innen sind Personen, die den Kontakt zu Technikbotschafter*innen vermitteln (z. B. in Pflegehaushalten) und die im Rahmen ihrer beruflichen Tätigkeit (z. B. als Betreuer*innen im hauswirtschaftlichen Bereich) einfache Unterstützungsleistungen in Bezug auf Techniknutzung erbringen können. So erleichtern die Techniklots*innen die Verbindungen zu Technikbotschafter*innen und professionellen technikorientierten Dienstleistern (Bubolz-Lutz und Stiel 2018). Technikbegleitung ist hierbei nicht nur als technische Unterstützungsleistung für einzelne ältere Menschen zu verstehen, sondern ebenso als ein Impuls zur Förderung von (digitaler und sozialer) Teilhabe/Beteiligung.

Die Technikbotschafter*innen trafen sich sowohl in einer Entwicklungswerkstatt als auch in einem Lernverbund. In der Entwicklungswerkstatt kamen Interessierte aus ganz Gelsenkirchen (zunächst alle zwei Monate, danach quartalsweise) zusammen, um den Auf- und Ausbau von Technikbegleitung und den Aufbau und Inhalt der Einstiegsseminare zu planen und das bereits Erreichte zu reflektieren. Weiterhin wurde die Entwicklungswerkstatt ein Ort für organisatorische Absprachen zur Weiterentwicklung des Angebotes, des gemeinsamen Lernens sowie des Austausches über die Erfahrungen im Engagement (Bubolz-Lutz und Stiel 2018). Im Lernverbund für Technikbegleitung wurden alle zwei Monate kostenfreie Fortbildungen für angehende Technikbotschafter*innen durch das Forschungsinstitut Geragogik (FoGera) in Kooperation mit der VHS Gelsenkirchen und dem Generationennetz Gelsenkirchen e. V. angeboten. Hier lernten angehende Technikbotschafter*innen, wie man Älteren die Nutzung von Technik erleichtert (Vermittlungskompetenz) und welche neuen Geräte und Techniken es gibt (Technik- und Medienkompetenz) (Bubolz-Lutz und Stiel 2018).

4.1.10 Beispiele von Beteiligungsinstrumenten im Projekt QuartiersNETZ

Im Projekt QuartiersNETZ wurden unter anderem im Rahmen der Beteiligungsformate auch verschiedene Beteiligungsinstrumente angewendet. Hier sollen kurz einige Beispiele genannt werden – ohne Anspruch auf Vollständigkeit – und einige besonders interessante Beispiele dargestellt werden (siehe Abb. 12)[17].

Zu erwähnen sind zum einen Beteiligungsinstrumente im Rahmen der Arbeitsgruppen und Quartierskonferenzen. Hier wurden z. B. Ergebnisse oder angesprochene Themen visualisiert, indem sie auf Stellwänden oder einer Flipchart so festgehalten wurden, dass sie für alle sichtbar waren und auch später

---

17 Die Ausführungen hierzu beziehen sich z. T. auf Kapitel 2.3. des Handbuchs 3 der Handbuchreihe des Quartiersnetzprojekts (Bubolz-Lutz, Lukas und Vogt 2018).

ins Protokoll aufgenommen werden konnten. Für gesammelte Themen oder auch in anderen Zusammenhängen wurden weiterhin Priorisierungen vorgenommen, z. B. mit der *Punktemethode*, bei der jede*r Teilnehmer*in eine bestimmte Anzahl an Punkten auf die Themen, die für am Wichtigsten gehalten werden, verteilen konnte, so dass am Ende ein Stimmungsbild bezüglich der Themen aufgezeigt wird. Auch ein „Meckerkasten" wurde in vielen Veranstaltungen aufgestellt, um die Möglichkeit zu bieten, Fragen, Kritik und Anregungen anonym abzugeben.

Abb. 12: Beteiligungsinstrumente im Projekt QuartiersNETZ[18]

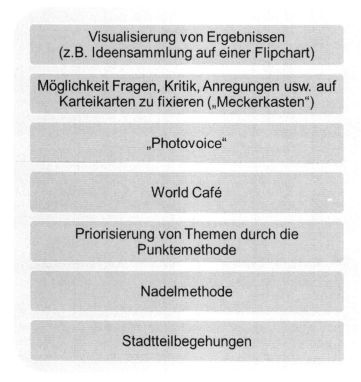

Quelle: Eigene Darstellung

Gerade bei den Auftaktveranstaltungen im Quartier mit einer relativ großen Anzahl an Teilnehmenden, aber auch in anderen Zusammenhängen wurde das Instrument des *World Cafés* angewendet. Hierbei finden sich in aufeinander

---

18 Die Übersicht der Beteiligungsinstrumente bezieht sich auf die beobachteten Instrumente und erhebt keinen Anspruch auf Vollständigkeit.

aufbauenden Gesprächsrunden mehrere Personen an einem Tisch zusammen, um sich mit einer konkreten Fragestellung oder einem konkreten Thema auseinanderzusetzen. Die Ergebnisse und Inhalte des Gesprächs werden schriftlich festgehalten und nach der Gesprächsrunde gehen die Teilnehmenden an einen anderen Tisch, so dass neue Gruppen entstehen. Ein*e Tischgastgeber*in bleibt jeweils am Tisch zurück und fasst für die neu Hinzukommenden die wesentlichen Gedanken des vorhergehenden Gesprächs zusammen. Hierdurch werden der Austausch gefördert und in kurzer Zeit Wissen und Erfahrung zusammengetragen. Abschließend werden die wichtigsten Ergebnisse für jeden Tisch im Plenum vorgestellt und gemeinsam reflektiert (Dittrich-Brauner et al. 2013).

Das Beteiligungsinstrument *„Photovoice"* entstand aus dem Wunsch heraus, die Partizipation der älteren Bürger*innen mit einer anderen Herangehensweise zu fördern und wurde seitens des Fachbereichs Design der Fachhochschule (FH) Dortmund und des Generationennetzes Gelsenkirchen e. V. konzipiert und als ein Projekt im Projekt durchgeführt. Bei der Aktion „FotoGEN. Schalke Quartier" wurden Bürger*innen des Quartiers gebeten, ihren Lieblingsort im Quartier zu fotografieren. Anschließend trafen sich die Teilnehmer*innen zusammen mit dem Team der FH und der Mitarbeiterin des Generationennetzes, zeigten ihre Fotos und erläuterten ihre Auswahl. Hierbei entstanden interessante Gespräche und die Teilnehmenden lernten sich untereinander näher kennen. Somit wurde eine niedrigschwellige, partizipative Methode angewendet, die die Teilnehmenden motivierte, ihre persönlichen Sichtweisen, Meinungen und Gefühle durch von ihnen selbst erstellte Fotografien sichtbar zu machen. Es entstand so nicht nur die Möglichkeit, etwas über die einzelnen Personen hinter den Kameras zu erfahren, sondern es bot sich auch die Gelegenheit, die Bilder im Kollektiv mit Blick auf das Quartier und dessen Entwicklung zu interpretieren. „FotoGEN" eröffnete damit einen neuen Raum der Begegnung. Aufgrund der positiven Erfahrungen wurden anschließend die Fotos, begleitet von erläuternden Worten der Urheber*innen, ausgestellt. Hierdurch entstanden angeregte Gesprächsrunden über das eigene Quartier und das eigene Erleben, an denen sich auch eher Partizipationsungewohnte beteiligten, sowie die Anregung einer Auseinandersetzung mit den eigenen und fremden Wahrnehmungen.

Ein weiteres Beteiligungsinstrument im Rahmen des Projektes waren *Stadtteilbegehungen*. Diese gehören zu den inzwischen vielfach bewährten Instrumenten sozialräumlich orientierter Sozialarbeit (Knopp 2009). Mit älteren Bürger*innen wurden Begehungen bzw. Spaziergänge im Quartier durchgeführt, bei denen sie auf besondere (Begegnungs-)Orte sowie Missstände (z. B. mangelnde Barrierefreiheit von Gehwegen) verweisen konnten, die im Anschluss an entsprechende Stellen vermittelt oder auf den Quartierskonferenzen besprochen werden konnten. Für die ortsfremden Projektmitarbeiter*innen bot sich so außerdem die Möglichkeit, das Quartier kennenzulernen und wahrzunehmen. Zudem dienten Stadtteilbegehungen, die z. T. anlassbezogen durchgeführt wurden, auch dazu, mit der Presse, dem zuständigen städtischen Referat (z. B. Verkehr) oder städtischen Dienstleistern (z. B. für Pflege von Grünflächen) ins Gespräch zu kommen.

Abb. 13: Markierung von Begegnungsorten mit der Nadelmethode

Quelle: Foto Annette Krön

In den Quartierskonferenzen wurde auch die *Nadelmethode* angewendet (siehe Abb. 13), bei der Beteiligte die Möglichkeit haben, auf einer Karte des Stadtteils Orte zu markieren und sichtbar zu machen, z. B. anhand von zuvor von den Beteiligten beschlossenen Kategorien, wie z. B. Begegnungsorte oder Angsträume Orte (Spatscheck und Wolf-Ostermann 2016). Diese Methode bietet auch die Gelegenheit, Menschen, die sonst zurückhaltender sind, miteinzubeziehen, da zu seinem Quartier jeder etwas sagen kann.

Im Anschluss an die überblicksartige Darstellung und Beschreibung der im Projekt QuartiersNETZ angewendeten Beteiligungsformate und -instrumente geht es im Folgenden darum, die unseres Erachtens zentralen Dimensionen partizipativer Prozesse vorzustellen und zu diskutieren – exemplarisch auf die Quartierskonferenzen bezogen.

4.2 Dimensionen von Beteiligungsprozessen – diskutiert am Beispiel der Quartierskonferenzen

Um eine grundsätzliche Einordnung von Beteiligungsprozessen vorzunehmen, ist eine Unterscheidung in strukturgebende Dimensionen hilfreich. Diese werden zunächst detailliert vorgestellt und erläutert. In Anlehnung an Alcántara et al. (2016) sind dies im Wesentlichen: Verfahrensrationalität, Macht, Inklusion, Empowerment und Transparenz. Im unmittelbaren Anschluss daran werden die oben skizzierten Beteiligungsformate mit diesen Dimensionen konfrontiert und daraufhin befragt, inwiefern diese einer Ermöglichung von Partizipation zuträglich sind. Der Fokus liegt hierbei auf den Quartierskonferenzen, da diese im Rahmen der Teilnehmenden Beobachtung am ausführlichsten begleitet wurden.

4.2.1 Verfahrensrationalität

Die Verfahrensrationalität von Beteiligungsprozessen setzt sich aus mehreren Bestandteilen zusammen und hängt von wandelbaren Grundbedingungen ab (Alcántara et al. 2016). Verfahrensrationalität bezieht sich hierbei darauf, wie ein Beteiligungsverfahren abläuft und welchen Grundregeln es folgt. Dies kann sich z. B. auf den Ort, an dem Verfahren stattfinden, beziehen, auf den finanziellen und zeitlichen Aufwand oder darauf, ob es sich eher um einen Informations-, Konsultations- oder Mitbestimmungsprozess handelt (Beteiligungstiefe). Während ein Informationsprozess eher einseitig verläuft, ist der Mitbestimmungsprozess ein wechselseitiger. Ein weiterer wesentlicher Einfluss auf die Verfahrensrationalität ist die Mitwirkung von Teilnehmenden unterschiedlicher sozialer Gruppen. Es ist entscheidend, ob ein Prozess für alle potenziell interessierten Personen offen ist, oder ob eine Fokussierung favorisiert wird, z. B. direkte Betroffenheit im Hinblick auf ein konkretes Problem oder eine bestimmte Altersgruppe. Form und Art des Beginns eines Beteiligungsprozesses, die Gruppengröße wie auch ihre Vielfältigkeit, stellen einen weiteren teilnehmerbezogenen Aspekt dar, der sich auf die Verfahrensrationalität auswirken kann. Weiterhin kann unterschieden werden, ob ein Beteiligungsprozess analog oder digital durchgeführt wird. Die Entscheidung für ein Präsenzverfahren, ein reines Onlineverfahren oder eine Mischform setzt wesentliche Rahmenbedingungen, die ihrerseits mit unterschiedlichen Zugangschancen einhergehen. (Alcántara et al. 2016; Kersting 2014)

Wesentliches Element ist auch der *Zugangszeitpunkt*. Damit ist der Zeitpunkt im Prozess gemeint, an dem die Beteiligung beginnt, da hiervon abhängt wie viel Einfluss den Teilnehmenden überhaupt zur Verfügung steht. Geht es um eine erste Problemdefinition oder sind wesentliche Schritte bereits entschieden und können, genau genommen, nicht mehr beeinflusst werden? Können die Teilnehmenden Beschlüsse fassen oder sind sie eher beratend tätig? Hierzu gehört auch der Grad der Offenheit für Veränderungen durch die Teilnehmenden und der Grad der Formalisierung des Prozesses. Wie flexibel kann der Prozess noch geändert werden? Ebenfalls ist die Ergebnisoffenheit von Bedeutung: inwieweit wird das Ergebnis eines Beteiligungsprozesses strukturell offengehalten? (Alcántara et al. 2016)

Beziehen wir uns nun auf die *Quartierskonferenzen,* sind Information, Konsultation, Mitwirkung und Mitbestimmung von Bedeutung. So wurde z. B. über Neuigkeiten aus dem Quartier oder aus dem Projekt informiert, die Teilnehmenden wurden nach Ideen, Anregungen und Wünschen gefragt (Konsultation) und sie konnten Priorisierungen vorgeben oder etwa im Rahmen der Arbeitsgruppen über Themen, die ihnen wichtig sind, mitbestimmen (Heming et al. 2019).

Der Prozess war offen für alle Quartiersbewohner*innen und lokalen Akteure. Auch Akteure, die nicht im Quartier wohnen oder arbeiten, konnten teilnehmen, wurden allerdings nicht explizit eingeladen, da sie nicht im engeren Sinne als „Betroffene" galten. Als Orte wurden für die Veranstaltungen möglichst zentrale Orte im Quartier, die barrierefrei und gut mit dem öffentlichen Verkehr oder zu Fuß zu erreichen sind, gewählt. Dies erhöht die Erreichbarkeit für die Bewohner*innen und vermeidet Kosten für die Anfahrt. Damit wurde versucht, den finanziellen und zeitlichen Aufwand für den Besuch der Quartierskonferenzen gering zu halten.

Es gab sowohl reale als auch Online-Verfahren. Der Fokus lag stärker auf den realen Verfahren vor Ort, unter anderem auch, weil die Digitale Plattform erst gegen Ende des Projekts anwendungsreif war; wenn auch (noch) eingeschränkt, wurde Beteiligung dadurch auch auf digitalem Weg möglich. Ein wichtiges Element der sogenannten E-Partizipation mittels der Quartiersplattform ist z. B. die sogenannte Chat-Funktion, durch die es Menschen, die nicht zu einer Quartierskonferenz kommen können, ermöglicht werden soll, zumindest in begrenztem Maße online an der Konferenz teilzunehmen bzw. mitzubekommen, was dort geschieht. Diese Funktion wurde aber erst kurz vor Projektende getestet, somit ist uns die Art und Weise ihrer Nutzung nicht bekannt.

Wenn man die Dauer des Beteiligungsprozesses betrachtet, war das Projekt QuartiersNETZ für vier Jahre gefördert, aber der Beteiligungsprozess ist in Gelsenkirchen auf längere Zeit, d. h. im Prinzip unbefristet angelegt. Dass der Prozess nach Ende der Förderung weitergeht, wurde zum einen dadurch gewährleistet, dass der Praxispartner Generationennetz Gelsenkirchen e. V. weiterhin, finanziell gestützt von der Stadt, in den Quartieren arbeitet, wenn auch mit einer insgesamt verringerten Stundenzahl. Zum anderen wurden Selbstorganisationsaktivitäten während des Projektverlaufs unterstützt. Versucht wurde auch, noch weitere Akteure bzw. Kooperationspartner zu gewinnen, die bestimmte Angebote mitverantworten, um so eine Verstetigung nach Ablauf des Projekts zu gewährleisten, was zum Teil auch gelang (siehe Kapitel 11).

Der Zugangszeitpunkt war ein früher, da die Teilnehmenden anfangs dazu befragt wurden, welche Probleme sie in ihrem Quartier sehen und gebeten wurden, Ideen, Anregungen und Wünsche für ihr Quartier einzubringen. Das heißt, die Ideen entstanden zum Teil erst in den Konferenzen und wurden nicht schon auf anderer Ebene vorgedacht. Ungeachtet dessen: nicht selten werden Themenbereiche bereits in der Verwaltung oder in der Politik diskutiert; genauso gibt es bestimmte (Vor-)Entscheidungen, die nicht immer öffentlich bekannt sind. Ein Beispiel hierfür ist der Umbau des Zentralen Omnibusbahnhofs (ZOB) in einem Quartier, dessen Planung schon einige Jahre lief und dessen öffentlicher Beteiligungsprozess stattfand bevor die Bewohner*innen im Rahmen des Projekts hierüber diskutierten. Daher waren in diesem Fall einige Entscheidungen bereits getroffen, die nicht mehr beeinflusst werden konnten. Andere Ideen, wie z. B. die Einrichtung eines Shuttles-Busses, hingegen waren komplett neu und konnten somit auch neu in Verwaltung und Politik eingebracht und im Rahmen der Konferenzen mitwirkend bzw. gestaltgebend diskutiert werden.

Die Quartierskonferenzen und auch andere Formate wie die Dienstleisterkonferenzen waren grundsätzlich *ergebnisoffen*. Das heißt, am Beginn des Prozesses stand noch nicht fest, was das Ergebnis sein wird. Dies birgt allerdings auch Schwierigkeiten in sich und zwar insofern, als dass es insbesondere für die Verwaltung eher schwierig ist, sich auch darauf einzustellen, da solche Prozesse langwieriger sein können und „Umwege" machen, statt direkt auf ein Ergebnis oder eine bestimmte Idee zuzusteuern. Auch ist es so schwieriger auf Projekte oder Prozesse einzuwirken, die ein bestimmtes und/oder zeitkritisches Ziel haben. Als Beispiel sei hier wiederum der Umbau des ZOBs genannt.

4.2.2   (Entscheidungs-)Macht

(Entscheidungs-)Macht ist ein weiterer zentraler Faktor von Teilhabe- und Beteiligungsprozessen (Alcántara et al. 2016). Grundsätzlich aber stellt sich zunächst die Frage nach dem für unsere Zwecke geeigneten Machtbegriff. Ein eindeutiges Verständnis von Macht lässt sich in der einschlägigen Literatur nicht finden. Klar ist nur: Macht ist ein allgegenwärtiges soziales Phänomen. Selbstverständlich ist,

„dass Macht nicht nur von staatlichen Institutionen wie Regierung, Armee und Polizei ausgeht, sondern ebenso in Wissenschaft, Familien und Geschlechterverhältnissen wirkt. Sie durchzieht damit neben formellen Institutionen auch informelle soziale Strukturen, Beziehungen und Kräfteverhältnisse. Macht wirkt also auch nicht immer direkt, etwa über Gebote und Verbote oder über Zwang und Drohung, sondern auch über Formen sozialer Sichtbarkeit und Unsichtbarkeit (etwa wenn Angehörige von Minderheiten in bestimmten sozialen Kontexten ignoriert werden), über die Strukturierung der Optionen, die Akteuren zur Verfügung stehen (etwa wenn bestimmte Alternativen von vornherein als indiskutabel oder unrealistisch ausgeschlossen werden), und über unmerkliche Normierungen (etwa wenn als normal vorausgesetzt wird, dass sich jeder Mensch eindeutig einem von zwei Geschlechtern zuordnen lässt)." (Jaeggi und Celikates 2017, S. 95)

Macht kann akteursbezogen, d. h. als personale Macht gefasst werden (wie z. B. bei Max Weber), Macht kann aber auch subjektlos, d. h. durch bestimmte Machtverhältnisse strukturell wirkend begriffen werden (wie z. B. bei Foucault); Macht kann vernichtend, disziplinierend, normierend und/oder produktiv-gestaltend sein (Imbusch 2018; Sagebiel und Pankofer 2015). Angesichts dieses Spektrums konzentrieren wir uns hier enger auf die in Prozessen partizipativer Quartiersentwicklung potenziell *entscheidungs*wirksamen Machtformen, die im Wesentlichen akteursbezogen sind (beispielsweise aufgrund bestimmter erworbener Positionen, Ämter, Funktionen etc.) und daher solche Prozesse ermöglichen, prägen, steuern, behindern, beeinflussen, manipulieren etc. können.

Das heißt, in Beteiligungsprozessen ist von Bedeutung, welche Personen in welcher Verbindlichkeit und Legitimität im Beteiligungsprozess entscheiden sowie ob Entscheidungsträger selbst am Prozess teilnehmen oder nicht. So sind Fragen der Legitimierung von Entscheidungen – in Settings von und mit zivilgesellschaftlichen Akteuren (wie z. B. im Fall der Quartierskonferenzen) – von Herrschafts- und Machtverhältnissen abhängig, die von strukturgebenden Instanzen, wie beispielsweise städtischen Gremien, rechtlichen Verordnungen oder Gesetzen herrühren (Feustel 2011) und von bestimmten Personen vertreten bzw. durchgesetzt werden.

Auch die Form und Art des Beginns eines Beteiligungsprozesses wird von Machtpositionen und -kalkülen beeinflusst. So ist hier z. B. einflussreich, aus welcher Instanz heraus die Initiierung angestoßen wird, ob der Prozess z. B. eher *Bottom up* (durch die Bürgerschaft selbst) oder *Top down* (z. B. durch die Kommune) initiiert und organisiert wird.

Wird Macht in diesem Sinne betrachtet, sind außerdem mögliche Sanktionen mitzudenken. Dies kann im Rahmen eines Beteiligungsprozesses heißen, dass die Möglichkeit besteht, z. B. die politisch Verantwortlichen für die Nicht-Umsetzung von Ergebnissen zu sanktionieren, z. B. durch Protest.

Die *Quartierskonferenzen* sind keine durch Wahl legitimierten Instanzen. Sie können nicht für sich beanspruchen, für alle Bürger*innen des Quartiers zu sprechen. Daher haben sie auch keine Entscheidungsmacht für lokal-politische Umsetzungsprozesse. Was allerdings im Rahmen des Projekts versucht wurde, ist eine engere Verzahnung der partizipativen Anläufe in den Quartierskonferenzen mit Politik und Verwaltung anzustoßen. Konkret heißt das: Lokalpolitiker*innen und zum Teil auch Verwaltungsmitarbeiter*innen wurden zu den Konferenzen eingeladen. In einigen Quartieren waren Politiker*innen stark in den Prozess involviert, in anderen weniger. Es wurde bei den Bezirksvertretungssitzungen vom Projekt berichtet und die jeweils relevanten Verwaltungsabteilungen wurden zu Ideen und Anfragen angeschrieben. Außerdem wurde auf stadtweiter Ebene vom Teilprojekt Partizipationsmodell eine Diskussion angestoßen, wie die Verzahnung von lokaler Politik und Quartiersarbeit besser gelingen kann (siehe Kapitel 10).

Entscheidungsmacht für Teilnehmende bestand vor allem in den Bereichen, in denen Teilnehmende ihre eigenen Ideen selbst umsetzen konnten. Als Beispiele sind hier die Organisation und Durchführung von Nachbarschaftsfesten zu nennen sowie die Gestaltung und Aufstellung von „Erzählbänken". Nicht zuletzt ist auch die Schaffung eines Quartierstreffpunkts im Zusammenhang mit Selbstorganisationsaktivitäten und der Gründung eines Bürgervereins hierfür ein Beispiel (der in „seinem" Quartierstreffpunkt auch den örtlichen Techniktreff beherbergt). Bezüglich der Techniktreff-Ausstattung hatten die Teilnehmenden der Quartierskonferenzen die Möglichkeit, ein Votum für das von ihnen favorisierte Schwerpunktthema des einzurichtenden Techniktreffs anzugeben. Allerdings kann dies eher im Bereich der Anhörung bzw. Konsultation verortet werden, da, wie oben erwähnt, weitere Aspekte in die Entscheidung einflossen.

Dies zeigt, dass in manchen Fällen die Grenzen in der Beteiligungstiefe eher fließend sind. In allen Quartieren gestalteten die Teilnehmenden den Prozess aber entscheidend mit. Sie brachten ihre Anliegen und Ideen ein und trugen so zu deren Umsetzung bei. Es war zudem in allen Quartieren möglich, die Themen der Arbeitsgruppen mitzubestimmen und diese jederzeit anzupassen, wenn sich ein neuer Fokus ergab. Weiterhin gab es in den Quartieren Abstimmungen zu inhaltlichen Themen oder zum Ablauf der Quartierskonferenzen. In jedem Quartier sind einzelne oder mehrere Bürger*innen – zum Teil zusammen oder mit hauptamtlicher Unterstützung – zur selbstorganisierten Maßnahmenplanung übergegangen. Dabei handelte es sich um verschiedenste Formen und Ausgestaltung von Selbstorganisation, die von ehrenamtlicher Unterstützung bis hin zu Protesten und Demonstrationen (z. B. gegen Verkehrsbelästigungen im Wohngebiet) reichten. Ein exemplarisches Beispiel von Selbstorganisation, das gerade genannt wurde, ist die Gründung eines Bürgervereins in einem der Quartiere mit dem Betrieb des Quartiers- und Techniktreffs.

4.2.3 Inklusion

Inklusion ist im Rahmen von Teilhabe- und Beteiligungsprozessen ein wesentlicher Faktor, die *Offenheit gegenüber neu Teilnehmenden*(-Gruppen) zu beurteilen (Alcántara et al. 2016). Welche Personen/Gruppen in einem partizipativen Prozess vertreten sind oder sein sollten und welche nicht einbezogen sind, sind wichtige Gesichtspunkte von Inklusion, die immer auch auf Exklusion (indirekt) hinweist (Heite und Rüßler 2017). Je nachdem ob über die Teilnahme selbstbestimmt entschieden werden kann, oder ob sie durch Zufallsauswahl bzw. Quotierung zustande gekommen ist (z. B. durch eine Zufallsstichprobe aus dem Melderegister), oder ob potenzielle Teilnehmende direkt z. B. von bestimmten Akteuren angesprochen werden, unterscheidet sich der entsprechende Partizipationsprozess in seiner Charakteristik und damit verbundenen Repräsentativität. Zu fragen ist außerdem, ob das Beteiligungsformat nicht auch soziale Ungleichheit verstärkt. Welche Bevölkerungsgruppen werden mit einem bestimmten Format (nicht) erreicht? Generell kann angenommen werden, dass das Ausmaß der Fluktuation von Teilnehmenden ein Indikator für die (In-)Stabilität einer Gruppe ist und das auf mögliche (Zugangs-)Barrieren, die vielfältig sein können, zu achten ist.

Partizipationsprozesse können entweder ohne vorherige Ansprache durch Dritte oder direkte Ansprache zustande kommen. Bezüglich der *Quartierskonferenzen* erfolgte die direkte Ansprache z. B. durch eine schriftliche Einladung an alle über 50-Jährigen im Quartier durch den Oberbürgermeister für die jeweils erste Quartierskonferenz und im weiteren Verlauf durch Einladungen an diejenigen, die bereits teilgenommen hatten. Weiterhin wurden Bürger*innen und lokale Akteure durch die Mitarbeiter*innen des Generationennetzes, aber auch weitere Multiplikator*innen angesprochen. Mitarbeiter*innen des Caritasverbands für die Stadt Gelsenkirchen e. V., der auch Projektpartner war, haben Kund*innen angesprochen bzw. ihnen von den Aktionen des Projekts erzählt. Bestimmte Gruppen im Quartier wurden eingeladen und auch durch „QuartiersNETZ unterwegs" wurden potenziell Teilnehmende angesprochen. Sehr wahrscheinlich sind in nachbarschaftlichen Kontexten auch die Quartierskonferenzen, nicht zuletzt wegen ihrer Regelmäßigkeit und Kontinuität, ein Thema, so dass auch über diesen Weg Zugänge erfolg(t)en. So brachten manche Teilnehmende ihre Nachbar*innen oder Bekannte mit.

Bezüglich des Abbaus von Zugangsbarrieren wurden vor allem niedrigschwellige Orte gewählt, d. h. Orte, die zentral gelegen und barrierefrei erreichbar sind und auch „neutral" sind in dem Sinne, dass versucht wurde, keine Orte von Religionsgemeinden auszuwählen, was aber aufgrund der Verfügbarkeit von Räumlichkeiten nicht durchgängig möglich war. Eine Aufwandsentschädigung gab es nicht, aber durch die zentrale Lage wurde versucht, dass den Teilnehmenden keine Transportkosten entstanden.

Die Evaluation des Projekts hat u. a. ergeben, dass insgesamt von den Gruppen, die generell als schwer zu erreichen gelten, finanziell Schwache erreicht wurden, diese also zu den Quartierskonferenzen kamen, v. a. in den Quartieren, wo der Anteil einkommensschwacher bzw. -armer älterer Menschen relativ hoch ist. Hochaltrige, Personen ohne Schulabschluss, Pflegebedürftige und Menschen mit Migrationshintergrund nahmen zwar teil, waren aber im Vergleich zur Bevölkerung unterrepräsentiert (siehe auch Kapitel 6) (Heming et al. 2019). Es wurde versucht, insbesondere immobile Menschen über den beteiligten Pflegedienst zu erreichen. Dies wird diesen, wie auch anderen Bürger*innen mit Internetzugang mittels des Konferenzchats auf der Digitalen Plattform in Zukunft wohl möglich sein.

4.2.4 Empowerment

Empowerment ist ein weiterer Faktor, der im Rahmen von Teilhabe- und Beteiligungsprozessen Personen und Personengruppen dazu ermutigt, die je eigenen Ressourcen zu erkennen und entsprechend einzubringen (Alcántara et al. 2016; Herriger 2002), so dass ihre Handlungsfähigkeiten gestärkt werden. „Empowerment meint den Prozess, innerhalb dessen Menschen sich ermutigt fühlen, ihre eigenen Angelegenheiten in die Hand zu nehmen, ihre eigenen Kräfte und Kompetenzen zu entdecken und ernst zu nehmen und den Wert selbst erarbeiteter Lösungen schätzen zu lernen." (Keupp 2018, S. 560). Neben dem individuellen Empowerment ist auch ein kollektives Empowerment möglich, d. h. eine wechselseitige Stärkung von individuellen Ressourcen, die sich aus unterschiedlichem Input, aus gemeinschaftlichen Ressourcen speisen und multiplikatorische Effekte aufweisen können. Denn Empowermentprozesse vollziehen sich häufig in der Gemeinschaft mit anderen (Herriger 2002). Durch die Hinzunahme verschiedenster Perspektiven kann dem Individuum ebenfalls eine persönliche Weiterentwicklungschance und ein Bildungs- bzw. Wissenszuwachs ermöglicht werden (Bubolz-Lutz et al. 2010). Allerdings vollziehen sich Empowermentprozesse selten gradlinig: „Sie werden begleitet von Brüchen und Rückschlägen, Sackgassen und Regressionen." (Herriger 2002, S. 130)

Gerade bei Menschen mit geringer Partizipationserfahrung ist es wichtig, Lern- und Empowermentprozesse zu ermöglichen, indem ihnen Chancen der Beteiligung, der Strategieentwicklung und -umsetzung aufgezeigt werden. Die Menschen können so ihre eigenen Stärken und Ressourcen entdecken, die es ihnen erlauben sich selbstbestimmt zu beteiligen und ihre Interessen zu vertreten (Grates et al. 2018c).

Empowerment zu ermöglichen bedeutet u. a. Entschleunigung auszuhalten, da mehr Zeit benötigt wird, um Ergebnisse zu erzielen. Wird diese Zeit in Prozessen eingeräumt und wird versucht, eine Balance zwischen dem Einbezug von „Partizipationsungewohnten" und dem Angehen von Aktivitäten zu finden? Werden erreichte Ergebnisse und Erfolge hervorgehoben, um Selbstwirksamkeit zu verdeutlichen? Weiterhin geht Empowerment mit einem Zuwachs an Wissen und Kompetenz einher. Gibt es solche Zuwächse bzw. wurden solche im Vorfeld optional mitgedacht?

Weitere Aspekte, die zu beachten sind, beziehen sich z. T. auf bestimmte Gruppen. So sind beispielsweise die Art und Weise der Kommunikation von Bedeutung (z. B. sind Übersetzungshilfen erforderlich?). Auch die Art bzw. das Format der Beteiligung ist ein Baustein, der Einfluss hat sowohl auf Empowerment als auch auf Inklusion. Ist das Verfahren eher dialogisch oder gibt es auch andere, weniger deliberativ geprägte niederschwellige Beteiligungsmöglichkeiten, so dass sich auch (Personen-)Gruppen angesprochen fühlen, die über andere als sprachlich-kommunikative Kompetenzen verfügen?

Im Projekt QuartiersNETZ war Empowerment ein wichtiges Element. So war ein Anspruch, dass Teilnehmende Ideen selbst entwickeln und umsetzen können, wodurch unter anderem ihre Selbstwirksamkeit gestärkt werden sollte. Die *Quartierskonferenzen* und die jeweiligen Arbeitsgruppen, nicht zuletzt die Formate wie Technikbotschafter*innen oder Redaktionsverantwortliche, zielen auf einen Zuwachs an Kompetenz und Wissen ab. Teilnehmende sollten erfahren können, dass sie gemeinsam etwas erreichen können. Eine Balance zwischen dem Erreichen von Ergebnissen und der Mitnahme von Partizipationsungewohnten wurde angestrebt, und erreichte Ergebnisse hervorgehoben, um erreichte Einflussnahme zu verdeutlichen und das Gefühl der Selbstwirksamkeit zu stärken.

Im Rahmen einer Trendanalyse, die vom Teilprojekt Evaluation mit Bezug auf die Quartierskonferenzen durchgeführt wurde (Heming et al. 2019), spielte auch die wahrgenommene kollektive Selbstwirksamkeit der Teilnehmenden eine Rolle. Operationalisiert wurde das kollektive Empowerment gemäß des Selbsteinschätzungsitems: „Ich kann gemeinsam mit anderen für (Name des Quartiers etwas bewirken." auf einer sechsstufigen Skala (1 = trifft voll und ganz zu, 6 = trifft überhaupt nicht zu). Es zeigte sich eine hohe Zustimmung: Über die meisten Messzeitpunkte hinweg stimmte die überwiegende Mehrheit dieser Aussage (eher) zu.[19]

Bei einer weiteren schriftlichen Befragung der Teilnehmenden aller Quartierskonferenzen zum Ende der Projektlaufzeit (Schlussevaluation) wurden diese gefragt, welches für sie die wichtigsten Ergebnisse ihrer Teilnahme an den Quartierskonferenzen seien. Jede*r vierte Befragte äußerte als wichtiges Ergebnis der Teilnahme, dass er/sie selbst etwas in die Hand genommen hat

---

19 Unter methodischen Aspekten sind diese Werte allerdings eher von geringer Aussagekraft. So hat beispielsweise im Durchschnitt etwa ein Viertel der Teilnehmenden den Evaluationsfragebogen nicht ausgefüllt – aufgrund vorzeitigen Verlassens der Quartierskonferenz, sprachlicher Hürden oder genereller Ablehnung der Teilnahme an der Kurzbefragung

(Grates et al. 2019a). Dies zeigt, dass Empowermentprozesse im Projekt QuartiersNETZ durchaus erreicht wurden.

Auch im Rahmen der Teilnehmenden Beobachtung konnten bei einigen Teilnehmenden Empowermentprozesse festgestellt werden. So haben sich im Laufe der Zeit auch Teilnehmende, die zu Beginn zurückhaltender waren, mehr eingebracht und Präsentationen von Ergebnissen der Arbeitsgruppen im Plenum wurden vermehrt durch Bürger*innen übernommen. Zusätzlich gibt es Teilnehmer*innen, die vor dem Projekt nicht im Quartier aktiv waren, durch regelmäßige Beteiligung an den Quartierskonferenzen aber mehr und mehr in verantwortungsvolle Rollen hineinwuchsen, bis hin zur Mitarbeit in der Steuerungsgruppe bzw. im Koordinierungskreis. Andere wiederum fühlten sich ebenfalls infolge ihrer Teilnahmekontinuität darin gestärkt, sich für bestimmte Engagementfelder federführend einzusetzen (Heming et al. 2019).

Ein weiterer Grundansatz des Projekts war, möglichst viele verschiedene Gruppen im Quartier und insbesondere „schwer Erreichbare" zu erreichen. „QuartiersNETZ unterwegs" und aufsuchende Arbeit, aber auch die Vernetzung von aufsuchend Tätigen sind Elemente im Rahmen von QuartiersNETZ, um bestimmte Gruppen spezifisch anzusprechen. Auch wenn bei diesen Formaten die Anzahl der Menschen, die erreicht wurden, nicht sehr groß war, wurden dennoch einige erreicht, die sonst vielleicht nichts über Möglichkeiten des Mitwirkens im Quartier in Erfahrung gebracht hätten.

In den Quartierskonferenzen war man außerdem darum bemüht, auf eine einfache Sprache zu achten, um für alle Teilnehmenden die Verständlichkeit zu gewährleisten. Nur zum Teil gab es die Möglichkeit, Übersetzungshilfen zu bieten. Übersetzungsdienste wurden nicht angeboten, da das einen hohen Aufwand bedeutet hätte und auch keine ehrenamtlichen Übersetzer*innen gefunden wurden. Allerdings war es in einem Quartier im Rahmen eines anderweitig geförderten Projekts zeitweise möglich, dass Mitarbeiter*innen mit Migrationshintergrund für die türkischsprachigen Teilnehmenden übersetzen konnten. Hier wurde auch eine Sonderveranstaltung auf Türkisch durchgeführt. Mit dem Auslaufen dieses Projekts war diese Möglichkeit nicht mehr gegeben. Während die Quartierskonferenzen eher diskursive Verfahren sind, wurden auch einige andere Verfahren angeboten, die weniger Sprachgewandtheit und Selbstbewusstsein (elaboriert) zu sprechen verlangten. Hier ist wiederum „QuartiersNETZ unterwegs" beispielhaft zu nennen, aber auch die Nachbarschaftsfeste, Angebote im Quartierstreffpunkt wie z. B. Bastel- oder Sportangebote, die Nadelmethode oder etwa das Photovoice-Projekt.

4.2.5   Transparenz

Als letzte Dimension ist die Ausgestaltung und Intensität von (wechselseitiger) Transparenz zu nennen (Alcántara et al. 2016). In diesem Bereich wird z. B.

danach gefragt, ob alle relevanten Informationen für die Teilnehmenden zugänglich sind oder ob der Prozess auch für die nicht direkt am Verfahren Beteiligten transparent ist (und sein sollte). Werden die Teilnehmenden über den Gesamtkontext und den weiteren Verlauf des Prozesses informiert? Wie wird mit Ergebnissen umgegangen? Werden die Teilnehmenden darüber aufgeklärt, was mit den Ergebnissen passiert? Wird nach der Durchführung des Verfahrens über die Wirkung und Umsetzung der Ergebnisse im weiteren Prozess informiert? Entscheidend ist für die Beurteilung von Transparenz also die entsprechende (gegenseitige) Öffnung bezogen auf relevante Informationen, Einstellungen und Haltungen für einen Beteiligungsprozess, sowie der Umgang mit wahrgenommener Intransparenz.

Transparenz war ein wichtiges Ziel im Projekt QuartiersNETZ und wurde auch durch unterschiedliche Elemente gewährleistet. So gab es z. B. von verschiedenen Veranstaltungen Protokolle, die sowohl verschickt, verteilt bzw. auf der Projektwebseite hochgeladen wurden. Ebenso wurden bei den *Quartierskonferenzen* von Neuigkeiten aus dem Gesamtprojekt berichtet und Inhalte und Ergebnisse von Arbeitsgruppen vorgestellt. Der Bericht über die Neuigkeiten aus dem Projekt diente der Information über den Gesamtkontext. Auch Rückmeldungen vonseiten der Verwaltung oder der Politik wurden in die Quartierskonferenzen zurückgespiegelt, so dass deutlich wurde, wie mit Ideen und Ergebnissen weiter umgegangen wird und was für Handlungsmöglichkeiten es weiterhin gibt. Auch die Digitale Plattform diente der Transparenz in dem Sinne, dass hier von Veranstaltungen im Quartier berichtet werden kann und Informationen verbreitet werden können.

Es soll aber nicht unerwähnt bleiben, dass in Bezug auf das Projekt der eine oder andere Teilnehmende auch das Gefühl von Intransparenz hatte. So war manchen Teilnehmenden nicht immer klar, wie der Gesamtprozess des Projekts verlief, welche Projektarbeitsgruppen was zu welchem Zweck machten, und z. B. in Bezug auf die Plattform, aber auch in Bezug auf andere Teilprojekte, welche Fortschritte es hier gab. Die von Einzelnen wahrgenommene Intransparenz des Gesamtprozesses war unter anderem der Komplexität des Projekts mit seinen verschiedenen Teilprojekten geschuldet, obschon immer wieder versucht wurde, das Gesamtprojekt zu erläutern und Verbindungen aufzuzeigen. Letztendlich war das Gesamtkonstrukt als solches für manche wohl eher schwer zu verstehen. Für andere Projekte oder Beteiligungsprozesse sollte man sich daher überlegen, wie Strukturen einfacher aufgebaut und/oder dargestellt werden können. Auch bei den Teilprojekten war es aus arbeitstechnischen und projektinternen Gründen teilweise schwierig, vollkommen transparent zu sein. Dies lag z. B. daran, dass manche Arbeitsschritte nur schwer für diesbezügliche „Laien" verständlich waren, wie z. B. Programmierarbeiten, Änderungen in der Vorgehensweise vorgenommen werden mussten und manche Schritte zeitlich nur grob geplant, so dass deren Ergebnisse daher nur bedingt angekündigt werden konnten. Auch waren manche Ergebnisse für die

Teilnehmenden vielleicht nur bedingt interessant und verständlich. Dennoch ist auch hier zu überlegen, wie man in anderen Prozessen in solchen Fällen trotz allem noch mehr Transparenz durch erhöhte Kommunikation, aber auch einfache Sprache herstellen kann. Abbildung 14 fasst noch einmal zusammen, welche Elemente und Charakteristika der Beteiligungsdimensionen wie im Projekt QuartiersNETZ vorkamen bzw. angewendet wurden.

Abb. 14: Beteiligungsdimensionen im Projekt QuartiersNETZ

Verfahrensrationalität

- Information, Konsultation und Mitbestimmung
- Offen für alle
- Geringer Aufwand (Geld, Zeit, etc.)
- Online und face-to-face bzw. "real"
- 4 Jahre Förderung, auf länger angelegt
- Zugangszeitpunkt: Problemdefinition
- Ergebnisoffen

(Entscheidungs-)Macht

- Keine Entscheidungsmacht für lokalpolitische Umsetzungsprozesse
- Verzahnung zu Politik und Verwaltung
- Teilnehmende können Ideen und Aktionen im Quartier selbst umsetzen
- Entscheidungsmacht zu Themen bei den Konferenzen

Inklusion

- Selbstselektion + direkte Ansprache
- QuartiersNETZ unterwegs
- Niedrigschwellige, barrierefreie Orte
- Keine Aufwandsentschädigung
- Finanziell Schwache werden erreicht
- Hochaltrige, Pflegebedürftige und Menschen mit Migrationshintergrund in gewissem Maße

Empowerment

- Besondere Ansprache von „schwer Erreichbaren"
- Ansatz, dass Teilnehmende selbst Ideen entwickeln und umsetzen
- Kompetenzzuwachs
- Zum Teil Übersetzungshilfen
- Niedrigschwellige Formate

Transparenz

- Durch Webseite und Protokolle
- Information über Gesamtkontext und Umgang mit Ergebnissen
- Rückspiegelung von Rückmeldungen
- Digitale Plattform
- Teilweise Intransparenz durch Komplexität des Projekts

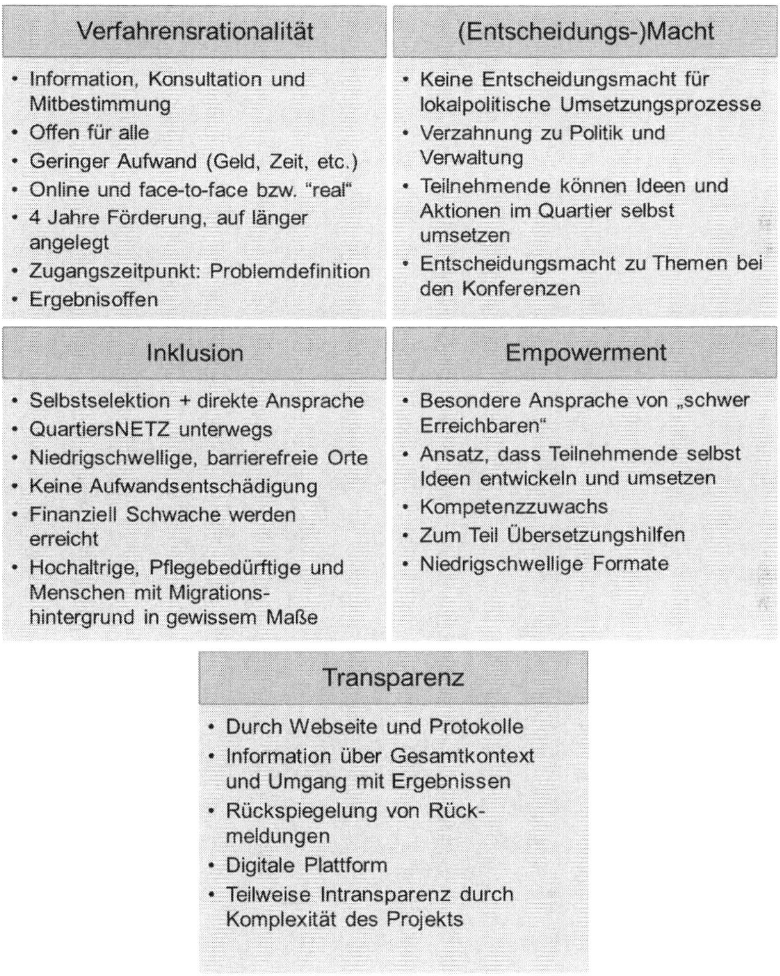

Quelle: Eigene Darstellung

4.3 Fazit

Einige Grundsätze zur Ermöglichung von Partizipation können aus dem Projekt QuartiersNETZ heraus formuliert werden. Viele von diesen werden auch durch Erkenntnisse aus anderen Beteiligungsprozessen bestätigt. So ist es stets wichtig, bei der Entwicklung von Beteiligungsformaten und der Ansprache von Quartiersbewohner*innen (im Falle der Initiierung z. B. durch Fachkräfte der Sozialen Arbeit), möglichst alle Bevölkerungsgruppen zu berücksichtigen bzw. „mitzudenken". Während nicht alle Menschen mit *einem* bestimmten Beteiligungsformat erreicht werden können, können eine Vielfalt an Formaten und eventuell auch speziell konzipierte Beteiligungsformate oder -instrumente helfen, mehr Menschen zu erreichen und einzubeziehen. Diese Beteiligungsformate können unterschiedliche Stärken der potenziell Partizipierenden im Auge haben, sie sollten zum Teil auch aufsuchend und niedrigschwellig sein.

Die Beschreibung der Beteiligungsformate und -instrumente im Projekt QuartiersNETZ macht deutlich, dass partizipationsorientierte Quartiersentwicklungsprozesse mit Älteren keine Entwicklungen „von der Stange" sind. Auch wenn sich verschiedene Beteiligungsformate bewährt haben, müssen diese immer an den jeweiligen Kontext angepasst werden. Es ist also immer wichtig, auf die strukturellen Gegebenheiten des Quartiers einzugehen sowie auf die Bewohner*innen – deren Stärken und Ressourcen als Grundlage – um mit ihnen wertschätzend auf freiwilliger Basis zusammenzuarbeiten.

Die Verfahrensrationalität von Beteiligungsprozessen bzw. deren Grundregeln spielen eine wichtige Rolle, wenn Partizipation ermöglicht und unterstützt werden soll. So können der Ort, Aufwand, Art der Ansprache, Gruppengröße sowie die Beteiligungstiefe und Zeitpunkt im Prozess und damit dessen Ergebnisoffenheit die Möglichkeiten der Partizipation beeinflussen. Bei der Beteiligungstiefe ist es wichtig, möglichst alle Stufen der Partizipation (siehe Kapitel 2) anzubieten. Die Ergebnisoffenheit sollte möglichst gegeben sein und wo sie eingeschränkt ist, sollte dies klar kommuniziert werden. Als Orte für Veranstaltungen sollten möglichst zentrale Orte im Quartier, die barrierefrei und gut mit dem öffentlichen Verkehr oder zu Fuß zu erreichen sind, gewählt werden, um die Erreichbarkeit zu erhöhen und Kosten für die Anfahrt zu vermeiden. Eine Mischung aus realen und digitalen Verfahren ist sinnvoll, da dadurch verschiedene Gruppen angesprochen werden können. Eine Verstetigung zu erreichen, indem z. B. Selbstorganisation, wo möglich, unterstützt wird und lokale Akteure netzwerkartig in den Prozess mit einbezogen sind, sich aber auch die Kommune im Rahmen ihrer Daseinsvorsorgeverantwortung unterstützend einbringt (finanziell, koordinierend, öffentlich zugängliche Räume bereitstellt etc.), ist ebenso bedeutend, um die weitere Teilhabe/Beteiligung zu gewährleisten (siehe Kapitel 11).

(Entscheidungs-)Macht ist eine weitere Dimension von Beteiligungsprozessen. Auch wenn die Quartierskonferenzen keine Entscheidungsmacht für lokal-politische Umsetzungsprozesse hatten, gab es dennoch Möglichkeiten für die Bürger*innen auf die Kommunalpolitik und kommunale Prozesse jenseits von Wahlen einzuwirken. Durch die Ansprache und den Einbezug von Politik und Verwaltung wurden Ideen kommuniziert und auch Ergebnisse erreicht. Die Ansprache bzw. der Einbezug reichte von der Einladung zu den Quartierskonferenzen über Briefe an die Verwaltung und der Vorstellung bei Bezirksvertretungstreffen zu der Einrichtung von stadtweiten Arbeitskreisen. Ebenso wurden von den Teilnehmenden auch Demonstrationen oder anderweitiger Protest genutzt, um ihre Standpunkte zu vertreten und mehr Entscheidungsmacht zu erreichen. Außerdem war *innerhalb* der Quartierskonferenzen und der weiteren Quartiersarbeit eine Entscheidungsmacht der Bürger*innen gegeben. Diese Entscheidungsmacht zu unterstützen und wo möglich zu erweitern (Stichwort: Bürgerkommune) ist ein wichtiger Aspekt, um Partizipation stärker kommunal zu verankern.

Inklusion oder Offenheit gegenüber neuen Teilnehmenden bzw. die Überlegung, wer noch „fehlt" ist ein weiterer wichtiger Aspekt für die Ermöglichung von Partizipation. Zu fragen ist außerdem, ob bestimmte Beteiligungsformate nicht auch soziale Ungleichheit verstärken (siehe auch Kapitel 6). Im Projekt QuartiersNETZ waren grundsätzlich alle Veranstaltungen und Gruppen jederzeit offen für neue Teilnehmer*innen, auch wenn es natürlich dennoch durch bereits besprochene Themen oder Diskussionen dazu kommen konnte, dass es für neue Teilnehmer*innen schwierig war, in das Thema oder die Gruppe hineinzukommen. Da fast alle Formate durch eine hauptamtliche Moderation begleitet wurden, konnte hier aber versucht werden, diese Zugangsbarriere zu verringern. Weiterhin wurde in den Steuerungsgruppen und Ko-Kreisen überlegt, welche Gruppen im Quartier noch fehlen und wie diese angesprochen werden können. QuartiersNETZ unterwegs war hier ein Weg der zugehenden Ansprache, um weitere Menschen zu erreichen.

Empowerment ist ein Grundelement von emanzipatorisch-demokratisch verstandener Partizipation und daher ein zentraler Aspekt von Beteiligungsprozessen. Dies bedeutet, Personen dazu zu ermutigen, die je eigenen Ressourcen zu erkennen und entsprechend einzubringen. Ein kollektives Empowerment kann außerdem eine wechselseitige Stärkung von individuellen Ressourcen bringen. Im Empowerment entdecken Menschen ihre Kompetenzen und fühlen sich bestärkt, ihre eigenen Angelegenheiten in die Hand zu nehmen. Empowerment geht auch mit einem Zuwachs an Wissen und Kompetenz einher. Auch hier ist wieder auf die Art bzw. das Format der Beteiligung hinzuweisen, da niedrigschwellige Beteiligungsformate im Empowerment eine wichtige Rolle spielen. Gerade Personengruppen, die über andere als sprachlich-kommunikative Kompetenzen verfügen, können über solche Formate ein Empowerment erfahren.

Im Projekt QuartiersNETZ war Empowerment ein wichtiges Element, da die partizipative Quartiersentwicklung dieses als Grundsatz beinhalten, indem Bürger*innen Ideen selbst entwickeln und (zum Teil) auch umsetzen. Weiterhin sollten insbesondere „schwer Erreichbare" angesprochen und einbezogen werden. Als niedrigschwellige Beteiligungsinstrumente können hier besonders hervorgehoben werden das Projekt Photovoice, Nachbarschaftsfeste, Stadtteilbegehungen und die Nadelmethode. Die Unterstützung der Bürger*innen bei der Umsetzung ihrer Ideen und Vorschläge fürs Quartier war hier ein wichtiger Faktor des Empowerments. Es wurde angestrebt, die Aktivitäten nicht in einer Stellvertretermentalität für sie umzusetzen, auch wenn dies manchen im Quartier Engagierten und auch manchen Bürger*innen schwer fiel. Ebenso wurden die Bürger*innen nicht mit ihren Ideen alleine gelassen, sondern ihnen wurde geholfen sie umzusetzen. Dadurch erfuhren sie ihre eigene Selbstwirksamkeit.

Als weiterer Aspekt, um Partizipation zu ermöglichen, ist Transparenz zu nennen. Diese bezieht sich darauf, ob alle relevanten Informationen zugänglich sind, ob der Gesamtkontext deutlich ist und wie mit Ergebnissen umgegangen wird. Hierzu gehört auch, zu verdeutlichen, was in einem Beteiligungsprozess erreicht werden kann und was nicht. Das beinhaltet auch, keine „Scheinpartizipation" zu veranstalten, also Prozesse, die nicht ergebnisoffen sind, als ergebnisoffen zu „verkaufen". Es muss transparent gemacht werden, was erreicht werden kann und welches Ziel der Prozess verfolgt. Möglichkeiten, um Transparenz zu erreichen, sind u. a. Protokolle, Weitergeben von Informationen und Rückmeldungen vonseiten der Verwaltung oder der Politik. Im Projekt QuartiersNETZ diente auch die Digitale Quartiersplattform der Transparenz in dem Sinne, dass hierüber von Veranstaltungen im Quartier berichtet wird und Informationen verbreitet werden. Bedeutsam ist außerdem, dass für Projekte nach außen hin eine leicht verständliche und darstellbare Struktur gefunden wird, damit Bürger*innen den Gesamtkontext besser verstehen und Teilaspekte darin besser einordnen können.

Insgesamt kann also festgehalten werden, dass eine offene Gestaltung des Beteiligungsprozesses, die versucht möglichst vielfältige Beteiligungsformate einzusetzen und dabei die Ziele, Schritte und Ergebnisse transparent macht, Partizipation ermöglicht und trägt. Weiterhin gilt es natürlich zu versuchen, Hindernisse der Partizipation zu verringern. Diese Hindernisse werden u. a. in Kapitel 6 dargestellt.

5 Der Aufbau von Quartiersnetzwerken – die Perspektiven von Konferenzteilnehmenden und Akteuren im Quartier

Da der Aufbau von Quartiersnetzwerken ein zentrales Thema des Projekts QuartiersNETZ war und Quartiersnetzwerke außerdem als wesentliche Bausteine der partizipativen Quartiersentwicklung betrachtet werden, beschäftigt sich dieses Kapitel mit diesem Thema. Zunächst wird dargelegt, was unter einem Netzwerk verstanden wird, um nachfolgend auf die notwendigen bzw. vorteilhaften Schritte und Elemente beim Aufbau von Quartiersnetzwerken einzugehen (5.1). Anschließend werden exemplarisch relevante Ergebnisse vorgestellt (5.2). Diese Erkenntnisse beruhen auf der Auswertung der Protokolle der Teilnehmenden Beobachtung, Experteninterviews mit den Mitarbeiter*innen des Generationennetzes Gelsenkirchen e. V. und der Netzwerkanalyse im Projektkontext, genauer: der Erfassung von Quartiersnetzwerken. Für eine ausführlichere Darstellung empfehlen wir Heming und Vukoman 2018. In einem Fazit wird unter anderem die Rolle Älterer als (Ko-)Produzenten dieser Quartiersnetzwerke reflektiert, auch um daraus etwaige Schlüsse für die Verstetigung zu ziehen (5.3).

5.1 Netzwerke im Quartier

Der Begriff des Netzwerks wird in verschiedenen Bereichen benutzt, oftmals mit einer Metapher verbunden, beispielweise der eines Spinnen- oder Fischernetzes. Die einzelnen Fäden eines Netzes stehen in Verbindung zueinander und bilden so Knotenpunkte (Payer 2008). Diese Metapher soll die komplexen Beziehungszusammenhänge innerhalb eines Netzwerks verdeutlichen und ist auf Netzwerke aller Art anwendbar. So auch auf Quartiersnetzwerke, welche den Akteursnetzwerken bzw. sozialen Netzwerken zugeordnet werden können. Bedingt durch den Projektkontext sind im QuartiersNETZ diese Netzwerke künstlich (d. h. von außen) initiiert worden und gliedern sich in den sogenannten tertiären Bereich ein (Quilling et al. 2013). Dort wirken unterschiedliche Akteure zusammen, die zumeist ein gemeinsames Ziel verfolgen bzw. Kooperationen schließen, um ein gemeinsames Thema zu bearbeiten (Quilling et al. 2013; Kessler 2018). Die beteiligten Akteure können sowohl Personen als auch Organisationen, politische Instanzen etc. sein (Stegbauer 2016) und stellen die Knotenpunkte in einem Netz dar; die Verbindungen zwischen ihnen sind die sozialen Beziehungen untereinander (Payer 2008; Fuhse 2016). Daraus lassen sich die Beziehungen und Verbindungen zwischen den Akteuren als grundsätzliche Charakteristika eines Netzwerkes ableiten. Wer zu einem Netzwerk „gehört", ist dabei auch stets eine Frage der Definition, wie das Netzwerk eingegrenzt wird. (Hollstein 2006) Akteursnetzwerke können als „spezifische Mengen von Verbindungen zwischen sozialen Akteuren" (Mitchell 1969), übersetzt aus dem Englischen) beschrieben werden. Die Verbindungen zwischen ihnen lassen sich in der Regel auf die Interaktionen (z. B. in Form von Kommunikation) oder Beziehungen untereinander zurückführen (Fuhse 2016; Payer 2008). Kommunikation zwischen den Netzwerkpartner*innen zählt zu den Grundvoraussetzungen für gelungene Netzwerkarbeit. Diese muss u. a. den transparenten Umgang mit Eigeninteressen und Zielen der Akteure sowie die konkreten Zuständigkeiten innerhalb des Netzwerkes beinhalten. Auch „die wechselseitige Informationsweitergabe und de(r) Transfer von diesen Informationen aus dem Netzwerk heraus" (Kessler 2018, S. 56) machen einen großen Teil der notwendigen Kommunikation aus. Dadurch wird u. a. der gegenseitige Nutzen der Netzwerkpartner*innen an der Mitarbeit sichergestellt. Ebenfalls sind gute (persönliche) Beziehungen zwischen den Akteuren auf eine zufriedenstellende Kommunikation dieser zurückführen, welche eine gelungene Netzwerkarbeit begünstigen und in manchen Fällen vorbedingen (Kessler 2018). Netzwerke bewegen sich, im Gegensatz z. B. zu traditionellen Organisationsformen, außerhalb von Markt und Hierarchie und definieren sich dadurch selbst. Netzwerke haben meist keine eindeutigen Strukturen, wie eine offizielle Mitgliedschaft (Organisation). In der Regel sind Netzwerke nach außen geöffnet (Schönig und Motzke 2016). Die Strukturen, also z. B. die Anzahl, Dichte und Intensität der Beziehungen, können jedoch in der Praxis sehr unterschiedlich sein (Quilling et al. 2013). Hingewiesen sei noch darauf, dass insbesondere in (sozialwirtschaftlichen) Akteursnetzwerken Kooperation und Konkurrenz gleichzeitig gegeben sein kann (Koopkurrenz) (Schönig 2016, 2015). In prozessualer Hinsicht kann von einer dialektischen Beziehung gesprochen werden: Anfängliche Konkurrenz geht über in Kooperation, dieser folgt wieder, z. B. aus Gründen der Profilierung, Konkurrenz. „Dann entsteht nicht nur aus der Konkurrenz die Kooperation, sondern ebenso aus der Kooperation die Konkurrenz." (Schönig 2016, S. 83)

Die Akteure der Quartiersnetzwerke, die im QuartiersNETZ-Projektkontext als vernetzungsrelevant anzusehen sind, haben einen direkten Quartiersbezug. Das heißt, sie leben und/oder arbeiten im Quartier oder sind anderweitig mit dem Quartier verknüpft. Für die Quartiersentwicklung bzw. für den Aufbau von Quartiersnetzen sind unseres Erachtens folgende Akteursgruppen von besonderer Bedeutung: Akteure der lokalen Ökonomie, kommunale Institutionen, Verbände, Religionsgemeinden, bürgerschaftlich Engagierte als Intermediäre (wie etwa die Seniorenvertreterinnen/ Nachbarschaftsstifter, Quartiersredakteur*innen, Technikbotschafter*innen) sowie – nicht zuletzt – die (älteren) Quartiersbewohner*innen selbst als (potenziell) Quartiersaktive (siehe

Abb. 15). Deren Zusammenwirken in einem Quartiersnetz entspricht dabei dem, was auch als Governance-Netzwerk bezeichnet werden kann, d. h. sowohl die Zivilgesellschaft als auch der Staat und die lokale Ökonomie sind an dem Netzwerk als Akteure beteiligt (Schubert 2008) (siehe hierzu auch Kapitel 2). Die Akteurskonstellationen sind von Quartier zu Quartier verschieden und damit auch die vorhandenen und – daran anknüpfend – die vom Quartiers-NETZ-Projekt *partizipativ* neu initiierten oder weiterentwickelten Quartiersnetze. Wichtig ist hierbei festzuhalten, dass die Netzwerke, die gebildet bzw. weiterentwickelt wurden, Netzwerke im Quartier sind. Diesen geht es primär um die Entwicklung des Quartiers bzw. um die Verbesserung der Lebensqualität vor Ort, so dass das Quartier zu einem Lebensraum avancieren kann, in dem es sich bis ins hohe Alter selbstbestimmt und gut leben lässt.

Abb. 15: Wichtige Akteure für den Aufbau von Quartiersnetzwerken

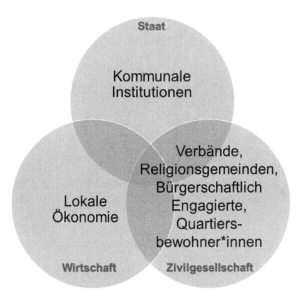

Quelle: Eigene Darstellung

Dargelegt wird nun, wie die Quartiersnetzwerke im Projekt QuartiersNETZ aufgebaut bzw. an bestehende Netzwerke angeknüpft wurden[20]. Bereits bei der Auswahl der vier Referenzquartiere standen Akteure vor Ort im Fokus. Die einzelnen Quartiere sprich Organisationen und bürgerschaftlich Engagierten konnten sich für eine Teilnahme am QuartiersNETZ-Projekt im Rahmen des

---

20 Für eine ausführliche Darstellung siehe Heming et al. 2018 sowie Heming und Vukoman 2018.

Vorläuferprojekts „Gerne älter werden in Gelsenkirchen" (GeiGE) bewerben (Heming et al. 2018). Dies geschah anhand eines Formulars, in dem die Bereitschaft zum Aufbau eines Quartiersnetzes sowie die Bereitschaft und Möglichkeit personelle und räumliche Ressourcen einzubringen bestätigt wurden. Auch bereits vorhandene Netzwerke, Organisationen Älterer und relevante Dienstleister konnten aufgelistet werden. Eine genauere Beschreibung des Auswahlprozesses findet sich in (Heming et al. 2018). Durch diese Bewerbungsphase konnte ein erster Überblick über das jeweilige Quartier und die vorhandenen Akteure erlangt werden. Damit wurde eine zentrale Aufgabe im Aufbau von Quartiersnetzwerken, d. h. eine Übersicht über relevante Akteure im Sozialraum angestoßen (Stakeholderanalyse) (Quilling et al. 2013). Diese Form des frühen Einbezugs und erste Netzwerkbildung wirkte sich positiv auch auf den späteren Verstetigungsprozess aus (siehe Kapitel 11).

Um den Start des QuartiersNETZ-Projekts in den Quartieren zu kennzeichnen, wurden alle Bürger*innen über 50 Jahre zu einer Auftaktveranstaltung in ihren jeweiligen Quartieren eingeladen. Dort wurden sie nach quartiersspezifischen Themen und nach Kriterien für ein „gutes" alt werden im Quartier befragt. Dadurch konnten erste Erwartungen und die Interessen der Quartiersbewohner*innen und anderen anwesenden Akteuren gesammelt sowie die Bereitschaft der Anwesenden zur Mitarbeit eingeschätzt werden (Quilling et al. 2013). Unter Federführung des Generationennetzes Gelsenkirchen e. V. wurden Koordinierungskreise (Ko-Kreise) oder Steuerungsgruppen gegründet, in denen sich verschiedene Akteure des Quartiers zusammenfinden, um den Beteiligungsprozess im Quartier in Sinne eines „Netzwerkmanagements" (Quilling et al. 2013, S. 62) zu koordinieren (siehe Kapitel 4). Unter anderem bereiten diese Gruppen die Quartierskonferenzen vor und nach, die einmal im Quartal in den Quartieren stattfinden. Dazu zählt ebenfalls die Übernahme von Moderationstätigkeiten innerhalb dieser Konferenzen und die Bereitschaft weitere Aktivitäten zu übernehmen und Aktionen durchzuführen. Zum großen Teil engagieren sich die Akteure, die sich für eine Teilnahme am Projekt beworben haben, in den Koordinierungskreisen. Weitere Mitglieder wurden entweder gezielt angesprochen und/oder es wurde offen bei den Quartierskonferenzen eingeladen, um insbesondere Teilnehmer*innen aus der Bürgerschaft zu gewinnen. Das heißt, bereits mit der Errichtung der Koordinierungskreise wurden lokale Netzwerke gegründet, welche sich für die Quartiersentwicklung einsetzen.

Die Quartiersnetzwerke sind jedoch noch breiter und auch informeller gedacht, da es hier, wie beschrieben, um die Beteiligung von Zivilgesellschaft, Staat und Wirtschaft geht. Die Dienstleisterkonferenzen, die im Rahmen von QuartiersNETZ durchgeführt wurden, waren daher eine gute Möglichkeit, die Wirtschaft vor Ort anzusprechen (siehe Kapitel 4). Die Konferenzen wurden allerdings nicht in dem zunächst angedachten Format weitergeführt, da Konferenzen als regelmäßiges Format für die Dienstleister nur bedingt passend waren, u. a. aufgrund der verschiedenen Interessen und Engagementmöglich-keiten unterschiedlicher Dienstleister. Nichtsdestotrotz konnten auf diese Weise einige Dienstleister für ihr Quartier und die Arbeit vor Ort mitwirkend gewonnen werden. Dies wird in Kapitel 9 detaillierter erläutert.

Welche Erkenntnisse sich aus dem Projekt für den Aufbau von Quartiers-netzwerken ergeben, soll nun im nächsten Abschnitt betrachtet werden[21].

5.2 Erkenntnisse für den Aufbau von Quartiersnetzwerken

Insbesondere die Auswertungen der Beobachtungsprotokolle der Teilnehmen-den Beobachtung der Quartierskonferenzen und Steuerungsgruppentreffen in Bezug auf den Aufbau von Quartiersnetzwerken machen deutlich, dass die Bürger*innen die Nutzung bereits vorhandener Strukturen und Angebote im Quartier statt der Etablierung neuer Strukturen bevorzugen. Das heißt, dass eine Bestandaufnahme dieser („Was gibt es in Quartier XY?") notwendig ist und auch an die Quartiersbewohner*innen zurückgespiegelt werden sollte. Viele Bürger*innen formulierten, dass es insbesondere an niedrigschwelligen Begegnungsmöglichkeiten, z. B. für ein informelles Beisammensein zum Kaffee trinken und gegenseitigen Austausch im Quartier fehlt. Jedoch wurde gleichzeitig deutlich, durch andere Bürger*innen oder durch die Bestandsauf-nahme für die Sozialraumanalyse durch das Teilprojekt Evaluation, dass es diese zum Teil durchaus gibt. Eine Bestandsaufnahme und Rückspiegelung kann die bestehenden Angebote in den Fokus der Bürger*innen rücken, sodass diese mehr wahrgenommen und genutzt werden. In einem Quartier wurde z. B. eine gemeinsame Sammlung von Begegnungsorten und deren Verortung auf einer Quartierskarte durchgeführt.

Auch wenn viele bereits bestehende Netzwerke in das Projekt und dessen Strukturen (Quartierskonferenzen, Steuerungsgruppen/Koordinierungskreise) einbezogen oder zumindest darüber informiert waren, gab es hier und da auch Lücken zu bestimmten bestehenden Netzwerken (z. B. Siedlervereinen oder Migrantenselbstorganisationen). Häufig wurden in den Quartieren aber Infor-mation wechselseitig weitergegeben (indirekte Vernetzung), sodass eine grö-ßere Zielgruppe erreicht wurde und eine gewisse Kenntnis vorhanden war, was die jeweils anderen Netzwerke unternehmen.

Die Erkenntnisse aus den Beobachtungsprotokollen bestätigen das Ergeb-nis der Bestandsaufnahme (Krön et al. 2017), dass die Quartiere jeweils unter-schiedliche Ausgangslagen haben und somit quartiersspezifische Handlungs-ansätze von Nöten sind. Das heißt, es ist wichtig, Angebote direkt im Quartier

---

21 Für eine ausführliche Ergebnisdarstellung siehe Heite und Rüßler 2018 sowie Heming et al. 2019.

anzubieten, wenn die konkreten Themen und Problemlagen ortspezifisch geprägt sind und daher z. B. ein stadtweiter Austausch nicht ausreichend bzw. zu oberflächlich wäre.

Die Transparenz über etwaige Ansprechpartner*innen (im Quartier und auch stadtweit) und die damit verbundene Möglichkeit an diese zu verweisen, ist für die Zusammenarbeit mit Bürger*innen elementar. Diese Ansprechpartner*innen müssen untereinander (mehr) vernetzt werden, um auch gegenseitig auf sich verweisen zu können. Für eine Vernetzung der Quartiersinitiativen untereinander wurde ein Netzwerkertreffen initiiert, um Parallelstrukturen erkennen und vermeiden zu können sowie folgend eine Übersicht über alle Angebote erstellen zu können. Die Idee des Treffens war die Vernetzung und den Austausch zwischen den Initiativen zu fördern. Bei dem Treffen wurde in einem World-Café-Setting diskutiert, wie die Initiativen sich besser vernetzen können, wie die Verzahnung mit Politik und Verwaltung verbessert werden kann und wie weitere Bürger*innen zum Mitmachen motiviert werden können. Da die Ehrenamtsagentur Gelsenkirchen[22] inzwischen im Rahmen des städtischen Quartiersfonds, Vernetzungstreffen für Quartiersinitiativen anbietet (siehe Kapitel 11), wurde dieser Ansatz allerdings nicht weiter verfolgt. Auch wenn die stadtweite Vernetzung der verschiedenen Quartiersinitiativen wichtig ist, bedeutet diese allerdings nur bedingt, dass verschiedene Akteure innerhalb des Quartiers untereinander vernetzt sind. Diese Vernetzung ist für viele Bewohner*innen von großer Bedeutung, damit die verschiedenen Akteure sie zum einen zu einer eventuell passenderen Ansprechperson verweisen können und zum anderen wissen, was an anderen Stellen im Quartier passiert und so Parallelstrukturen innerhalb des Quartiers vermeiden können. Diese Vernetzung wurde zum Teil durch die Steuerungsgruppen angestoßen, aber nicht immer wurden alle (relevanten) Akteure im Quartier damit erreicht. In diesem Zusammenhang steht der Wunsch nach einer zentralen Anlaufstelle im Quartier, da die vorhandenen Angebote nach Meinung der Bürger*innen zu weit verteilt und unübersichtlich sind (in dem Sinne, dass viele nicht wissen, wer wofür zuständig ist).

Die Mitarbeit der Quartiersbewohner*innen, z. B. in den Steuerungsgruppen, hilft dem Aufbau von Quartiersnetzwerken, indem Defizite herausgearbeitet werden können und verschiedene Informationen aus dem jeweiligen Quartier in Erfahrung gebracht werden. Auch um andere Teilnehmer*innen (z. B. Freund*innen und Bekannte von bisherigen Teilnehmer*innen) für die verschiedenen Formate zu akquirieren, zeigt sich die Mitarbeit der Bürger*innen als wünschenswert.

Weiterhin wurde in den Beobachtungsprotokollen mehrfach deutlich, wie bedeutsam eine koordinierende Qualifizierung sowie Begleitung von Ehren-

---

22   Für nähere Informationen siehe https://ehrenamt.gelsenkirchen.de/de/.

amtlichen ist. Dazu zählt z. B. eine Bestandaufnahme der verschiedenen Engagement-Formate in Gelsenkirchen und eine mögliche (weitere) Vernetzung mit der Ehrenamtsagentur in Gelsenkirchen. Wie bereits in einigen anderen Punkten deutlich wurde, nimmt die Transparenz über Vorhaben im Quartier und die Rückspiegelung von (Teil-)Erfolgen eine große Rolle ein. Dies ist nicht nur in Bezug auf die Quartiersbewohner*innen elementar, sondern auch für alle anderen (potenziellen) Netzwerkpartner*innen sowie die Lokalpresse.

Als eine Herausforderung hat sich das Quartiersverständnis der Bürger*innen herausgestellt. Einigen Quartiersbewohner*innen schien es schwerzufallen, „in Quartieren zu denken". Dies war insbesondere der Fall bei einem Quartier, das zwar administrativ gesehen ein eigener Bezirk ist, aber in dem Sinne kein eigenes Stadtviertel darstellt, wie auch bereits der Name „Buer-Ost" deutlich macht. Der Großteil der Bewohner*innen identifizierte sich mit dem Stadtteil „Buer" und weniger mit dem geografisch kleineren Quartier „Buer-Ost". Dies führte in einigen Fällen zu Verwirrung und Unverständnis (z. B. über administrative Grenzen des Quartiers) bei den Bürger*innen und so gesehen auch zu einem Hindernis beim Aufbau des Quartiersnetzwerks. Zur Abgrenzung von Quartieren und wie diese mit der Identität der Bewohner*innen übereinstimmen kann siehe auch Grates et al. (2018a).

Durch die Gespräche bzw. Interviews mit quartiersverantwortlichen Sozialarbeiter*innen aus dem Generationennetz Gelsenkirchen e. V. wurden u. a. Unterschiede und Gemeinsamkeiten zwischen den vier Referenzquartieren deutlich. So waren unterschiedliche soziale Gruppen in den Ko-Kreisen der Quartiere vertreten und es konnten verschiedene Kooperationspartner*innen für Festivitäten im Quartier gewonnen werden. Auch ist in einem Quartier die Vernetzung mit anderen Akteuren schwieriger gewesen als in den anderen Referenzquartieren. Dies ist u. a. der Vielzahl an Akteuren im Quartier und den unterschiedlichen Arbeitsweisen dort geschuldet.

Auffällig ist, dass in allen Quartieren die Vernetzung zu einer Akteursgruppe nicht oder nur sporadisch gelungen ist – zu den (meist gewerblichen) Dienstleistern. Trotz verschiedener Angebote, die direkt die Zielgruppe der Dienstleister ansprechen sollte (z. B. Dienstleisterkonferenzen oder -treffen), ist eine stetige Zusammenarbeit meist nicht gelungen. Dies wird in Kapitel 9 ausführlicher dargelegt.

In allen vier Quartieren wurden den älteren Quartiersbewohner*innen eine große Rolle im Prozess des Aufbaus von Quartiersnetzwerken zugesprochen. Dies nicht nur durch die (regelmäßige) Teilnahme an den Quartierskonferenzen, stadtweiten Treffen und Stammtischen, sondern auch durch die aktive Organisation und Mitarbeit bei quartiersspezifischen Angeboten und durch den regen Austausch untereinander. Nicht überraschend ist, dass die Bereitschaft, sich aktiv am Prozess zu beteiligen und selbstständig freiwillig Aufgaben zu übernehmen, nicht durchgängig vorhanden war. Auch war bei vielen Bürger*innen das Selbstverständnis einer vermittelnden bzw. delegierenden Haltung zu erkennen. Das heißt, die Bürger*innen haben z. B. Problemlagen und Anforderungen an die Quartiersverantwortlichen herangetragen, damit diese von den Hauptamtlichen bearbeitet werden konnten (Stellvertreterdenken)[23].

Verschiedene Erfolgsfaktoren für den Aufbau von Quartiersnetzwerken wurden in den Gesprächen mit quartiersverantwortlichen Sozialarbeiter*innen deutlich. So sind z. B. ein regelmäßiger Austausch zwischen den Netzwerkpartner*innen (und der Transfer aus dem Netzwerk heraus), die Einbeziehung von politischen Akteur*innen in den Netzwerkprozess sowie die Quartiersverbundenheit (Ortsverbundenheit) der Bürger*innen existenziell für gelingende Netzwerkarbeit. In diesem Zusammenhang konnten auch Hindernisse für den Aufbau von Quartiersnetzwerken identifiziert werden. Dazu zählen u. a. die bereits erwähnte unzureichende Dienstleistervernetzung, zu langsame Fortschritte im Gesamtprojekt (wie z. B. der Initialisierung der Digitalen Quartiersplattform), Missverständnisse von Projektvorhaben sowie fehlende Motivation von Akteuren sich in das Projekt einzubringen (näheres hierzu in Kapitel 6).

In den (Experten-)Interviews mit Akteuren aus den Quartieren, wurden diese gefragt, was ihnen wichtig an den Treffen im Quartier sei. Zum einen wurde angegeben, dass der Austausch mit anderen Bürger*innen sowie das Kennenlernen von neuen Menschen oder das Wiedertreffen von Bekannten im Vordergrund steht. Von anderen wurden diese Punkte als weniger relevant eingestuft und der Informationsfluss sowie Mitentscheidungsmöglichkeiten für quartiersspezifische Themen als Priorität für die Teilnahme an Veranstaltungen im Quartier identifiziert. Des Weiteren steht die aktive Mitarbeit der Bürger*innen und anderen Teilnehmenden im Vordergrund der Teilnahme an den Quartierskonferenzen. Insbesondere Dienstleister und politische Akteure versprechen sich von der Teilnahme einen leichteren Zugang zu Informationen über die Belange und Anforderungen der Quartiersbewohner*innen. In den Interviews wurde die Zusammenarbeit von Stadt, Politik und Bürger*innen als elementare Vorbedingung für einen gelungenen Netzwerkaufbau identifiziert. Die politischen und städtischen Vertreter*innen müssen u. a. bei den Quartiersbewohner*innen bekannt sein, damit ein Vertrauensverhältnis aufgebaut werden kann. Auch eine Beschleunigung oder zumindest Transparenz der Entscheidungs- und Verwaltungsabläufe wurde von den Interviewpartner*innen sowie Teilnehmenden der Quartierskonferenzen ausdrücklich gewünscht. Unbedingt mitbedacht werden müssen etwaige Parallelstrukturen, die durch die verschiedenen Veranstaltungen im Quartier entstehen könnten. Diese beeinträchtigen die Zusammenarbeit von Stadt, Politik und Bürgerschaft nachhaltig und müssen frühzeitig identifiziert und behoben werden.

In allen Quartieren wurde die Bedeutung eines gemeinsamen, neutralen Treffpunkts deutlich (Beobachtungsprotokoll und (Experten)-Interviews). In

---

23 Siehe hierzu Heming et al. 2019.

einem niedrigschwelligen lokalen Treffpunkt, der im besten Fall stets geöffnet ist, sollen Bürger*innen, Dienstleister, Politiker*innen und alle Interessierten, unabhängig von ihren Zugehörigkeiten, zusammenkommen können.

Abbildung 16 fasst die wesentlichen Elemente zum Aufbau von Quartiersnetzwerken noch einmal zusammen.

Abb. 16: Wichtige Elemente zum Aufbau von Quartiersnetzwerken

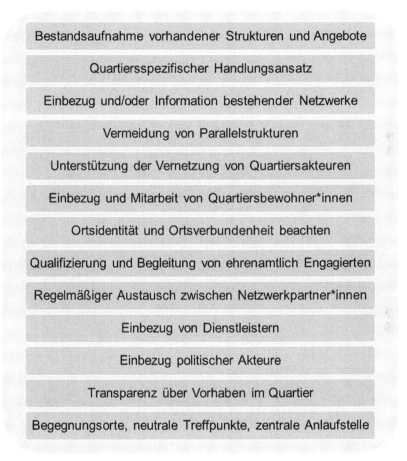

Quelle: Eigene Darstellung

5.3   Fazit

Das Projekt QuartiersNETZ hatte zum Ziel, dass Ältere und andere Akteure Quartiersnetzwerke mit aufbauen. Dies ist in allen Quartieren insoweit gelungen, als dass ältere Quartiersbewohner*innen durch Teilnahme und Mitwirkung an den Quartierskonferenzen, am Koordinierungskreis und weiteren Aktivitäten mit zum Gelingen beigetragen haben. Auch durch die im Projektkontext entstandenen Engagement-Formate, wie z. B. die Quartiersredakteur*innen oder Technikbotschafter*innen (siehe Kapitel 4), sind neue, wichtige Akteure vor Ort hinzugekommen, die wesentlich zum Gesamtnetzwerk mit beitragen. Dass u. a. diese Rollen verstetigt werden, ist ein wichtiges Ziel der Quartiersarbeit (siehe Kapitel 11). Das Ziel war nicht, alle potenziellen Akteure in das Quartiersnetzwerk einzubeziehen. Aber es wurde versucht, möglichst viele der Akteure zu kennen oder zumindest zu wissen, dass es sie gibt, um hier gegebenenfalls Brücken zu bauen. Dies ist wichtig, um Parallelstrukturen und Doppelarbeit zu vermeiden.

Festzuhalten ist, dass es sich bei den Quartiersnetzwerken um lose, mehr oder weniger informelle Netzwerke handelt. Das heißt, manche Akteure nehmen an bestimmten Aktivitäten teil, sind aber nicht ständig im Netzwerk engagiert. Die Koordinierungskreise sind hier zwar eine verbindliche Form, aber auch hier gibt es keine bindende Mitgliedschaft. Diese Form von Netzwerken erscheint am passendsten für Quartiere, da nicht jeder Akteur sich für jedes Thema interessiert oder sich ständig einbringen kann und will. Allerdings sind dadurch eine hauptamtliche Unterstützung bzw. eine gewisse Verantwortung und Koordination für die Netzwerkarbeit im Quartier notwendig, damit das Quartiersnetzwerk bzw. die Beziehungen zwischen den Akteuren im Quartier aufrechterhalten bleiben können. Dies ist bis auf Weiteres eine zentrale Rolle der hauptamtlichen Mitarbeiter*innen des Generationennetzes Gelsenkirchen e. V.

In dem vom Charakter her eher dörflichen Quartier Schaffrath/Rosenhügel wurde demgegenüber eine verbindliche Form quartiersbezogener Zusammenarbeit geschaffen, indem ein Verein gegründet wurde. Vereinszweck ist v. a. das Betreiben eines Quartierstreffpunkts in eigener Regie. Auch in anderen Quartieren außerhalb Gelsenkirchens werden zum Teil verbindlichere Wege beschritten, die z. B. in der Gründung von Bürger-Genossenschaften ihren Ausdruck finden (z. B. https://www.4viertel-mettmann.de/; https:/www.bonni. org) (Mehnert und Kremer-Preiß 2016; Brachmann 2011). Dies hängt aber immer von den Gegebenheiten des Quartiers, den Zielen der Akteure und dem Bedarf nach mehr oder weniger Verbindlichkeit ab. Insgesamt haben die Gegebenheiten des Quartiers einen wesentlichen Einfluss auf die Bildung und Weiterentwicklung von Quartiersnetzwerken.

Wie bereits angeführt, ist es zunächst wichtig existierende Netzwerke und Akteure im Quartier zu erfassen, wenn ein Netzwerk aufgebaut oder weiterentwickelt werden soll. Dass diese Akteure in jedem Quartier unterschiedlich und abweichend voneinander aktiv sind, ist selbstverständlich. Dadurch können keine allgemeingültigen Aussagen getroffen werden, denn was in einem Quartier viele Akteure zusammenbringt, muss in einem anderen Quartier nicht ebenfalls funktionieren (siehe auch Kapitel 11). Diese Quartiersspezifik zu beachten und eine zumindest grobe Stakeholder- bzw. Akteursanalyse durchzuführen, ist daher ein wichtiger erster Schritt für den Aufbau von Quartiersnetzwerken.

6 Hindernisse und Grenzen von Partizipation im Quartier

Das folgende Kapitel beschäftigt sich mit Hindernissen und Grenzen von Partizipation im Quartier. Das Wissen um die Grenzen von Partizipation im Quartier ist von Bedeutung, um zu erkennen und auch anzuerkennen, welche Bereiche und Themen auf der Quartiersebene nicht bzw. nur bedingt angegangen werden können. Grenzen beziehen sich v. a. auf die professionelle Quartiersarbeit, die mehr Partizipation der Bewohner*innen erreichen will. Hindernisse, die hier aufgezeigt werden sollen, beziehen sich zum einen ebenfalls auf die Quartiersarbeit, zum anderen aber auch auf die Ebene der Bewohner*innen. Welche Voraussetzungen und Erlebnisse machen es Menschen schwer, sich – sowohl gesellschaftlich als auch politisch – zu beteiligen? Können bestimmte Hindernisse überwunden oder zumindest verringert werden? Auch wenn dies verschiedene Ebenen sind, werden doch beide hier unter dem Aspekt Partizipation zusammengefasst.

Streng genommen ist die persönliche Ebene der Bewohner*innen das, worauf sich Partizipation im eigentlichen Sinne bezieht: Teilhabe und Beteiligung einzelner bzw. aller an der Gesellschaft und an politischen Willensbekundungen zu ermöglichen (siehe Kapitel 2). Dennoch wird häufig unter Partizipation auch die seitens des Staates oder von anderen Akteuren initiierte Partizipation an bestimmten Projekten, Ideen, Veranstaltungen verstanden. Auch die Quartiersarbeit versucht die Bürger*innen z. B. an bestimmten Projekten zu beteiligen bzw. zu unterstützen, wenn sie selbstbestimmt (Umsetzungs-)Ideen generieren. Gleichzeitig geht es in der professionellen Quartiersarbeit auch darum, Hindernissen entgegenzutreten, die eher „individueller Natur" sind.

In der folgenden Betrachtung greifen wir zum einen auf Erkenntnisse aus der Literatur zurück, um etwaige Grenzen und Hindernisse und deren Ursachen zu verdeutlichen. Zum anderen skizzieren wir Erfahrungen, die im Projekt QuartiersNETZ diesbezüglich gemacht wurden, und welche Folgerungen sich daraus gegebenenfalls ergeben. Die Ergebnisse beziehen sich auf Teilnehmende Beobachtungen von Quartierskonferenzen und weiteren projektbezogenen Veranstaltungen im Quartier sowie auf qualitative (Experten-)Interviews mit lokalen Akteuren und den hauptamtlichen Quartiersentwickler*innen des Generationennetz Gelsenkirchen e. V. Die Erfahrungen und Erkenntnisse zeigen dabei nur einen exemplarischen Ausschnitt; in anderen Quartierskontexten werden vermutlich weitere bzw. andere Barrieren in Erfahrung gebracht. Dieses Kapitel gibt somit einen Einblick, um die Sicht auf mögliche Hindernisse und Grenzen zu schärfen. Es will darüber hinaus zur kritischen Reflexion anregen und darüber informieren, wie man als hauptamtliche*r Quartiersentwickler*in, Bewohner*in oder als sonstiger involvierter Akteur im Quartier damit umgehen kann.

Das Kapitel beschreibt zunächst die persönliche Ebene (6.1), dann Hindernisse auf der Ebene der Verwaltung und Politik (6.2). Als nächstes wird auf die Grenzen der Partizipation im Quartier eingegangen (6.3), um dann Hindernisse in der Quartiersarbeit (6.4) und Hindernisse, die sich durch und mit Akteuren im Quartier ergeben können (6.5) darzustellen.

6.1 Die persönliche Ebene: Lebenslagen, biografische Erfahrungen und Einstellungen

Es ist festzustellen, dass die gesellschaftliche und politische Teilhabe und Beteiligung von Menschen zu einem großen Teil von ihren bereits gemachten Erfahrungen mit Partizipation und von ihrer Selbstwirksamkeit abhängen. Dabei geht es u. a. um soziale Ungleichheit, d. h. die „ungleiche Verteilung von Lebenschancen" (Burzan 2011), denn soziale Ungleichheit führt zu politischer Ungleichheit und zu unterschiedlichen Lebenserfahrungen. Dies kann sich im Alter verstärkt auswirken, da sich Ungleichheitserfahrungen sozusagen über die Jahre akkumulieren können.

Zur Betrachtung sozialer Ungleichheit und zum besseren Verständnis wie sich diese auswirkt, wird in den Sozialwissenschaften häufig das *Konzept der Lebenslage* verwendet. Der Begriff der Lebenslage bezeichnet „die Gesamtheit der materiellen und nicht materiellen Bedingungen, unter denen Menschen leben" (Thieme 2008) und ökonomische, soziale, kulturelle, politische Bedingungen finden Berücksichtigung. Lebenslage bezeichnet also die Bedingungen unter denen Menschen leben, sowohl in materieller wie in nicht materieller, in objektiver wie in subjektiver Hinsicht. Die Lebenslage beschreibt dabei auch zeitliche Abläufe (z. B. den Erwerbsverlauf) (Voges et al. 2003). Die im Laufe des Lebens angesammelten Handlungskompetenzen (Handlungsspielraum) eines Menschen wirken mit den Möglichkeiten, die sich aus der Ausstattung ergeben (Dispositionsspielraum), zusammen. Lebenslagen können daher dem Einzelnen Handlungsspielräume eröffnen oder sie eingrenzen (Engels 2008; Nahnsen 1975). Die Lebenslage unterliegt v. a. gesellschaftlich bedingten (objektiven) Wandlungsprozessen, die durch den Einzelnen nicht unmittelbar beeinflusst werden können. Diese Zusammenhänge lassen sich auf eine kurze Begriffsformel bringen: „Der Kern des Lebenslagenkonzepts (...) ist die dialektische Beziehung zwischen ‚Verhältnissen' und ‚Verhalten.'" (Amann 2000, S. 57) Die Lebenslage bildet einerseits als Ausgangsbedingung menschlichen Handelns den Handlungsspielraum, der einem Individuum zur Verfügung steht, aber andererseits kann das Individuum auch auf die Lebenslage gestaltend Einfluss nehmen. Lebenslagen können sowohl Folge spezifischer Bedingungen (z. B. Altersarmut durch diskontinuierliche Berufsbiografie), als auch Ursache für ein bestimmtes Handeln (z. B. Gelderwerb trotz „Ruhe-stands" aufgrund von Altersarmut) sein (Voges et al. 2003). Als Dimensionen von Lebenslagen erörtern Voges et al. (2003) die Bereiche Bildung, Einkom-men und Vermögen, Erwerbstätigkeit, Gesundheit, Ernährung, Wohnen und Netzwerke. Nahnsen (1975) spricht von Spielräumen (z. B. Versorgungs- und Einkommensspielraum, Kontakt- und Kooperationsspielraum). Speziell mit Bezug auf die *Lebenslage Alter* unterscheiden Clemens und Naegele (2004) folgende Dimensionen: Einkommens- und Vermögensspielraum, materieller Versorgungsspielraum, Kontakt-, Kooperations- und Aktivitätsspielraum, Lern- und Erfahrungsspielraum, Dispositions- und Partizipationsspielraum, Muße- und Regenerationsspielraum sowie den Spielraum durch die Existenz von Unterstützungsressourcen (siehe Abb. 17).

Abb. 17: Lebenslagedimensionen

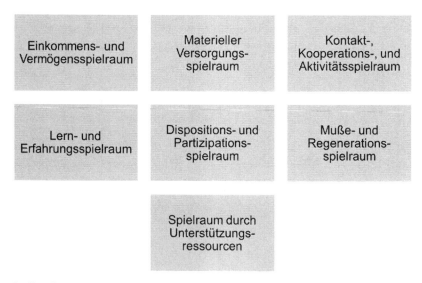

Quelle: Eigene Darstellung nach Clemens und Naegele 2004

Der *Einkommen- und Vermögensspielraum* bezieht sich auf die finanzielle Situation der jeweiligen Personen und beeinflusst grundlegende Bedürfnisse wie Verfügbarkeit über Nahrungsmittel, Kleidung und Behausung. Finanzielle Mittel, Höhe und regelmäßiger Bezug, bestimmen daher in hohem Maße über die Qualität der Lebenslage (Thieme 2008). Der *Kontakt-, Kooperations- und Aktivitätsspielraum* beschreibt die Größe und Qualität des sozialen Netzwerkes von Menschen. Einflussfaktoren sind hier der Gesundheitszustand und der Ein-kommens- und Vermögensspielraum. Der *Lern- und Erfahrungsspielraum* umfasst die Möglichkeiten, die zur persönlichen Entfaltung zur Verfügung stehen. Die Entwicklungs- und Gestaltungsoptionen sind in hohem Maße abhängig vom Bildungsstand, gemachten Erfahrungen in der Arbeitswelt sowie der sozialen und räumlichen Mobilität. Der *Muße- und Regenerationsspielraum* ermöglicht die Erhaltung der eigenen Schaffenskraft und einer selbstbestimmten Lebensführung. Hier ist u. a. der Gesundheitszustand ein wesentlicher Faktor. *Dispositions-/Partizipationsspielraum* meint politische Beteiligungsmöglichkeiten und Vertretung der eigenen Interessen. Auch diese Dimension ist geprägt durch die eigene Biografie, die, abhängig von Bildung und Lebenslauf, einen Ausgangsrahmen für das Maß an Beteiligung im öffentlichen Raum darstellt (Heite 2012).

Unter dem Gesichtspunkt „Lebenslagen im Alter" ist bei Clemens und Naegele (2004) die Rede von einem „positiven" und einem „negativen" Alter. Während sich die einen einer zunehmenden Aktivität, Unabhängigkeit, Selbstständigkeit und sozialen Integration erfreuen können, z. B aufgrund von guten Einkommens- und Vermögensverhältnissen, erfahren die anderen aufgrund von Kumulationseffekten problematischer Lebenslagen Einschränkungen in ihren Handlungsspielräumen (allen voran in der materiellen Dimension) (Backes und Amrhein 2008; Clemens und Naegele 2004).

Schlechte oder gar keine Erfahrungen mit Beteiligung und Mitsprache können Hindernisse für Partizipation in verschiedenen Bereichen sein. Weiterhin hängt politische und zivilgesellschaftliche Partizipation von individuellen sozio-ökonomischen Ressourcen und der Lebenslage ab: So beteiligen sich bildungs- und einkommensstarke Bevölkerungsschichten häufiger, während Menschen aus sozial benachteiligten Bevölkerungsgruppen, die die Erfahrung machen und gemacht haben, dass das eigene Leben kontinuierlich von fremden Instanzen bestimmt wird, sich weniger beteiligen (Munsch 2005). Der Grad der sozialen Integration, das erreichte Bildungsniveau und die sozioökonomische Lage wirken sich also auf die Partizipationsbereitschaft und -fähigkeit aus (Böhnke 2011). Insbesondere der Partizipation im Alter „liegt ein komplexes Bedingungsgefüge zugrunde (…), das sich einerseits aus den individuellen Ressourcen und Voraussetzungen des/der Einzelnen sowie andererseits aus den gesellschaftlichen Rahmenbedingungen bzw. örtlichen Gegebenheiten zusammensetzt" (Forschungsgesellschaft für Gerontologie e. V. 2011, S. 9).

Es herrscht somit offenbar ein Mangel an Partizipationsgerechtigkeit. So spricht etwa Roth von „Beteiligungsbarrieren", die in „partizipativen Arrangements deutlich höher als z. B. in Wahlen" sind (Roth 2011a, S. 84), d. h. auch bzw. insbesondere bei Beteiligungsformaten vor Ort, beteiligen sich zum größeren Teil die bildungs- und einkommensstarken Bevölkerungsgruppen und es müssen (niedrigschwellige) Extraschritte unternommen werden, um z. B. auch Menschen mit einem niedrigen Bildungsstatus und Personen, die in Armut leben, einzubeziehen. Es ist also eine differenzierte Herangehensweise notwendig, um eine Beteiligung *aller* (älteren) Menschen möglich zu machen bzw. zu erreichen und diejenigen mit einzubeziehen bzw. zur Teilhabe und Beteiligung anzuregen, die partizipationsungewohnt sind, und die häufig nicht gehört oder nicht berücksichtigt werden (Munsch 2012).

Auch im Rahmen des Projekts QuartiersNETZ können verschiedene Hindernisse und Grenzen von Partizipation auf der persönlichen Ebene festgestellt werden, die sich aus bestimmten Lebenslagen ergeben. Manche Menschen und Gruppen erfahren besondere Barrieren bezüglich der Kommunikation und Teilhabe. Dies können sprachliche, kulturelle, soziale, finanzielle, rechtliche und strukturelle Barrieren sein. In den Quartierskonferenzen im Projekt ist z. B. aufgefallen, dass für Menschen, die der deutschen Sprache nicht (sicher) mächtig sind, manche Veranstaltungspunkte nicht nachvollziehbar waren. In Arbeitsgruppen kann dies zum Teil aufgefangen werden, da hier z. B. durch Bekannte oder andere Teilnehmende Übersetzungsarbeit geleistet werden kann. Bei Vorträgen oder Informationsveranstaltungen gestaltet sich dies jedoch schwieriger. Dies wurde versucht zu überwinden, in dem nach ehrenamtlichen Übersetzer*innen gesucht wurde, dies allerdings leider nur mit geringem Erfolg. Zum Teil konnten mehrsprachige Mitarbeiter*innen die Lücke füllen, aber dies konnte nicht für jede Veranstaltung angeboten werden. Eine weitere Möglichkeit, die ausprobiert wurde, war eine Extra-Veranstaltung für türkischsprachige Bewohner*innen. Diese war zwar erfolgreich, führt allerdings auch zur Trennung der verschiedenen Bewohnergruppen. Weiterhin sind sprachliche Schwierigkeiten sichtbarer als andere Barrieren, wie etwa kulturelle oder finanzielle Barrieren, die oft schwieriger zu erkennen sind.

Die unterschiedliche Ausprägung von Kommunikationskompetenz zwischen verschiedenen Teilnehmenden ist ein Problem oder ein Hindernis für diejenigen, die sich nicht so gut ausdrücken können. Diejenigen mit entsprechend höherer Kompetenz können leicht ungeduldig werden und diejenigen mit geringerer Kompetenz vielleicht weniger beachten, insbesondere, wenn es um die Erreichung bestimmter Ziele geht. Dies wurde bereits von Munsch (2005) (Stichwort Effektivitätsfalle) hervorgehoben und im Projekt Quartiers-NETZ wiederum bestätigt. So berichtete ein Teilnehmer, dass Bekannte, die er angesprochen habe, geäußert hätten, dass sie nicht mehr kommen, weil sie sich nicht so gut ausdrücken könnten: „können nicht so reden wie andere". Oder es wurde beobachtet, wie einige Teilnehmende einer Quartierskonferenz ungeduldig werden, während ein anderer Teilnehmer länger und umständlich ausholt, um etwas zu erläutern.

Auch die Einstellung (bzw. Erfahrung) „nichts ändern" zu können, wurde im Projekt QuartiersNETZ bei Teilnehmenden hier und da deutlich. Wie eben erläutert, kommt diese Haltung häufig durch die Erfahrung, dass man (vermeintlich) nur wenig Einfluss auf sein Leben oder auf bestimmte Bereiche haben kann. Dies setzt sich dann z. B. als selbsterfüllende Prophezeiung fort. Manche Teilnehmende der Quartierskonferenzen äußern beispielsweise „wir können ja eh nichts ändern" oder sie sind tendenziell pessimistisch über die

Erfolgschancen *„das bringt ja eh nichts"* oder: *„wir können ja eh nichts entscheiden"*. Menschen mit negativen Partizipationserfahrungen können gegebenenfalls auch andere negativ beeinflussen, indem sie die Vorschläge und Ideen anderer direkt ablehnen, da sie ja sowieso nichts brächten. Hier können erfahrene Moderator*innen helfen, insofern sie es schaffen, Vorschläge trotzdem weiterzuspinnen und die ablehnenden Personen vielleicht überzeugen können, es doch zumindest einmal zu probieren oder zumindest die anderen es mal probieren zu lassen. Als Beispiel kann hier die Beteiligung an einer „Putzaktion" in Gelsenkirchen genannt werden, die in einer Gruppe angedacht wurde, dann aber relativ schnell wieder verworfen wurde, weil eine Person anmerkte, dass die Aktion ja nicht viel bringen würde, da am nächsten Tag ja doch wieder Müll herumliegt und dass dies daher nur eine Werbeaktion für Politiker*innen sei. Während diese Einstellung also ein Hindernis für Partizipation sein kann, kann sie eventuell aber auch anders genutzt werden. So erläuterte ein Teilnehmer einer Arbeitsgruppe seinen Eindruck, dass man bei städtischen Verfahren außerhalb der formalen Beteiligung nicht viel ausrichten könne, betonte aber daraufhin, dass andere Ideen dafür sehr wohl von der Gruppe aufgenommen und beeinflusst werden können, wie z. B. die Einrichtung einer Nachbarschaftshilfe oder die Einladung von Bezirksverordneten, um mit diesen über bestimmte Anliegen und Probleme vor Ort direkt zu sprechen.

In den projektbezogenen Veranstaltungen ist weiterhin deutlich geworden, dass für einige Teilnehmende auch Angst bzw. ein mangelndes Sicherheitsgefühl ein großes Hindernis für gesellschaftliche Teilhabe ist. So wurde in den Quartierskonferenzen, aber auch in einer Veranstaltung zum Thema Sicherheit, von vielen berichtet, dass sie vor Einbrüchen und Überfällen Angst haben, dass sie nicht alleine zum Friedhof gehen oder nicht entlang bestimmter Straßen oder in der Dunkelheit nicht ausgehen. Diese Angst kann Menschen offensichtlich davon abhalten ihre Wohnung zu verlassen, an Veranstaltungen teilzunehmen oder Freunde und Bekannte zu treffen. In einem Quartier wurde genau dieses Thema aber auch in einer Interessengemeinschaft (Arbeitsgruppe) besprochen und versucht, gemeinsam Lösungen zu finden oder zumindest Informationen zu bekommen und zu verbreiten. Auch bei der Veranstaltung zum Thema „Sicherheit im Quartier", bei der eine Kriminalbeamtin als Gastrednerin vortrug, ging es zu großen Teilen darum, Angst zu nehmen bzw. Strategien zu vermitteln, wie man mit einer (vermeintlich) angsterzeugenden Situation umgehen kann.

Als letztes wollen wir noch konkret darauf blicken, warum manche Bewohner*innen nicht an Quartierskonferenzen teilnehmen (können) bzw. welche (individuellen) Hindernisse möglicherweise bestehen. Dies wurde im Rahmen der schriftlichen Befragung der Schlussevaluation des Projekts erhoben (Grates et al. 2019a). Weiterhin haben die Interviewpartner*innen der (Experten-)

Interviews mit lokalen Akteuren bestimmte Gründe für das Wegbleiben anderer, wie z. B. Nachbar*innen, Verwandte, Bekannte, Freund*innen und Kund*innen, genannt. Ergänzend hinzu kommen Wahrnehmungen aus den protokollierten Teilnehmenden Beobachtungen der QuartiersNETZ-Veranstaltungen. Genannt wurden Gründe, die sich auf den Ort und die Zeit der Veranstaltungen beziehen, das Format der Quartierskonferenzen sowie individuelle Gründe und Wahrnehmungen.

Der *Ort* der Quartierskonferenz kann insofern ein Hindernis sein, als dass der Weg für manche zu weit oder zu mühsam ist (keine gute ÖPNV-Verbindung, zu weit zum Laufen) oder weil man sich mit dem Ort nicht identifizieren kann (z. B. weil er jenseits der xy-Straße liegt, aber auch weil er zu einer bestimmten Institution gehört, etwa zu einer Kirchengemeinde, der man sich nicht zugehörig fühlt). *Zeitliche Gründe* wurden in der abschließenden schriftlichen Befragung am häufigsten als Grund genannt, nicht mehr zu Quartierskonferenzen zu gehen. Sowohl diejenigen, die nur ein- oder zweimal an einer Quartierskonferenz teilgenommen haben (63 %) als auch diejenigen, die ab und zu teilgenommen haben (50 %) gaben dies als einen Grund an (Grates et al. 2019a). Die Zeit der Veranstaltungen kann aus verschiedenen Gründen eine Barriere sein. Zum einen kann das Treffen zu früh am Tag stattfinden, wenn Berufstätige teilnehmen wollen, zum anderen kann das Treffen zu spät am Tag stattfinden, wenn Teilnehmende nicht zu spät oder, insbesondere im Winter, nicht im Dunkeln nach Hause gehen möchten. Dies zeigt auch bereits auf, dass nicht alle Hindernisse überwunden werden können und dass ein möglichst breites oder auch wechselndes Angebot, sofern umsetzbar, die meisten Menschen erreicht.

Das *Format* der Quartierskonferenzen wurde in den Interviews insofern als Hindernis benannt, als dass für manche die Aufforderung zur Mitarbeit in Arbeitsgruppen „zu viel" sei, da diese hauptsächlich an Informationen interessiert seien. Für wiederum andere seien die Themen zu komplex und für diese wären eher Formate wie gemeinsame Feste und geselliges Zusammenkommen geeignet. Andere Interviewpartner*innen berichteten, dass einige ihrer Bekannten die Wahrnehmung hätten, dass die Quartierskonferenzen nichts für sie seien, weil diese sich z. B. nur an „Ältere" richten würden. Außerdem wurde berichtet, dass manche Bürger*innen wegbleiben würden, weil sie, nach deren Empfinden, nichts dazu beitragen könnten. Ein weiterer Interviewpartner vermutete, dass diejenigen seiner Bekannten, die nicht an den Quartierskonferenzen interessiert seien, politikverdrossen sind: „*das (sind) in der Regel die gleichen, die sagen, die Politik ist Mist, aber nicht wählen gehen*" (Interview Herr F.). In der schriftlichen Befragung wurden ähnliche Gründe vereinzelt benannt: „weil die Quartierskonferenzen für mich nicht verständlich abgelaufen sind" und „weil mir die Atmosphäre bei den Quartierskonferenzen nicht gefallen hat" haben bis zu 9 % der Befragten als Antwort ausgewählt. „Weil die Organisatoren von uns Teilnehmer*innen erwartet haben, stärker mitzuarbeiten" wurde allerdings von keinem der Teilnehmenden als Grund gesehen. Als weiterer Grund, der in den Interviews so nicht benannt wurde, wählten außerdem 11 % (ein- bis zweimal Teilnehmende) bzw. 8 % (ab-und-zu Teilnehmende) „weil die Umsetzung der Anliegen nicht gelingt" (Grates et al. 2019a).

Persönliche Gründe können des Weiteren auch zeitlich bedingt sein, z. B. sind manche Menschen bereits sehr eingebunden, so dass sie die Zeit für eine Teilnahme nicht finden. Bei einigen ist die Gesundheit bzw. geringe Mobilität ein Hindernis, da sie an manchen Tagen nicht „*fit genug"* sind zu kommen. Gesundheitliche Gründe wurden tatsächlich in der Befragung am zweithäufigsten als Grund angegeben, nicht mehr an Quartierskonferenzen teilgenommen zu haben. Knapp ein Viertel (23 %) derjenigen, die nur ein- oder zweimal teilgenommen haben, nannten dies als Grund und knapp ein Drittel (32 %) derjenigen, die ab und zu teilgenommen haben (Grates et al. 2019a). Als weiterer Grund ist zu nennen, dass manche Menschen einfach kein Interesse haben. Einige derjenigen, die nur ein- oder zweimal an Quartierskonferenzen teilgenommen haben, nannten dies als Grund (15 %). Dies ist allerdings ein Hindernis, das nur schwer zu überwinden ist, zudem gleichzeitig zu beachten ist, dass *Freiwilligkeit* ein wichtiges Element von Partizipation ist. Niemand sollte „gezwungen" werden bzw. sich genötigt fühlen sich einzubringen.

6.2 Politik, Verwaltung und die Verlagerung von Entscheidungskompetenzen

Ein weiteres Hindernis von Partizipation kann sein, dass sie von Seiten der Politik, der Verwaltung oder anderer (wirtschaftlicher) Akteure aus verschiedenen Gründen nicht gewollt ist bzw. skeptisch betrachtet wird. Dies bezieht sich weniger auf die individuelle gesellschaftliche Teilhabe als auf die politische Teilhabe bzw. Beteiligung an Themen und Projekten der Stadt und im Quartier. Grund für den Widerstand bzw. die Skepsis ist zum einen, dass Entscheidungskompetenzen verschoben werden und ein Machtverlust befürchtet wird. „Die Ausweitung von Öffentlichkeitsbeteiligung impliziert ganz klar eine Beschneidung von Machtchancen von Politik und auch von Verwaltungen, die mehr als nur ausführende Organe sind, sondern eigenen institutionellen Logiken folgen, zu denen eine ausgeweitete Öffentlichkeitsbeteiligung in einem gewissen Konflikt steht." (Alcántara et al. 2016, S. 163) Allerdings heißt Bürgerbeteiligung nicht zwangsläufig, dass Entscheidungskompetenzen von der Politik weg verlagert werden, sondern bedeutet vielmehr, dass der Bezug zur Bürgerschaft in Entscheidungen deutlicher wird (Vetter und Remer-Bollow 2017).

Zum anderen wird insbesondere bei Partizipation, die durch die Zivilgesellschaft angestoßen wird, argumentiert, dass die sich beteiligenden Bürger*innen nicht gewählt wurden und nur bedingt für die restlichen Bürger*innen der Stadt oder des Quartiers sprechen können. Die Legitimität der Ideen und Äußerungen werden in Frage gestellt und die eigene Rolle als gewählte*r Politiker*in betont. Die durch die Wahl legitimierte Rolle der Politiker*innen sollte durch Bürgerbeteiligung oder Quartiersarbeit nicht geschmälert werden. Dennoch ist zu bedenken, dass auch die gewählten politischen Vertreter*innen nur bedingt für alle Teile der Bevölkerung sprechen (können) und auch nur zu Teilen von diesen gewählt wurden. Immerhin lag die Wahlbeteiligung in Gelsenkirchen bei den Kommunalwahlen 2014 lediglich bei 43,1 % (Stadt Gelsenkirchen 2018a) und auch in anderen Großstädten ist diese Bilanz ähnlich. Das heißt, nur ein Teil dieser 43,1 % der Bürgerschaft hat die jeweiligen Politiker*innen gewählt. Das ist natürlich prozentual gesehen mehr als in den Quartierskonferenzen vertreten sind, aber es ist auch nicht ein eindeutiges Mandat eines Großteils der Bürger*innen. Weiterhin birgt die engere kommunikative Verknüpfung zwischen Bürger*innen und Politik die Möglichkeit, die Situation vor Ort so zu verbessern wie es sich zumindest Teile der Bürger*innen vorstellen. Zu beachten und zu verhindern ist dabei, wie bereits ausgeführt, dass artikulationsstarke Bürger*innen ihre Wünsche und Interessen besser durchsetzen können und die Teile der Bevölkerung, die sich nicht so stark einbringen (können), nicht gehört werden. Daher geht es nicht darum, mit der Quartiersarbeit und dem Empowerment von Bürger*innen, die repräsentative Demokratie zu ersetzen, sondern diese zu ergänzen und der Politik die Möglichkeit zu geben, die Wünsche der Bevölkerung zu erfahren und mit ihnen z. B. dialogorientiert zusammenzuarbeiten. Da dies aber nicht von allen Politiker*innen er- bzw. anerkannt wird, muss an dieser Stelle zunächst einmal der befürchtete Machtverlust von Politik durch (zu viel) Bürger*innen-Einfluss als ein Hindernis für Partizipation festgehalten werden.

Eine solche empfundene oder auch reale Konkurrenz von Politik und Bürgerbeteiligung wurde auch im QuartiersNETZ benannt bzw. beobachtet. Von Politiker*innen wurde angemerkt, dass Gremien wie die Quartierskonferenzen nicht politisch legitimiert seien und sie daher keine politisch wirksamen Entscheidungskompetenzen hätten. Allerdings ist das Ziel der Quartierskonferenzen nur bedingt ein solches. Es sollen v. a bestimmte Verbesserungen im Quartier erreicht und gegebenenfalls der Lokalpolitik die Ideen, Überlegungen, Veränderungswünsche etc. vorgetragen werden. Dies ist mit der Zeit auch deutlicher geworden und der Kontakt zu verschiedenen Politiker*innen wurde gestärkt. Im Projekt QuartiersNETZ wurden, um dies zu erreichen, drei Workshops mit Bezirksverordneten und Bürger*innen durchgeführt, die die Verknüpfung von lokaler Politik und Quartiersarbeit sowie die Verstetigung von Projekt- bzw. Quartiersaktivitäten zum Thema hatten. Von diesen Workshops gingen weitere Diskussionen darüber in den Quartieren aus und in einem Quartier fand ein Treffen von Bezirksverordneten und interessierten Teilnehmenden der Quartierskonferenz statt, um die Möglichkeit von Verknüpfung und gegenseitiger Kommunikation zu diskutieren (siehe auch Kapitel 11).

Ähnliche Probleme ergeben sich im Kontakt zur Verwaltung und deren Einstellung gegenüber Bürgerbeteiligung. Es soll hier nicht behauptet werden, dass die Verwaltung per se gegen Bürgerbeteiligung ist oder die Partizipation von Bürger*innen verhindert, aber bestimmte Verhaltensweisen, Haltungen bzw. Einstellungen auf Seiten der Verwaltung sowie auch die Verwaltungsstruktur können Barrieren für Partizipation sein (Strube et al. 2015; Alcántara et al. 2016). So ist es z. B. für Bürger*innen häufig schwierig überhaupt die richtigen Ansprechpartner*innen zu finden und nicht von einer Stelle zur nächsten geschickt zu werden. Selbst wenn Verwaltungsangestellte hilfreich sein wollen, macht es die Struktur und die Einhaltung des Dienstwegs manchmal nicht möglich, schnell und unkompliziert auf Anfragen zu antworten. Zum Teil fehlen auch einheitliche Regelungen und/oder Vorgaben der Politik, die es der Verwaltung erleichtern angemessen zu reagieren (Alcántara et al. 2016). Hinzukommen kann, dass für einige Verwaltungsangestellte der Sinn und Vorteil von Bürgerbeteiligung oder Partizipation nicht deutlich ist und diese die Anfragen von Bürger*innen mehr als Störung ihrer eigentlichen Arbeit ansehen und nicht als Bestandteil ihrer Arbeit (Stichwort Beteiligungskultur). Ein weiteres Problem kann hier sein, dass die finanziellen und zeitlichen Ressourcen auf Seiten der Verwaltung fehlen und so die Beteiligung und Kommunikation mit Bürger*innen möglicherweise als Extraaufwand empfunden wird. Daher ist auch der Kontakt zur und die Zusammenarbeit mit der Verwaltung als ein mögliches Hindernis der Partizipation anzusehen.

Neben der Einstellung liegen die Kommunikationsschwierigkeiten auch daran, dass es zu einem Zusammenspiel unterschiedlicher Logiken kommt: so sind die Verwaltung und auch die Politik eher hierarchisch aufgebaut, während der Bürgerschaft diese Hierarchien oft nicht bewusst sind und diese eher pragmatisch und beteiligungsorientiert an Themen herangeht. So war die Kommunikation mit Verwaltung und Politik auch im Projekt QuartiersNETZ zum Teil etwas schwierig, wenn Bürger*innen oder auch Quartiersmitarbeiter*innen den Verwaltungsweg einhalten müssen, aber nur bedingt darüber Kenntnisse haben, wie Verwaltung funktioniert. Hinzu kommt, dass wegen versäulter Verwaltungsstrukturen verschiedene Referate und Abteilungen, selbst untereinander nicht immer kommunizieren, so dass es zu verschiedenen Aussagen zu einem Thema kommen kann oder bestimmte Anfragen vielleicht nicht weitergegeben werden.

Ein Beispiel für formale Hürden, die durch die Arbeitsweise der Verwaltung und Politik entstehen, ist der Tagesordnungspunkt „Bürgerschaftliche Initiativen" bei den Bezirksvertretungssitzungen. Um bei diesem Tagesordnungspunkt vortragen bzw. eine Anfrage stellen zu dürfen, können die Bürgerinnen und Bürger ihr Anliegen formlos per Internet oder per Post an die Stadt Gelsenkirchen senden oder sie können bei der zuständigen Bezirksverwaltungsstelle anrufen. Die Anfrage muss bis spätestens zehn Tage vor der Sitzung eingegangen sein. Dieser Vorgang ist an sich nicht sehr kompliziert, vor allem dadurch, dass man auch anrufen kann. Dennoch ist anzumerken, dass zum einen den meisten Bürger*innen diese Möglichkeit überhaupt nicht bekannt ist und dass zum anderen viele auch vor einem Anruf und einer offiziellen Anfrage zurückschrecken. Dies wurde zumindest bei Diskussionen im Rahmen des Projekts QuartiersNETZ deutlich (siehe Kapitel 10). Hier könnte durch verbesserte und geänderte Kommunikation bereits einiges einfacher gemacht werden. So könnte z. B. statt des offiziellen Tagesordnungspunkts eine informellere Sprechstunde angeboten werden, zu der Bürger*innen ohne Anmeldung hingehen können. Ebenso könnte für den Tagesordnungspunkt mehr Werbung gemacht werden, so dass interessierte Bürger*innen sich entsprechend einbringen können. Denn auf Seiten der Politik entsteht durch das mangelnde Interesse an dem Tagesordnungspunkt auch der Eindruck, dass die Bürger*innen gar nicht interessiert sind, was, so unsere projektbezogenen Erfahrungen, nur bedingt stimmt. Hier ist also auch mangelnde oder nicht zuträgliche Kommunikation ein Hindernis.

Im Projekt wurde ferner festgestellt, dass in der Verwaltung in vielen Bereichen keine räumliche Zuständigkeit gegeben ist, sondern Verwaltungsmitarbeiter*innen sind in der Regel für bestimmte Sachbereiche zuständig oder für alphabetisch geordnete Fälle. Dadurch ergeben sich Schwierigkeiten für einen sozialraumorientierten Ansatz. Auch ist die Ergebnisoffenheit von Quartiersentwicklungsprozessen nur schwer mit der Verwaltungsarbeit zu vereinbaren, da hier zum Teil bestimmte Ergebnisse oder Vorgaben erreicht werden müssen oder bestimmte Projekte zu einem bestimmten Zeitpunkt abgeschlossen sein müssen. Daher gibt es hier verschiedene Herangehensweisen und die langsame und teilweise auch schleifenhafte Erarbeitung von Ideen und Positionen im Quartier passt nicht immer mit der Arbeitsweise der Verwaltung überein (Rüßler et al. 2015).

Auch sind im Zusammenhang mit der Verwaltung wie auch mit anderen Hauptamtlichen spezielle Fachausdrücke, die den Anwender*innen selbst oft gar nicht auffallen und meistens nicht leicht verständlich sind, eine Hürde für Partizipation. Gerade in der Stadtplanung kann dies schnell vorkommen, wenn z. B. von Sondergebieten (große Gebiete mit im Bebauungsplan festgelegten Nutzungen) oder Konversionsflächen (zumeist ehemals militärisch genutzte Brachflächen, die nun neu genutzt werden sollen) gesprochen wird, aber auch in anderen Bereichen. Hier ist es möglich Nachfragen zu stellen oder Verwaltungsangestellte dahingehend zu schulen, eine leichtere Sprache zu verwenden.

Abb. 18: Hindernisse von Partizipation: Politik und Verwaltung

Befürchteter Machtverlust von Politik durch Bürger*innen-Einfluss
Argumentation der fehlenden Legitimität
Befürchteter Machtverlust der Verwaltung
Hierarchische Verwaltungsstrukturen und Formalität von Verwaltungswegen
Fehlende Regelungen und/oder Vorgaben der Politik für die Verwaltung
Mangelnde Ressourcen auf Seiten der Verwaltung
Kommunikation innerhalb der Verwaltung
Verwaltungssprache und Fachausdrücke
Alibibeteiligung oder Scheinpartizipation
Mangelnde Transparenz, Rückmeldungen und Kommunikation
Intransparenz bezügl. Entscheidungsspielraum bzw. dessen Einschränkung
Legale Strukturen, die Kooperationen entgegenstehen

Quelle: Eigene Darstellung

Weiterhin sind Intransparenz, was den Entscheidungsspielraum angeht, sowie eine starke Einschränkung des Entscheidungsspielraums Hindernisse für Partizipation und Motivation. Ebenso zerstört eine Alibibeteiligung oder Scheinpartizipation, die nur auf Akzeptanz aus ist, aber deren Ergebnisse nicht wirklich in Planungen oder Entscheidungen einfließen, jegliche Motivation. Wenn dies erlebt wird, sinkt die Motivation auf Seiten der Beteiligten und auch das Vertrauen in die Politik und die Verwaltung. Es kann vor diesem Hintergrund auch ein Gefühl der Resignation oder gar des Zynismus eintreten. Transparenz ist daher wichtig, insbesondere mit Blick auf Situationen, die im Grunde genommen nicht verhandelbar sind, weil z. B. bestimmte gesetzlich fixierte Regelungen zu beachten sind. Ebenso wichtig ist das Signal, dass in anderen Bereichen tatsächlich etwas geändert werden kann. In anderen

Worten: Transparenz, Rückmeldungen und gute Kommunikation sind zentral für Beteiligungsprozesse. Gibt es diese nicht, ist das ein Hindernis für Partizipation.

Hinderlich wirken aber nicht nur die (hierarchischen) Strukturen der Verwaltung und Politik, sondern auch legale Strukturen, die Kooperationen eher entgegenstehen als sie zu unterstützen. Ein Beispiel ist hier der Aufbau der Bürgerstiftung „Leben in Hassel" in Gelsenkirchen, die zwar außerhalb des Projekts QuartiersNETZ stattgefunden hat, aber auch eine partizipative Quartiersentwicklung zum Ziel hat[24]. Ähnliche Erfahrungen wurden aber auch bei der Einrichtung der Techniktreffs im QuartiersNETZ gemacht. Hierfür wurden Räume verschiedener Kooperationspartner des Generationennetzes aus Projektmitteln mit Technik ausgestattet. Um zu klären, wer verantwortlich für die Technik ist und wer welche Rechte hat, insbesondere nach Projektende, mussten komplexe Kooperationsverträge mit unterschiedlichen Partner*innen ausgehandelt werden.

Abbildung 18 fasst die Hindernisse von Partizipation im Zusammenhang mit Politik und Verwaltung noch einmal zusammen.

6.3 Grenzen der Partizipation im Quartier

Bei den Grenzen der Partizipation im Quartier beziehen wir uns vor allem darauf, dass es Problem- und Themenbereiche im Quartier gibt, die nicht oder wohl kaum vor Ort gelöst werden können. Dies sind strukturelle Probleme, deren Ursachen und Wirkungsbereiche weiter gefasst sind – wie soziale Ungleichheit, Armut, Arbeitslosigkeit (Rüßler et al. 2015; Strube et al. 2015). Diese wirken sich zwar im Quartier aus, sind aber in der Regel dort nicht lösbar. Ein Beispiel ist der Wegfall von Arbeitsplätzen. Die Wirtschaftslage oder die Entscheidungen von Firmen können im Quartier nicht direkt beeinflusst werden, aber z. B. die sich daraus ergebende (potenzielle) Steigerung der Arbeitslosigkeit und Armutsgefährdung oder die Notwendigkeit des Wegzugs, um woanders eine Stelle finden, wirken sich im Quartier unmittelbar aus. Hier muss klar sein, dass Beteiligungsprozesse bzw. die Quartiersentwickler*innen nicht alle bestehenden sozialen Ungleichheiten ausgleichen können, sondern

---

24 Die Bürgerstiftung ist Trägerin des Stadtteilzentrums „Bonni" und „Modell einer neuartigen Partnerschaft zwischen Religionsgemeinschaften, lokalen Wirtschaftsunternehmen, Banken, Stadtgesellschaft und Politik auf der Basis bürgerschaftlichen Engagements" (www.bonni.org/stadtteilzentrum). Die speziellen Stolpersteine der Bürgerstiftung lagen vor allem im rechtlichen Bereich des neuen Partnerschaftsmodells, da dieser Bereich nicht auf Kooperation zwischen verschiedenen Organisationen aus der zivilgesellschaftlichen, politischen und wirtschaftlichen Sphäre ausgerichtet ist (unveröffentlichter Vortrag Heinrich 2017).

hier vielmehr die überregionale Politik gefragt ist, z. B. eine Sozial- und Bildungspolitik umzusetzen, die Ungleichheiten beseitigt und damit auch die Voraussetzungen für Teilhabe und Beteiligung verbessert.

Auch wenn bestimmte strukturelle Probleme der Partizipation im Quartier Grenzen setzen, kann und muss versucht werden, von diesen Problemen betroffene Menschen und Gruppen besonders anzusprechen und Barrieren für sie zu vermindern und Auswirkungen der Probleme zu verringern oder anzugehen oder Alternativmodelle für bestimmte Themenbereiche im Quartier zu entwickeln. Dies kann z. B. bedeuten, vor Ort Angebote für arme und armutsgefährdete Menschen zu schaffen oder Weiterbildungsangebote für Arbeitslose, aber auch durch politische Partizipation gegebenenfalls Widerstand gegen bestimmte politische Entschlüsse oder Politikprogramme zu zeigen (kollektives Empowerment).

Ein Beispiel für ein Thema, das im Projekt QuartiersNETZ aufgekommen ist und sich auf Quartiersebene auswirkt, aber nur sehr begrenzt dort gelöst werden kann, sind die Auswirkungen des verstärkten Zuzugs von Menschen aus Osteuropa in sogenannte „Schrottimmobilien". Die Besitzer*innen der Immobilien quartieren in ihren Häusern so viele Menschen ein, dass diese vollkommen überlegt sind, während gleichzeitig die Bausubstanz eine sehr geringe Qualität hat (Biernat 2017). Auf das Zusammenleben im Quartier wirkt sich außerdem aus, dass der kulturelle Hintergrund der Neuzugezogenen zum Teil sehr unterschiedlich ist im Vergleich zu dem von anderen Bewohner*innen des Quartiers. So wurde bei den Quartierskonferenzen z. B. erwähnt, dass die Bewohner*innen der „Schrottimmobilien" sich bis spät in die Nacht draußen auf dem Bürgersteig aufhalten würden und dabei sehr laut seien. Ebenso wurde Müll als problematisches Thema angesprochen, da viel Müll auf der Straße landen würde. Hierbei war den Teilnehmenden der Konferenz durchaus klar, dass die Problematik nur bedingt Schuld der Bewohner*innen der Häuser ist, da die Vermieter*innen u.a. nicht genügend Mülltonnen für die vielen Bewohner*innen bereitstellen. Gleichzeitig sahen die Teilnehmenden das Problem, dass sie selbst nicht viel tun könnten, um etwas zu ändern, zum einen aufgrund von Sprachbarrieren, zum anderen aufgrund der hohen Fluktuation in den Häusern. Als lokale Möglichkeit wurde daher nur noch gesehen, sich an die Kommune und hier insbesondere an die eingerichtete Stabsstelle „EU-Ost-Zuwanderung" zu wenden. Eine weitere Möglichkeit, wie die Müllproblematik zumindest zum Teil angegangen werden kann, ist, die Stadt über Müll im öffentlichen Raum zu informieren. Diese Möglichkeit wird auch viel von den Teilnehmenden genutzt und als positiv wahrgenommen. Dennoch ist festzuhalten, dass aufgrund der Konzentration der „Schrottimmobilien" in bestimmten Stadtteilen und der hohen Anzahl der Bewohner*innen hier eine problematische Situation im Quartier entstanden ist, auf die die Bürger*innen im Quartier nur wenig bis keinen Einfluss haben.

117

Grenzen für Partizipation im Quartier gibt es zudem auch im Kleineren, wie z. B., dass bestimmte Ideen aufgrund von gesetzlichen Regelungen aktuell nicht umsetzbar sind, die kommunalpolitische Handlungsfähigkeit gering oder nicht gegeben ist (z. B. bezüglich des Bedarfs an bezahlbaren, barrierefreien Wohnungen) oder gar sich kein Interesse auf politischer Ebene für die Thematik findet. Auch diese Grenzen der Partizipation sind bei der Quartiersentwicklung zu beachten. Transparenz über Regelungen und Grenzen sind hierbei eine Möglichkeit zumindest mit diesen Grenzen umzugehen.

6.4 Hindernisse in der Quartiersarbeit und Quartiersentwicklung

Als nächstes gehen wir auf Hindernisse bzw. Barrieren in der eigentlichen Quartiersarbeit ein; dies sowohl aus der Sicht der Quartiersentwickler*innen als auch aus der Sicht der Teilnehmenden.

Für Quartiersentwickler*innen ist eine wichtige Entscheidung in ihrer Arbeit welche Beteiligungsformate gewählt werden, um Leute zu erreichen. Deliberative Verfahren, also Verfahren, bei denen diskutiert und ausgehandelt wird, werden häufig gewählt, da sie den Vorteil haben, dass direkt miteinander gesprochen wird und Ideen und Ergebnisse gemeinsam erarbeitet werden können. Gleichzeitig können diese Verfahren allerdings auch eine Barriere der Partizipation für manchen Menschen darstellen, da diese sich nicht wohl fühlen, weil sie das Gefühl haben nicht so gut reden zu können wie andere oder auch, weil sie den Gesprächen nicht so gut folgen können. Menschen, die in der deutschen Sprache nicht sicher sind bzw. ein geringeres Bildungsniveau oder kognitive Einschränkungen haben, haben daher eher Schwierigkeiten in solchen Formaten ihre Ideen zum Ausdruck zu bringen. Deswegen ist es wichtig, auch andere Beteiligungsformate anzubieten (Strube et al. 2015; Rüßler et al. 2015). Siehe hierzu auch Kapitel 4 und das QuartiersNETZ-Projekt-Handbuch 3 (Heite und Rüßler 2018).

In Projekten kann es aber passieren, dass gewisse Formate oder auch Themen vorgegeben sind. Dies kann ein Hindernis für die Beteiligung von bestimmten Gruppen sein, wenn nur die vorgegebenen Formate und Themen angewendet und bearbeitet werden. Im Projekt QuartiersNETZ waren die Quartierskonferenzen und auch die stadtweiten Arbeitsgruppen zu bestimmten Themen Teil des Projektdesigns. Aufgrund des Gesamtprojektthemas ging es in den Quartieren auch viel um Technik und Digitalisierung, z. B. durch die Digitale Quartiersplattform und die Techniktreffs (Diepenbrock et al. 2018; Bubolz-Lutz und Stiel 2018). Allerdings war es dem Projekt auch wichtig, dass die Bewohner*innen ihre eigenen Themen nennen konnten, was insbesondere bei den Auftaktkonferenzen, aber auch bei den weiteren Quartierskonferenzen angeregt wurde. Ebenso wurden andere Beteiligungsformate ausprobiert, wie „QuartiersNETZ unterwegs" (aufsuchende Arbeit, siehe Kapitel 4) (Heite und Rüßler 2018). Allerdings muss hier auch erwähnt werden, dass gerade diese weiteren Beteiligungsformate häufig einen besonderen Aufwand erforderten, der nicht immer mit der geplanten Stundenzahl der Quartiersentwickler*innen machbar war, so dass einige der Ideen am Ende nicht umgesetzt werden konnten. Hieraus folgt, dass hauptamtliche Quartiersarbeit einen höheren Stellenwert in der kommunalen sozialen (Alten-)Arbeit und auch mehr Stunden erhalten sollte sowie – umgekehrt – der niedrige Stellenwert und die geringe Stundenzahl als Hindernis zu erwähnen sind.

In diesem Zusammenhang ist auch die Frage aufzuwerfen, ob es in der Quartiersarbeit sinnvoller ist, wenige Beteiligungsformate und -möglichkeiten anzubieten und diese dafür (zeit)intensiv zu begleiten oder viele verschiedene Angebote mit wenig Begleitung anzubieten. Die Ergebnisse des Projekts QuartiersNETZ weisen darauf hin, dass zumindest am Anfang eine intensive Begleitung wichtig ist, um Vertrauen aufzubauen und über Hindernisse hinwegzuhelfen bzw. diese gemeinsam anzugehen. So wurden, wie in Kapitel 4 ausgeführt, durch das Projekt eine Vielzahl an verschiedenen Beteiligungsmöglichkeiten eingerichtet, wie die Quartierskonferenzen, die Steuerungsgruppen/Ko-Kreise, die Beteiligung an den themenbezogenen stadtweiten Arbeitsgruppen oder wie beispielsweise das Engagement als Quartiersredakteur*in oder Technikbotschafter*in. Hier wurde es für die Mitarbeiter*innen vor Ort schwierig alle Formate sinnvoll und intensiv zu begleiten und es war äußerst wichtig, dass einige der Beteiligungsangebote von anderen Projektmitarbeiter*innen unterstützt wurden. Ohne diese professionelle Begleitung sind viele der Formate gerade am Anfang, nur schwer in sinnvoller Art und Weise umzusetzen. Daher scheint es in Bezug auf die Förderung von Teilhabe und Beteiligung sinnvoller zu sein, mit einigen wenigen Angeboten anzufangen und nach und nach weitere Angebote hinzuzufügen, wenn die ersten Formate weniger Begleitung benötigen. Es ist allerdings wichtig darauf zu achten, dass dadurch nicht nur diejenigen angesprochen werden, die bereits teilhabegewohnt sind.

Eine weitere Barriere für Quartiersentwickler*innen und auch Teilnehmende liegt in der „Natur der Sache", denn Partizipation im Sozialraum mit offenem Setting ist langwierig, schwierig und komplex, so dass es schwer ist, die Motivation aufrecht zu erhalten. Es sind nicht immer sofort Ergebnisse oder ein Nutzen sichtbar und sich zu beteiligen heißt, sich einzubringen und auch Zeit aufzuwenden. Das kann manche Menschen von der Beteiligung abhalten. Dies wurde zum Teil auch von den hauptamtlich Tätigen im Projekt QuartiersNETZ so erfahren. Letztendlich bleibt hier nur, auf Ergebnisse und Erfolge hinzuweisen, und auch immer wieder zu benennen, dass Beteiligung nicht immer einfach ist, sich aber – prozess- wie ergebnisorientiert gedacht – trotz allem lohnt.

Weiterhin ist eine regelmäßige Rückspiegelung von Rückmeldungen nicht zuletzt aus der Verwaltung zentral. Deren Antwort kann allerdings zum Teil auch Barrieren aufzeigen, da es hier oft um (gesetzliche) Regelungen geht, die manchen guten Ideen für das Quartier entgegenstehen und damit auch Hindernisse für die Arbeit im Quartier sein können. Als Beispiel sind hier zu nennen, dass in Tempo-30-Zonen generell keine Radwege ausgewiesen werden oder dass auf bestimmten Straßen, die dem Durchgangsverkehr dienen, keine Tempo-30-Zonen eingerichtet werden können. Andere Beispiele sind Hygieneregelungen, die es erschweren, dass Gruppen die Küche eines Jugendzentrums mitnutzen können oder dass für Nachbarschaftsfeste viel Geld für Straßenabsperrungen ausgegeben werden muss. Diese Regelungen haben wohl zum Großteil ihren Sinn und es ist hilfreich, wenn dieser erläutert wird, damit die Regelungen nicht als willkürlich erscheinen. Dennoch können sie als Barrieren für Quartiersarbeit wirken.

Ebenso ist hier die Gefahr von Ohnmachtserfahrungen zu nennen, die dadurch auftreten, dass bestimmte Projekte oder Ideen nicht funktionieren oder nicht von anderen aufgenommen werden. Kombiniert mit einem „zu starken" Optimismus, in dem Sinne, dass große Hoffnungen in die Umsetzung der Ideen (durch andere) gesetzt werden, kann dies frustrierend wirken und eher ein Hindernis als ein Positivpunkt für Partizipation sein. Wichtig ist, von zu großen Versprechungen abzusehen. Dies ist ein Problem, das hier und da unterschwellig im Projekt QuartiersNETZ aufgetaucht ist. Die Versprechungen kamen dabei nicht unbedingt von den Quartiersentwickler*innen vor Ort, sondern sind z. B. durch eine relativ lange Vorlaufzeit des Projekts entstanden, in der die Erwartungen an das Projekt mit der Wartezeit auf den Start gewachsen sind. Ebenso trugen Presseberichte zum Eindruck bei, dass anscheinend „alles möglich ist". Dieser Erwartung konnte nicht entsprochen werden (schon gar nicht von einem zeitlich begrenzten Projekt), so dass es hier zu Beginn an verschiedenen Stellen durchaus auch zu Enttäuschungen kam.

Fluktuation und zeitliche Begrenzung der Quartiersarbeit können weitere Barrieren sein. Der Wechsel von hauptamtlichen Mitarbeiter*innen im Quartier kann sich in dem Sinne negativ auswirken, dass Vertrauen wiederaufgebaut werden muss, sowohl auf Seiten der Bewohner*innen, als auch auf Seiten anderer lokaler Akteure (siehe hierzu weiter unten). Manche Bewohner*innen benötigen ein besonderes Vertrauensverhältnis, um sich zu beteiligen und so ist eine „erfolgreiche Arbeit nur möglich (…), wenn sie langfristig angelegt und durch persönliche Kontakte und Beziehungen getragen wird" (Strube et al. 2015, S. 199). Wenn die Vertrauensperson dann wechselt, kann es eine Weile dauern, bis ein solches Verhältnis wieder neu aufgebaut ist. Daher ist auch die zeitliche Begrenzung von hauptamtlichen Quartiersentwicklungsstellen kritisch zu sehen, denn, insbesondere in benachteiligten Quartieren, aber auch in anderen Quartieren, ist es als unrealistisch und nicht zielführend anzusehen, dass Bewohner*innen die Quartiersentwicklung komplett selbstorganisiert betreiben (Stichwort: Überforderung).

In diesem Zusammenhang ist auch die Art der Finanzierung von Quartiersarbeit durchaus als Hindernis anzusprechen. Quartiersansätze werden häufig als befristete „Leuchtturmprojekte" eingesetzt. Hierfür gibt es verschiedene Gründe. Zum einen steckt hinter der zeitlichen Befristung die Erwartung, dass die Situation im Quartier sich durch die Quartiersarbeit verbessert und daher weniger benötigt wird und/oder dass die Quartiersbewohner*innen durch die Beteiligungsprozesse soweit ermächtigt und befähigt werden, dass sie z. B. verschiedene Aufgaben selbst übernehmen können (so z. B. beim Bund-Länder Programm „Soziale Stadt" (Bundesministerium für Umwelt, Naturschutz, Bau und Reaktorsicherheit (BMUB) 2014)). Zum anderen ist die Quartiersarbeit zumeist eine freiwillige Aufgabe der Kommunen bzw. von ihr beauftragten Trägerorganisationen, wie mit Bezug auf das Projekt die offene Soziale Altenarbeit des Generationennetzes, die nicht selten einer besonderen Förderung bedarf, weil viele Kommunen deren Finanzierung selbst kaum stemmen können (Becker 2014). Um die Finanzierung für ein Quartiersmanagement außerhalb von projektbezogenen sogenannten Drittmitteln zu sichern, bedarf es daher häufig eines Finanzierungsmixes aus verschiedenen Fördertöpfen und eventuell auch Mittel aus unterschiedlichen Leistungen der Sozialgesetzgebung, was eine arbeitsintensive Finanzierungsentwicklung benötigt (Helmer-Denzel 2016). Das Finanzierungsproblem erschwert somit die langfristige Wirkung von Quartiersarbeit.

Fluktuation kann sich aber auch auf die Teilnehmenden und Bewohner*innen beziehen. Diese Fluktuation ist bei der Quartiersarbeit nicht zu vermeiden und durchaus auch positiv in dem Sinn, dass Gruppenzusammenkünfte nicht geschlossen sind und Teilnehmende jederzeit dazu stoßen können. Es kann sich allerdings als ein Hindernis auswirken, wenn die Teilnehmerschaft von Gruppen zu häufig wechselt oder auch die Zuständigkeit von Verantwortlichen oder hauptamtlichen Ansprechpersonen. Dies kann insofern schwierig sein, als dass Themen immer wieder aufs Neue besprochen werden und es für regelmäßig Teilnehmende dadurch weniger interessant wird oder sich das Gefühl einstellt, dass man nicht vorwärtskommt. Manche Dinge werden dadurch vielleicht nicht weiterverfolgt oder andere gute Ideen oder Anstöße gehen verloren. Dies liegt allerdings in der „Natur" von Quartiersarbeit und Partizipation und das langsame Vorankommen und Schleifendrehen in der Kommunikation müssen ausgehalten werden. Dennoch ist es wichtig, sich bewusst zu sein, dass dies sich negativ auf die Motivation von Teilnehmenden auswirken kann; es gilt daher zu versuchen durch gute Dokumentation zumindest zu verringern, dass Ideen verloren gehen oder Themen zu häufig wieder und wieder besprochen werden.

Aber nicht nur die Fluktuation von Teilnehmenden oder Verantwortlichen ist eine Schwierigkeit, auch eine hohe Bewohnerfluktuation ist eine Barriere für Partizipation. Diese tritt natürlich nicht in allen Quartieren auf, aber dort wo sie vorkommt, kann sie sich negativ auf Partizipationsprozesse und auch auf die Funktionsfähigkeit des Quartiers als sozialer Teilhabeort auswirken. Verständlicherweise bringen z. B. Bewohner*innen, die wissen, dass sie nicht (mehr) lange in einem Quartier wohnen werden, sich auch weniger in Quartiersentwicklungsprozesse ein. Eine ähnliche Situation kann sich ergeben, wenn Menschen „multilokal" leben, d. h. an mehreren Standorten wohnen. Dies können z. B. Menschen mit Migrationshintergrund sein, die längere Zeit in ihrem Heimatland verbringen, aber auch Menschen, die z. B. wegen ihres Arbeitsplatzes unter der Woche in einer Stadt wohnen und am Wochenende in einer anderen Stadt, wo z. B. ihre Familie wohnt. Auch für diese Bewohner*innen ist es, alleine, weil sie nur zu bestimmten Zeiten anwesend sind, schwieriger oder weniger sinnvoll eine regelmäßige Partizipation im Quartier aufrecht zu erhalten (Dittrich-Wesbuer und Kramer 2014).

Ziel vieler Quartiersentwicklungsprozesse ist es, zivilgesellschaftlich getragene Selbstorganisation zu fördern und/oder zu erreichen, so dass Bewohner*innen zum einen selbstbestimmt handeln (können), zum anderen aber auch weniger hauptamtliche Ressourcen benötigt werden, um bestimmte Projekte durchzuführen. Dies ist allerdings nicht so einfach, denn Selbstorganisation ist schwierig zu erreichen und erfordert Organisationskapazitäten und -wissen auf Seiten der Bürger*innen, die nicht so ohne weiteres zu erwarten sind. Außerdem kann dies nicht heißen, dass Selbstorganisation zunehmend unzureichende Hilfeleistungen des lokalen Sozialstaats kompensieren soll. Eine solche Verantwortungsverlagerung liefe auch, darauf haben wir hingewiesen, auf eine Überforderung und damit auf Instabilität der Strukturen hinaus. Weiterhin wurde auch in anderen Partizipationsprozessen bereits herausgestellt, dass hauptamtliche Koordination und möglichst eine Anlaufstelle im Quartier notwendig für Bürgerschaftliches Engagement sind (Helmer-Denzel 2016) und Selbstorganisation unterstützt werden muss. „Selbstorganisation organisiert sich nicht von selbst, sondern bedarf der professionellen Begleitung und Unterstützung" (Strube et al. 2015, S. 199). Mangelnde hauptamtliche Unterstützung ist also eine weitere Barriere für Partizipation.

Barrieren für Partizipation in der Quartiersarbeit kann es auch durch das Verhalten und die Umstände von Teilnehmenden geben. So kann es z. B. vorkommen, und dies wurde auch im Projekt QuartiersNETZ beobachtet, dass zunächst offene Gruppen zu „geschlossenen Gemeinschaften" werden und damit andere (unbewusst) ausschließen. Für andere oder neue Teilnehmende kann es einschüchternd wirken, wenn es bereits eine „Clique" gibt von ehrenamtlich Engagierten oder Teilnehmenden, die bereits länger dabei sind. Dies kann ein Hindernis zur Beteiligung sein, da das Gefühl aufkommen kann, dass man nicht genug Erfahrung oder Kenntnisse hat oder, weil man sich nicht traut in dieser Gruppe etwas zu sagen. Gruppendynamische Prozesse dieser Art können durch eine professionelle Begleitung nicht unbedingt vermieden werden, aber es kann intervenierend darauf aufmerksam gemacht werden.

Ebenso können artikulationsstarke und sehr aktive Personen einschüchternd auf andere Teilnehmende wirken und Diskussionen dominieren. Im QuartiersNETZ wurde beobachtet wie sich andere Teilnehmende als Reaktion auf dominante und besonders aktive Personen zurückgezogen haben, während andere sich untergeordnet haben. Dieser Effekt kann z. B. dadurch verringert werden, dass diese besonders aktiven Teilnehmenden angesprochen werden und erläutert wird, dass Teilhabe von allen Teilnehmenden gewollt ist und sie gebeten werden, die Teilhabe anderer zu unterstützen. Einige der artikulationsstarken und dominanten Teilnehmenden sind sich ihrer Dominanz eventuell gar nicht bewusst und könnten so ihr Verhalten reflektieren.

Abb. 19: Hindernisse von Partizipation im Rahmen der Quartiersarbeit

Einseitige Wahl von Beteiligungsformaten (insb. deliberativ)

Einseitige Wahl von (vorgegebenen) Themen

Partizipation ist langwierig, schwierig und komplex

Enttäuschung großer Hoffnungen in andere

Hindernisse durch (gesetzliche) Regelungen

Entwicklung von „geschlossenen Gemeinschaften"

Zeitliche Überlastung von ehrenamtlich Engagierten

Dominanz von artikulationsstarken und sehr aktiven Personen

Fluktuation von Teilnehmenden und Bewohner*innen

Hohe Organisationskapazitäten und -wissen für Selbstorganisation nötig

Mangelnde hauptamtliche Unterstützung

Fluktuation und zeitliche Begrenzung der Quartiersarbeit

Komplizierte und befristete Finanzierung von Quartiersarbeit

Niedriger Stellenwert / geringe Stundenzahl von Quartiersarbeit

Quelle: Eigene Darstellung

Weiterhin ist es für die Quartiersarbeit schwierig, wenn sich viele der Aktivitäten auf wenige Personen stützen. So melden sich häufig dieselben, um Aufgaben zu übernehmen und irgendwann sind diese möglicherweise zeitlich überlastet. Gerade manche ehrenamtlich Tätigen im Quartier haben oft viele verschiedene „Ämter" inne und erklären sich oftmals bereit noch mehr zu tun. Wenn dann jemand ausfällt, z. B. aufgrund von längerer Krankheit, kann sich eine Lücke ergeben, die nur schwer wieder geschlossen werden kann. Außerdem sollten gerade die bürgerschaftlich Engagierten nicht überlastet oder gar ausgenutzt werden. Es ist also notwendig, zu versuchen, die Arbeit auf mehrere Schultern zu verteilen, nicht nur um Lücken zu vermeiden, sondern auch um zu entlasten und um anderen die Möglichkeit zu geben, sich einzubringen. Dies alles spricht für die Entwicklung und Etablierung von *Netzwerken* im Quartier für die Quartiersarbeit im hier erörterten Sinne (vgl. hierzu das Projekthandbuch 3 Heite und Rüßler 2018).

Abbildung 19 fasst die Hindernisse von Partizipation im Zusammenhang mit der Quartiersarbeit noch einmal zusammen.

6.5 Akteure im Quartier

Bezogen auf Akteure im Quartier, kann ein Hindernis für die Quartiersarbeit und Partizipation (gefühlte) Konkurrenz oder auch mangelnde Kommunikation zwischen den Akteuren sein. Konkurrenz, bzw. das Gefühl solcher, kann z. B. aufkommen zwischen bestehenden lokal organisierten Initiativen und „von außen" kommenden Initiativen/Projekten, die beispielsweise zeitlich befristet sind. So können die bestehenden Initiativen das von außen kommende Projekt beispielsweise als einmischend empfinden und es aufgrund seiner zeitlichen Befristung potenziell auch nicht ernst nehmen, da es ja wieder verschwindet. Ein Interviewpartner merkte z. B. mit Bezug auf befristete Projekte an:

„Wir haben (...) so manches Projekt mittlerweile überlebt. Die sind befristet, die sind alle ‚ganz toll'. (...) Aber da ist immer ein Ende absehbar. Die sind so angelegt." (Interview Herr X.).

Obschon damit eine gewisse Distanz zu projektbezogenen Interventionen zum Ausdruck gebracht wird, soll nicht unerwähnt bleiben, dass dieser Interviewpartner auch betont, es gehe hier nicht um Konkurrenz, sondern darum, wie sich bestehende Strukturen mit den als temporär eingeschätzten ergänzen können.

Mangelnde Kommunikation und Vernetzung können dadurch hervorgerufen werden, dass Akteursstrukturen im Quartier komplex sind, und nicht immer bekannt ist, welche Akteure vor Ort über welche Informationen verfügen (sollten) (siehe Kapitel 5). Mögliche Ursache kann aber auch ein Unwille zur Zusammenarbeit sein.

(Gefühlte) Konkurrenz kann durch mangelnde Kommunikation verstärkt werden, z. B. wenn verschiedene Organisationen eigene Projekte und Veranstaltungen vorbereiten, die in Konkurrenz zueinanderstehen, sei es, weil sie zur selben Zeit stattfinden oder ein ähnliches Thema behandeln, und darüber erst später voneinander erfahren. Lösungsmöglichkeiten sind hier, sich regelmäßig und rechtzeitig auszutauschen, die Veranstaltungen gemeinsam zu planen und wechselseitig füreinander Werbung zu machen. Im QuartiersNETZ hat sich hier und da gezeigt, dass dies nach einer gewissen Zeit durchaus passiert. Aber die Akteure müssen sich erst einmal gegenseitig kennenlernen und die Kommunikation muss stattfinden und gefördert werden, zum einen damit die verschiedenen Veranstaltungen und Projekte überhaupt bekannt sind und zum anderen damit die Akteure sich kennen und wissen wofür die jeweils anderen stehen und welche Synergien sich möglicherweise ergeben können. Auch ein Online-Kalender, wie bei der Digitalen Quartiersplattform kann hier unterstützend wirken.

Im Falle nicht nur gefühlter, sondern tatsächlich gegebener Konkurrenz kann es z. B. sein, dass verschiedene Organisationen sich auf dieselben Fördermittel bewerben oder dass Akteure, weil sie ihre jeweiligen Zielvorgaben erfüllen müssen, sich bevorzugt selbst als Veranstalter von Aktivitäten oder Programmen darstellen, statt die Zusammenarbeit anzuerkennen oder tatsächlich miteinander, etwa in Netzwerken, zu kooperieren. Auch dieses Hindernis kann zum Teil mit entsprechender Kommunikation überwunden werden, muss zunächst aber erst einmal als solches (an)erkannt werden. Dann kann sich jedoch eine sogenannte „Koopkurrenz" ergeben (siehe Kap. 5), d. h. eine Gleichzeitigkeit von Kooperation und Konkurrenz, was beispielsweise in Akteursnetzwerken oder der Sozialwirtschaft durchaus der Fall sein kann (Schönig 2015). Dabei kann es zu Synergieeffekten kommen, wie z. B. bei einer gemeinsamen Beantragung von Fördermitteln.

Ein weiteres Hindernis für die Quartiersarbeit bzw. partizipative Quartiersentwicklung ist, dass manche Akteure im Quartier nicht kooperationsbereit oder sehr unverbindlich sind, z. B., weil sie nicht zusammenarbeiten wollen, nicht die Ressourcen haben, sich einzubringen oder schlicht nicht interessiert sind. Dadurch können wichtige Vernetzungspotenziale und mögliche Synergieeffekte verloren gehen. Dies können zum einen Akteure sein, für die die Quartiersentwicklung nicht von besonderem Interesse ist, wie z. B. überregional tätige Unternehmen (wie Versorgungsketten) mit Sitz im Quartier. Zum anderen können es Akteure sein, die zwar vielleicht tendenziell ein Interesse am Quartier und seiner Entwicklung haben, die aber bereits viele andere Verpflichtungen und daher nur begrenzt Zeit haben. Im Projekt QuartiersNETZ können hier z. B. niedergelassene Ärzt*innen genannt werden. Zum Großteil reagierten die angesprochenen Ärzt*innen nicht auf Anfragen oder verwiesen darauf, dass sie nur wenig Zeit hätten und daher leider nicht teilnehmen könnten. Es gab allerdings auch Ausnahmen, so nahmen vereinzelt Ärzt*innen bzw. Klinikvertreter*innen an Quartiers- und insbesondere an Dienstleisterkonferenzen teil. Ein weiteres Beispiel aus dem Projekt sind Unternehmen eines Gewerbegebiets, die wegen des durch sie verursachten erhöhten Verkehrsaufkommens angesprochen wurden. Ein Teil der Unternehmen reagierte auf die Ansprache und traf sich mit den Bewohner*innen, um Lösungen zu besprechen. Allerdings wurden diese Lösungen nur zum Teil umgesetzt und einer der unternehmerischen Ansprechpartner war später nicht mehr zu erreichen, so dass hier nur schwer weiter angesetzt werden konnte.

Selbst wenn manche Akteure die Ideen der Quartiersarbeit voll unterstützen, kann es sein, dass sie sich z. B. aufgrund von Zeitmangel nicht (stark) einbringen. Beispielsweise für Dienstleister mit einem grundsätzlichen Interesse am Quartier und dessen Entwicklung könnte etwa eine regelmäßige Verknüpfung und Kontaktpflege angeboten werden, um gemeinsame Ziele herauszuarbeiten und deren Gelingen im Verbund mit anderen (Netzwerk-)Akteuren zu ermöglichen. Nach Einschätzung von Quartiersmitarbeiter*innen im Projekt könnte dies z. B. einmal im Monat stattfinden, was aber im Rahmen der insgesamt für die Quartiersarbeit zur Verfügung stehenden Stunden und weiteren Aufgaben als schwierig zu realisieren erachtet wird.

6.6 Fazit

Wie ausgeführt gibt es verschiedene Grenzen und Hindernisse von Partizipation im Quartier; wichtig ist unseres Erachtens, diese zu (er-)kennen, anzuerkennen und zu benennen. Manche Hürden könnten zumindest verringert werden, so dass es wichtig ist, sich darüber klar zu sein und gegebenenfalls auszutauschen, was das Hindernis ist und wie bestimmte Situationen vielleicht verbessert werden können. Hier soll zusammenfassend nun noch einmal auf ein paar Ansätze eingegangen werden, die Barrieren vermutlich verringern könnten.

Im Bereich der Politik und Verwaltung ist z. B. Transparenz ein wichtiges Element, um Bürgerinnen und Bürger nicht zu demotivieren und sie durch eine realistische Einschätzung ihrer Möglichkeiten in ihrer Teilhabe und Beteiligung zu unterstützen. So ist ein Feedback durch die Verwaltung (oder auch Politik) zu Ideen und Vorschlägen hilfreich und hierbei vor allem auch eine Erläuterung, warum manche Vorschläge (noch) nicht umgesetzt werden können. Hierfür sind auch ein Beteiligungslernen und Partizipationskompetenz in der Verwaltung wichtig. So kann die Verwaltung aus der Zivilgesellschaft initiierte Partizipation institutionell unterstützen und eventuell auch für die partizipative Umsetzung von Ergebnissen sorgen. Partizipationskompetenz und

-willen bedeutet, dass Beteiligung auf Augenhöhe nicht als etwaige Störung im Betriebsablauf angesehen wird, sondern als ein Dienst an den eigentlichen Auftraggeber*innen („Kund*innen") der Verwaltung, d. h.: der Bevölkerung. Politik wie auch Verwaltung müssen lernen, dass Beteiligung Wissen, Kompetenzen und Lösungspotenziale bereitstellt. Beteiligung sollte also wesentlicher Ausbildungs- und auch Fortbildungsbestandteil sowie Teil des Berufsalltags von Verwaltungen werden (Alcántara et al. 2016).

Weiterhin sollte insbesondere bei von der Kommune initiierten Beteiligungsprozessen hinsichtlich der Ansprache der Beteiligten darüber nachgedacht werden, wie etwa artikulationsschwächere Bevölkerungsgruppen zur Teilhabe/Beteiligung motiviert und empowert werden können und so eine Überrepräsentanz der „üblichen Verdächtigen" im politischen Entscheidungsprozess vermieden werden kann, so dass damit auch dem demokratischen Prinzip, d. h. hier: Einbezug aller ermöglichen, Rechnung getragen wird.

Regeln allein tragen allerdings nicht automatisch zu einer Veränderung des Verhaltens bei. Deshalb ist es wichtig, eine Beteiligungskultur zu entwickeln. Das heißt: Bürgerbeteiligung muss von allen Beteiligten gelernt und als Wert internalisiert werden. Das Lernen über Bürgerbeteiligung kann innerhalb der Verwaltung vor allem durch positive Erfahrungen erfolgen, aber auch durch entsprechende Schulungen, die sowohl Techniken vermitteln als auch Ängste vor ausufernden und ziellosen Diskussionen mit Bürgerinnen und Bürgern abbauen. Auch in der Politik dürften positive Erfahrungen den besten Weg des Lernens darstellen.

Eine öffentliche Kommunikationskultur kann auf verschiedenen Wegen vorangebracht werden, z. B. durch regelmäßige (institutionalisierte) Gesprächsveranstaltungen zwischen politischen Entscheidungsträger*innen, Verwaltung und Bürgerschaft, bei denen städtische Themen auch jenseits konkreter Bürgerbeteiligungsverfahren gemeinsam diskutiert werden (Vetter und Remer-Bollow 2017). In Gelsenkirchen kann hier das Beispiel der beliebten „Älter werden in Gelsenkirchen"-Konferenzen (ÄwiGE) genannt werden. Dies sind stadtweite jährliche Konferenzen, bei denen sich der Oberbürgermeister und der städtische Seniorenbeauftragte der Diskussion mit älteren Bürgern*innen stellen. Zu diesen Konferenzen kann jede*r Interessierte kommen und direkte Fragen an beide stellen. Allerdings haben diese Konferenzen in den letzten Jahren nicht mehr stattgefunden, eventuell aufgrund der quartiersbezogenen Dezentralisierung der Sozialen Altenarbeit/-politik.

Auch in der Arbeit der Quartiersentwickler*innen ist, analog zur Politik und Verwaltung, Transparenz zentral. Es sollte kommuniziert werden, was erreichte wurde und auch warum manche Aktivitäten (aktuell) nicht möglich sind.

Eine Bündelung von Ressourcen kann auch helfen bestimmte Barrieren zu überwinden, indem so mehr Zeit für andere Bereiche bleibt. So können sich z. B. hauptamtliche wie auch ehrenamtliche Mitarbeiter*innen verschiedener

Organisationen vernetzen und zusammenarbeiten. Wenn z. B. ein Austausch stattfindet über Aktivitäten im Stadtteil, wissen so alle Bescheid was passiert. Weiterhin müssen nicht alle zu allen Veranstaltungen hingehen und können so die Zeit anders verwenden. Auch die Möglichkeit Anfragen weiterzuleiten, da es klare Ansprechpartner*innen gibt, kann Ressourcen sparen. Diese „gesparte" Zeit könnte dann investiert werden in die Schaffung von Partizipationsmöglichkeiten für Gruppen oder Menschen, für die besondere Schritte notwendig sind, um sie anzusprechen. Es wird immer noch schwierig sein für Quartiersentwickler*innen, die sogenannten schwer Erreichbaren anzusprechen, da ihre Ressourcen für die vorgesehene und mögliche Arbeit oftmals immer noch sehr gering sind, aber zumindest könnten ein paar mehr Schritte möglich sein. Dies kann z. B. einfach die Zeit für eine persönliche Ansprache sein, die sonst nicht da ist, und die für viele schon ein wichtiger erster Schritt ist.

Des Weiteren ist, wie auch bei Politik und Verwaltung, eine Haltung der professionellen Mitarbeiter*innen wichtig, die in einer Begegnung auf Augenhöhe und einer adäquaten Lebensweltbezogenheit (z. B. Sprache und Wortwahl) ihren Ausdruck findet. Hier ist ein besonderes Augenmerk auf die Kommunikation zu richten und die Zusammenarbeit zwischen hauptamtlichen Mitarbeiter*innen und Bürger*innen. Die Quartiersarbeit möchte erreichen (und ist auch darauf angewiesen), dass Bürger*innen in Zusammenarbeit mit hauptamtlich Tätigen inhaltliche und organisatorische Verantwortung übernehmen, ohne allerdings damit die bürgerschaftlichen Ressourcen zu überfordern. Daher ist es wichtig, einerseits mit Ehrenamtlichen auf Augenhöhe umzugehen und andererseits sich dafür einzusetzen, dass diese Freiwilligen nicht ausgenutzt werden, indem sie z. B. bezahlte Arbeitskräfte ersetzen.

Auch wenn Erfahrungen des Empowerments bzw. der Selbstwirksamkeit oder (Selbst-)Ermächtigung durch (begleitete) Lernprozesse auch im (hohen) Alter gemacht werden können und sich förderlich auf das Engagement auswirken, muss noch einmal betont werden, dass diese kurzzeitigen Erfahrungen keine langjährigen biografisch verankerten Sozialisationsprozesse ersetzen. Daher muss das Vertrauen in die Möglichkeit, durch das eigene Handeln etwas zu bewirken zunächst aufgebaut werden und braucht eine tragfähige Beziehungsbasis zwischen den Initiator*innen von Teilhabemöglichkeiten und den Beteiligten.

Die Schaffung von Ermöglichungs- und Ermächtigungsstrukturen, wie z. B. Angebote der Begegnung, von Freiraum und Mitgestaltung, der Weiterbildung und Ausstattung für unterschiedliche Gruppen (älterer) Menschen ist eine weitere Möglichkeit, Barrieren für Partizipation zu überwinden. Allerdings muss hierbei gleichzeitig auf die häufig eingeschränkten Ressourcen für Quartiersentwicklung verwiesen werden, die es nicht immer ermöglichen solche Angebote zu machen, bzw. erfordern kreative und neue Wege zu gehen, um solche Strukturen zu schaffen. Daneben ist zu beachten, dass diese Strukturen ein Angebot sind, durch die Partizipation möglich werden *kann*. Die Wahrnehmung der Angebote durch Teilnehmende kann nur bedingt beeinflusst werden, Möglichkeiten sind hier aber z. B. direkte Ansprache und Information und natürlich auch eine Ausrichtung der Angebote auf die Bedürfnisse der potenziell Teilnehmenden. Andere Möglichkeiten, die oben bereits genannt wurden, sind die Wahl verschiedener Herangehensweisen und Methoden, die Suche nach Übersetzer*innen, die bei Veranstaltungen übersetzen oder zumindest bestimmte Texte und Einladungen übersetzen, oder Veranstaltungen, die in einer bestimmten Sprache abgehalten werden mit einer klaren Zielgruppe. Weitere Wege sind die direkte, persönliche Einladung, Wertschätzung, Fahrdienste, Möglichkeit der nonverbalen Interessensvermittlung, bauliche Barrierefreiheit, Arbeit in kleinen Gruppen, keine Kostenbeteiligung u. v. a. m.

Wie bereits gesagt, ist es wichtig, Grenzen und Hindernisse zu (er-)kennen und anzuerkennen, aber ebenso wichtig ist es, sich nicht von diesen entmutigen zu lassen und mit dieser Haltung zu versuchen, (lokale) Handlungs- bzw. Gestaltungsspielräume gegebenenfalls im Verbund mit (Netzwerk-)Partner*innen politisch auszuloten.

7 Partizipation in der Technikentwicklung

Von Miriam Grates

Das Projekt QuartiersNETZ hatte neben der partizipativen Quartiersentwicklung auch partizipative Technikentwicklung zum Thema. Diese Form der Partizipation weist Unterschiede zur Partizipation in der Quartiersentwicklung und zur gesellschaftlichen und politischen Teilhabe auf, da es hier zum einen häufig um ein bestimmtes Produkt und damit um Koproduktion geht. Zum anderen kann das Vorwissen der verschiedenen Teilnehmenden an den Partizipationsprozessen sehr unterschiedlich sein und sich auf die Art und Weise der Partizipation sowie auf die angewandten Methoden auswirken. Das Kapitel beginnt mit einer kurzen Einführung in die nutzerzentrierte Technikgestaltung (7.1) und stellt anschließend den aktuellen Stand der Nutzerpartizipation in Technikentwicklungsprozessen dar (7.2). Daraufhin wird das Beispiel der Entwicklung einer Digitalen Quartiersplattform im Projekt QuartiersNETZ beschrieben (7.3) und hieraus als Fazit Empfehlungen für partizipative Technikentwicklungsprozesse abgeleitet (7.4).

7.1 Nutzerzentrierung für bedarfsgerechte Technik

Die Möglichkeit zur Teilhabe und Beteiligung kann durch reale Strukturen und Formate gewährleistet werden. Daneben können aber auch digitale Lösungen eine Ergänzung darstellen. So können mittels Informations- und Kommunikationstechnik (IKT) genutzte digitale Medien (z. B. eine digitale Quartiersplattform) dazu beitragen, dass z. B. auch in ihrer Mobilität eingeschränkte Personen ihre alltägliche Lebensführung aufrecht erhalten können, über das Geschehen im Quartier informiert sind, sich einbringen und soziale Kontakte pflegen können (Weinert et al. 2008; Czaja et al. 2017).

Die Nutzung solcher Technologien ist jedoch an eine Vielzahl von Voraussetzungen geknüpft. Zum einen sind ein Internetzugang sowie internetfähige Geräte erforderlich, zum anderen sind Kenntnisse der Bedienung von Interaktions- und Kommunikationstechnik notwendig, aber auch die Fähigkeit, das Medium kompetent zu nutzen (z. B. die Seriosität von Internetseiten bewerten zu können) (Zillien 2009). Darüber hinaus bestimmen der subjektiv erwartete Nutzen und die Bedienbarkeit des technischen Artefakts, also des eigentlichen

Geräts, die Nutzungsbereitschaft (Davis 1989; Melenhorst 2002). Ob eine Person eine bestimmte Art von Technik akzeptiert, hängt auch von ihrer bisherigen Technikerfahrung ab (Künemund und Tanschus 2014).[25]

Neben der Verbesserung des Zugangs zu Informations- und Kommunikationstechnik und der Implementierung von Maßnahmen und Steigerung der Medienkompetenzen, ist es – vor allem damit auch Technikunerfahrene profitieren – also erforderlich, dass Technik dem Nutzer/der Nutzerin einen erkennbaren Mehrwert liefert und nutzerfreundlich gestaltet ist (Melenhorst 2002). Dies soll sichergestellt werden, indem sich interaktive Systeme (z. B. Internet-Plattformen) am Bedarf und den Anforderungen der potenziellen Nutzer*innen orientieren.[26] Die potenziellen Nutzer*innen, ihre Bedarfe und Anforderungen stehen also im Mittelpunkt der Entwicklung. Indem man potenzielle Nutzer*innen an der Entwicklung *beteiligt*, so verspricht man sich, kann es gelingen, das Produkt so nutzerzentriert wie möglich zu gestalten (AAL - Active and Assisted Living Programme 2016; Wherton et al. 2015). Wie in anderen Bereichen auch (z. B. der Stadtplanung), werden potenzielle Nutzer*innen unter dem Label des *Participatory Design* bzw. partizipativen Designs oder Co-Designs zunehmend also auch an der Entwicklung von technischen Artefakten (Apps, Plattformen, Roboter) beteiligt (Swallow et al. 2016; Verhoeven et al. 2016; Revenäs et al. 2015; Müller 2018). Seinen Ursprung hat der Participatory-Design-Ansatz in den 1970er Jahren der skandinavischen Bewegung zur Demokratisierung des Arbeitslebens (Muller 2003). Beim Participatory Design begegnen sich IT-Entwickler*innen/-Designer*innen und potenzielle Nutzer*innen auf Augenhöhe; Nutzer*innen werden nicht als Proband*innen, sondern als Partner*innen und als Expert*innen ihrer Lebenswelt gesehen (Beimborn et al. 2016; Muller 2003).

7.2 Aktueller Stand der Nutzerpartizipation in Technikentwicklungsprozessen

An der partizipativen Entwicklung von Technik im Kontext von Alter(n) und Gesundheit sind neben den Produktentwickler*innen und -gestalter*innen, den „Hauptnutzer*innen" (z. B. eine bestimmte Patientengruppe) und – je nach Art

---

25 Die Nutzungsbereitschaft ist allerdings generell nicht statisch, sondern kann sich mit verändernden Lebensbedingungen ebenfalls ändern; beispielsweise kann zunehmende Immobilität einer Person dazu führen, dass sie ein technisches Unterstützungssystem nun als sinnvoller ansieht als vorher (Künemund und Tanschus 2014).

26 Dies ist im „Human-Centered Design"-Ansatz (menschzentrierter Ansatz) von der Internationalen Organisation für Normung (ISO) beschrieben DIN EN ISO 9241-210 2011.

des Produkts – „Nebennutzer*innen" (z. B. Physiotherapeut*innen, Angehörige) oder weiteren Akteuren (z. B. Gesundheitsmanager*innen) zunehmend auch Sozialwissenschaftler*innen – in unterschiedlichen Formen – beteiligt. Zu Beginn erfolgt i. d. R. eine Bedarfsanalyse, mit der versucht wird, die potenziellen Nutzer*innen und ihre Lebenswelt kennenzulernen, und dadurch Bedarfe in Erfahrung zu bringen. Hierzu wird auf diverse Methoden und Instrumente zurückgegriffen, wie z. B. Teilnehmende Beobachtung, Befragungen, Cultural Probes (Nielsen und Bødker 2009; Compagna 2018; Mollenkopf et al. 2000). Auf dieser Basis werden mit den potenziellen Nutzer*innen iterativ Eigenschaften, die das technische System aufweisen sollte, erarbeitet. Dies geschieht häufig in Form von Gruppentreffen (z. B. Fokusgruppen, Design-Sitzungen). Dabei werden unterschiedliche Instrumente, wie z. B. das Szenariobasierte Design (Cieslik et al. 2012) eingesetzt. Nutzer*innen werden darüber hinaus auch beteiligt, wenn ein technisches System oder ein Prototyp auf Gebrauchstauglichkeit getestet werden (Nutzer- oder „Usability-Tests") (Compagna 2018).

Partizipative oder koproduktive Technikentwicklung bedeutet also nicht, dass potenzielle Nutzer*innen selbst programmieren – Informatik-Kenntnisse sind nicht erforderlich, vielmehr ist ihre lebensweltliche (bzw. berufliche) Expertise gefragt. Doch wie gestaltet sich die Beteiligung potenzieller Nutzer*innen an der Technikentwicklung konkret? Was ist zu beachten und wo liegen Herausforderungen oder wo stößt Nutzerpartizipation gar an Grenzen? Dies soll nun insbesondere am Beispiel der im Projekt QuartiersNETZ partizipativ entwickelten Digitalen Quartiersplattform beleuchtet werden (siehe Kap. 7.3). Vorab erfolgt ein Einblick in den aktuellen Stand der Forschung zur Partizipation (Älterer) in der Technikentwicklung.

Merkel und Kucharski (2018) sowie Panek et al. (2017) haben in systematischen Literatur-Studien untersucht, wie partizipatives Design in der Entwicklung von Technik für ältere Menschen (Gerontotechnik) konkret Anwendung findet. Der Literaturüberblick von Merkel und Kucharski (2018) umfasst 26 englischsprachige Studien, die zwischen 2012 und 2017 veröffentlicht wurden. Ziel der Studien war entweder die Entwicklung neuer Geräte und Anwendungen, die Testung bzw. Anpassung von Prototypen oder das Finden neuer Nutzungsmöglichkeiten für bestehende Technologien. Ging es um die Entwicklung neuer Geräte oder Anwendungen, geschah dies in einigen Fällen ohne jegliche Vorstellung wie das Produkt aussehen sollte, in anderen Fällen lag eine erste Idee des zu entwickelnden Artefakts bereits vor. Bei einem Großteil der Studien handelte es sich um die Gestaltung von *Informations- und Kommunikationstechnik*. Insgesamt reichte das technologische Spektrum von Softwareanwendungen und Oberflächen bis hin zu sozialen Robotern. Es zeigte sich eine große Bandbreite an eingesetzten Beteiligungsinstrumenten und Methoden, die in einigen Fällen als Kombination zum Einsatz kamen und die zumeist qualitativer Natur waren (z. B. Fokusgruppen, Prototyp-Testungen, Design-Sitzungen). Dementsprechend umfassten die Stichproben zumeist unter 20 Teilnehmende. Teilnehmende waren in erster Linie ältere Personen, teilweise zusätzlich auch andere Gruppen, wie z. B. Pflegekräfte. Die Rekrutierung erfolgt oftmals über örtliche Seniorenorganisationen oder -einrichtungen. Die Teilnehmenden wurden – je nach Ziel – in unterschiedlichen Stadien beteiligt: In der Ideenfindungsphase über die Gestaltung der Anwendung bis zum Testen des Prototyps. In einigen Fällen wurden sie in mehreren Phasen beteiligt, selten jedoch am gesamten Entwicklungsprozess. Es zeigte sich, dass die Wahl der eingesetzten Beteiligungsmethoden abhängig davon war, in welcher Phase potenzielle Nutzer*innen einbezogen wurden. Dies wiederum hatte Auswirkungen darauf, wie viel Gestaltungsmacht die Teilnehmenden jeweils hatten. So vertreten Merkel und Kucharski (2018) die Auffassung, dass es sich beispielsweise in der *Anfangs*phase eher um „passive" Formen der Beteiligung handelte, da hier vor allem Umfragen, Interviews oder Fokusgruppentreffen durchgeführt wurden und Teilnehmende eher selten als gleichwertige Partner*innen agieren konnten. Verortet man das Ausmaß der Partizipation mithilfe von Stufenleitermodellen – Panek et al. (2017) ziehen z. B. das Stufenleitermodell von Arnstein (1969) heran – verbleibt Partizipation hier eher auf der Ebene der Anhörung (siehe auch Kapitel 2 zu den Stufenmodellen).

Anzumerken ist, dass die Zuordnung einer bestimmten Beteiligungsmethode zu einer konkreten Partizipationsstufe nicht statisch bzw. oft nicht möglich ist, ohne weitere Aspekte heranzuziehen (z. B. das Ziel, das Entwicklungsstadium) (Panek et al. 2017; Merkel und Kucharski 2018). Während Merkel und Kucharski (2018) die Methode der Fokusgruppe, wenn sie zur Ideenfindung und Konzeptualisierung eingesetzt wird, unter nicht gleichwertiger Partnerschaft verorten, wird diese Methode in der Übersichtsarbeit von Panek et al. (2017) sowohl auf niedrigen Beteiligungsstufen, als auch auf der hohen Stufe Mitentscheidungsmacht verortet. Um ein anderes Beispiel zu nennen, stufen Panek et al. (2017) Beteiligungsmethoden wie „Usability Tests" (Tests zur Prüfung auf Gebrauchstauglichkeit) oder das Testen von Prototypen im Rahmen ihres Übersichtsartikels hinsichtlich des Partizipationsniveaus als sehr niedrig ein. Compagna (2018) hingegen argumentiert vor dem Hintergrund eines aus makrosoziologischer Perspektive betrachteten Fallbeispiels, dass Teilnehmenden durch „Usability Tests" in Kombination mit dem „Rapid Prototyping" (schneller Modellbau) hohe Einflussnahme zuteilwird, denn

„in der für das Rapid Prototyping typischen Praxis des Ausprobierens und der faktischen Konfrontation der Entwickler mit dem indirekten (i.d.R. nicht versprachlichtem) Feedback der potenziellen Nutzer zur Usability und allgemeinen Akzeptanz sowie Nutzungsweise kann dieses kaum ‚wegdiskutiert' oder ‚rausverhandelt' werden (…). Wohingegen die Gestaltung (…) [von Szenarien, d. Verf.] auf der Grundlage verbal geführter Aushandlungsprozesse einem deutlich stärkeren Einfluss der (zumeist sicherlich unbeabsichtigt erfolgende(n)) Manipulation durch die beteiligten Entwickler unterlieg(t)." (Compagna 2018, S. 200)

Es lässt sich also nicht pauschal sagen, mittels welcher Methoden Nutzerpartizipation „am besten" gelingen kann, bei welchen Methoden die Nutzer*innen den stärksten Einfluss haben, und es besteht keine Einigkeit darüber, wann die Einbindung von Nutzer*innen erfolgen sollte bzw. wird je nach Ziel und Situation entschieden.[27] Aus normativer Sicht mag es erstrebenswert sein, wenn Nutzer*innen in *allen* Phasen und als gleichberechtigte Partner*innen beteiligt werden (Merkel und Kucharski 2018). Panek et al. (2017) verorten Projekte, die Teilnehmende in Form von Planungsgruppen zu Beginn einbeziehen, als partizipativ auf der höchsten Stufe; Teilnehmende würden hier als Entscheidungsträger*innen gelten. Compagna (2018) hingegen plädiert, wie oben erwähnt, für einen intensiven Einbezug erst in späteren Phasen. Dies kann u. a. auf die Erfahrung und Haltung von IT-Entwickler*innen zurückgeführt werden, dass es „in einigen Fällen (…) durchaus sinnvoll sein (kann), die Rückmeldungen der Nutzer zu ignorieren [gemeint sind frühe Phasen, in denen *Szenarien besprochen* werden, Anm. d. Verf.], vor allem dann, wenn die geplante Entwicklung eine ‚offensichtlich' bessere Lösung als das in der Praxis bereits eingespielte System darstellt" (Cieslik et al. 2012, S. 106). Dies bezieht sich darauf, dass es für Nutzer*innen häufig schwierig ist, über existierende Lösungen hinauszudenken oder völlig neue Herangehensweisen zu beurteilen, und zeigt auch, dass in *solchen* Aushandlungsprozessen bestimmte Gruppen ihre Interessen besser durchsetzen können als andere und ein Austausch auf Augenhöhe hier gar nicht stattfinden kann (für eine ausführliche Darstellung sei auf Compagna 2018 verwiesen).

Dies verdeutlicht, dass Beteiligung von potenziellen Nutzer*innen und der Einsatz von Beteiligungsmethoden noch nichts darüber aussagen, inwiefern den Beteiligten tatsächlich Mitentscheidungsmacht zuteilwird. Es wird kritisiert, dass potenzielle Nutzer*innen oftmals eher zu Legitimierungszwecken beteiligt werden, weil die staatliche Forschungsförderung dies aktuell vorsieht und weil es en vogue ist (Merkel und Kucharski 2018; Endter 2018; Compagna 2018).

Merkel und Kucharski (2018) empfehlen, als Entwickler*innen und Forscher*innen *vor* dem Entwicklungsprozess zu klären, aus welchen Gründen partizipative Methoden eingesetzt werden sollen, für welche Zielgruppe das Produkt bestimmt ist, wie (potenzielle) Nutzer*innen einbezogen werden, in welchen Phasen Nutzerpartizipation sinnvoll ist, und das Vorgehen danach auszurichten. Zudem sollten eine Prozess- und Ergebnisevaluation erfolgen. In keiner der im Rahmen des Übersichtsartikels beleuchteten Studien ist der *Prozess der Partizipation* evaluiert worden; und ein Teil der *Ergebnisse* wurde lediglich in einigen Studien beispielsweise in Form des Testens von Prototypen

---

27 Weiterhin sind neben der Schwierigkeit der Zuordnung von Beteiligungsmethoden zu einer Stufe der Partizipation, Stufenleitermodelle als solche kritisch zu hinterfragen (siehe hierzu auch Kapitel 2). Ist Entscheidungsmacht wirklich immer für alle „besser" als z. B. Anhörung?

evaluiert (Merkel und Kucharski 2018). Offen bleibt also die Frage, ob Technik, die partizipativ entwickelt wurde, tatsächlich besser angenommen wird als nicht partizipativ entwickelte Technik.

Wie die Ergebnisse des Literaturüberblicks von Merkel und Kucharski (2018), aber auch andere Studien sowie eigene Erfahrungen (s. u.) zeigen, stößt partizipatives Design derzeit an Grenzen (z. B. Compagna 2018). Neben Grenzen der oben beschriebenen Mitentscheidungsmacht, birgt eine zumeist vorhandene Selektivität der Teilnehmerschaft ein Risiko, das sich darin zeigt, dass – wie in anderen Beteiligungsprozessen auch – bestimmte Gruppen in solchen Studien überrepräsentiert sind (z. B. Menschen mit hohem sozioökonomischen Status), und diejenigen, die von der Technik in erster Linie am meisten profitieren sollten, nicht anwesend, unterrepräsentiert oder stumm sind (Endter, 2018), sodass die entwickelte Technik letztlich den per se eher privilegierten Gruppen zugutekommt und sich soziale und – in dem Fall auch – digitale Ungleichheiten verschärfen (Endter 2018).

7.3 Nutzerpartizipation am Beispiel der Entwicklung einer Digitalen Quartiersplattform im Projekt QuartiersNETZ

Das Problem der Selektivität der Teilnehmenden von Technikentwicklungsprozessen offenbarte sich auch zu Beginn des partizipativen Entwicklungsprozesses einer Digitalen Quartiersplattform, die im Rahmen des Projekts QuartiersNETZ von Informatiker*innen gemeinsam mit älteren Bewohner*innen und lokalen Dienstleistern entwickelt wurde. Daher wurden verschiedene Beteiligungsformate etabliert, die im Folgenden knapp erläutert und in Abbildung 20 visualisiert werden.

7.3.1 Beteiligungsformate und Entwicklungsprozess

Dass eine Digitale Quartiersplattform entwickelt werden sollte, stand zu Beginn des Projekts fest. Der Wunsch nach einer Digitalen Quartiersplattform hatte sich in der Antragsphase im Rahmen von Zukunftswerkstätten bereits herauskristallisiert. Mit einer Bedarfsanalyse, die auf der im ersten Projektjahr durchgeführten repräsentativen schriftlichen Befragung ab 50-jähriger Quartiersbewohner*innen (Grates et al. 2018a) basiert, wurden erste Bedarfe für verschiedene Bereiche (z. B. Haushalt und Versorgung, Sicherheit) grob identifiziert. Konkrete Bestandteile und Inhalte, die die Digitale Quartiersplattform aus Sicht der ab 50-jährigen Quartiersbewohner*innen aufweisen sollte, wurden ebenfalls im Rahmen der o. g. schriftlichen Befragung mittels einer offenen Frage erfasst (Grates et al. 2018a).[28] Genannt wurden u. a. Nachrichten/ Neuigkeiten aus dem Stadtteil und der Stadt, Bekanntmachungen (v. a. Bauvorhaben), Aktivitäten und Freizeitangebote (z. B. Termine von kulturellen Veranstaltungen, Sportkursen, Festen), Informationen über Aktivitäten der Vereine und Verbände, Dienste (z. B. Fahrdienst, Einkaufsservice, Rechtsberatung), Öffnungszeiten (z. B. von Arztpraxen), Tauschbörsen, Diskussionsrunden, Kaffeeklatsch, u. v. m.

Über verschiedene Beteiligungsformate wurden Quartiersbewohner*innen und weitere Akteure sodann am Prozess der Plattform-Entwicklung beteiligt. Dieser erfolgte iterativ, d. h. es wurden Ideen und mögliche Änderungen zunächst mit Beteiligten der im Folgenden beschriebenen Formate besprochen, testweise umgesetzt, dann erneut besprochen usw., um die Plattform weiter zu verbessern und zur Anwendungsfähigkeit zu bringen. Der Prozess in den Gruppen (s. u.) wurde durch Sozialwissenschaftler*innen vor allem mittels der Methode der Teilnehmenden Beobachtung wissenschaftlich begleitet (Teilprojekt Evaluation).

Beteiligung in der offenen Arbeitsgruppe und bei Konferenzen

Eine Beteiligung am Entwicklungsprozess war zunächst in *offenen Arbeitsgruppen* möglich, an denen im Durchschnitt 15 Interessierte teilnahmen Diese Treffen fanden zumeist im Rahmen von *stadtweiten QuartiersNETZ-Konferenzen* parallel zu Arbeitsgruppen anderer Teilprojekte des Projekts QuartiersNETZ statt (siehe Abb. 20). Federführend geplant und durchgeführt wurden die Gruppentreffen von den am Projekt beteiligten Informatiker*innen der Fachhochschule. Ein Sozialarbeiter des Praxispartners der Sozialen Altenarbeit unterstützte die Treffen moderierend. Neben Informationen, z. B. zum Zweck der Digitalen Quartiersplattform, ging es den Entwickler*innen darum, die Teilnehmenden, ihre Routinen, Aufgaben, Interessen, Herausforderungen, etc. kennenzulernen, um aus diesen Anforderungen an die Plattform abzuleiten. Beispielsweise wurden in Kleingruppen Fragen beantwortet, wie „Mit welchen Gruppen kommunizieren Sie auf welche Art und Weise?". So wurden Schritt für Schritt Anforderungen und Funktionalitäten, die die Digitale Quartiersplattform aufweisen sollte (z. B. Veranstaltungskalender, Tauschbörse, Mehrsprachigkeit), erarbeitet oder verfeinert (Grates und Krön 2016). Partizipation geschah in diesem Setting also in erster Linie in Form von Anhörung.

---

28 28 % der 1.186 Befragungsteilnehmer*innen notierten ihre Vorschläge. Vorab erfolgte eine kurze Einführung in die Idee und das Vorhaben der Entwicklung einer Digitalen Quartiersplattform. Zudem wurde das Interesse an einer solchen Plattform erfragt, was von 32 % der Befragten bejaht, von 50 % verneint und von 18 % mit „weiß ich nicht" beantwortet wurde (Grates et al. 2018a).

Daraus entwickelten die Informatiker*innen in Kooperation mit Informationsdesigner*innen mit Expertise für barrierefreie IT-Gestaltung erste Prototyp-Versionen (siehe Abb. 20). Hierin sind zusätzlich die Ergebnisse der o. g. repräsentativen schriftlichen Befragung der ab 50-jährigen Quartiersbevölkerung eingeflossen.

Im späteren Verlauf dienten die *stadtweiten QuartiersNETZ-Konferenzen* dazu, über den aktuellen Stand der Digitalen Quartiersplattform zu informieren und die bis dato entwickelte Version der Plattform bzw. den Prototyp von einer möglichst großen Gruppe (ca. 25-30 Personen) evaluieren zu lassen. Die Informationsdesigner*innen, die für die barrierefreie Gestaltung verantwortlich waren und über „Usability"-Expertise (Expertise zur Benutzerfreundlichkeit) verfügten, unterstützten diese Treffen. Da eines der Projektziele darin bestand, Teilhabe für möglichst alle Gruppen Älterer zu ermöglichen, wurde von Beginn an betont, dass die Digitale Quartiersplattform so ausgestaltet sein sollte, dass möglichst alle Gruppen Älterer davon profitieren können. Vor diesem Hintergrund haben einige Teilnehmende immer wieder reflektiert, ob die Funktionen und die Gestaltung auch bspw. für die Bekannte mit einer starken Sehbehinderung oder die 85-jährige Nachbarin ohne Computererfahrung Sinn machen würden.

Über den gesamten Projektzeitraum informierte ein Informatiker im Rahmen der *Quartierskonferenzen* und *Dienstleisterkonferenzen* regelmäßig über den aktuellen Stand der Digitalen Quartiersplattform. Teilnehmende der Quartiers- bzw. Dienstleisterkonferenzen, die nicht an den Arbeitsgruppen bzw. später der Fokusgruppe (siehe unten) teilnahmen, hatten so die Möglichkeit, Bedarfe, Wünsche und Anliegen an die Digitale Quartiersplattform zu äußern, die Ergebnisse zu kommentieren und so zur *quartiersspezifischen* Ausgestaltung der Digitalen Quartiersplattform mitbeizutragen. Im weiteren Verlauf dienten einzelne Quartierskonferenzen auch dazu, die bis dato entwickelte Digitale Quartiersplattform zu testen und zu evaluieren. Das Besondere an den Quartierskonferenzen war, dass hier eine breitere, also heterogenere Personengruppe erreicht werden konnte als mit den Arbeitsgruppen der stadtweiten QuartiersNETZ-Konferenzen oder der Fokusgruppe. Gleichzeitig waren nicht wenige Teilnehmende überhaupt nicht an der Digitalen Quartiersplattform interessiert, so dass hier zumeist lediglich der derzeitige Entwicklungsstand der Plattform und die Planungen transparent gemacht wurden, aber nicht intensiver oder allenfalls mit einer kleinen Arbeitsgruppe von Interessierten an der Ausgestaltung gearbeitet wurde. Dies zeigt auch, wie schwierig es ist, Nicht-Interessierte, die aber gleichzeitig eine potenzielle Zielgruppe sind, einzubeziehen.

Beteiligung in einer Fokusgruppe

Nach etwa einem Jahr wurde zusätzlich eine sogenannte *Fokusgruppe* implementiert, um intensiver an den bis dato erarbeiteten Funktionen und Oberflächen der Digitalen Quartiersplattform arbeiten und die Entwicklung schneller voranbringen zu können. Im Rahmen der stadtweiten Konferenzen und der Quartiers- und Dienstleisterkonferenzen wurden die Teilnehmenden zur Teilnahme an der Fokusgruppe motiviert. Darüber hinaus sprachen Mitarbeiter*innen des projektbeteiligten Praxispartners der Sozialen Altenarbeit Personen gezielt an. Es wurde explizit betont, dass für eine Teilnahme keinerlei Kenntnisse im Umgang mit Technik erforderlich seien. Die Fokusgruppentreffen fanden für knapp anderthalb Jahre einmal im Monat für zwei Stunden in einer städtischen Einrichtung in der Stadtmitte statt, die gut mit öffentlichen Verkehrsmitteln erreichbar ist. Es handelte sich jedoch nicht um eine Fokusgruppe im klassischen Sinne, also eine geschlossene Gruppe mit einer festen Teilnehmerzahl, sondern auch hier war es für Interessierte möglich, jederzeit einzusteigen oder auch nur gelegentlich teilzunehmen. Dadurch sollten mögliche Hemmschwellen (beispielsweise das Gefühl von Verpflichtung), die bestimmte Gruppen (z. B. Menschen mit gesundheitlichen Einschränkungen, mit geringen Zeitressourcen) von vornherein ausgeschlossen hätten, so gering wie möglich gehalten werden. Zwischen fünf und zwölf Personen, eine Teilnehmendenzahl die für solch ein Format üblich ist (siehe Kap. 7.2), nahmen an diesen Treffen teil, davon einige sehr regelmäßig, andere gelegentlich und andere nur ein- bis zweimal.

Die Fokusgruppe war das zentrale Beteiligungsformat bei der Entwicklung der Digitalen Quartiersplattform. Die Teilnehmenden hatten Mitsprache- und Mitentscheidungsrecht, was die Funktionen der Plattform und Teile der Gestaltung betrafen. Beispielsweise sprachen sie sich klar gegen eine „Plattform für Selbstdarsteller" aus, auf der jede*r Nutzer*in – so die Vorstellung der IT-Entwickler*innen und ähnlich wie bei Facebook – ein für andere sichtbares Profil mit Fotos und Ähnlichem gehabt hätte. Die Fokusgruppe war zudem die erste Instanz, die den aktuellen Stand der Digitalen Quartiersplattform testete und evaluierte. Außerdem wurde die Fokusgruppe an der Vorbereitung der Tests für die Teilnehmenden der stadtweiten QuartiersNETZ-Konferenzen beteiligt und anschließend über die Test-Ergebnisse informiert.[29]

---

[29] Mit Tests sind u. a. bestimmte Aufgaben gemeint, die auf der Digitalen Quartiersplattform „gelöst" werden sollten (z. B. Datum, Ort und Uhrzeit einer bestimmten Veranstaltung, die im Kalender eingetragen ist, finden; die Kontaktdaten eines Dienstleisters finden; einen Eintrag in den Kalender vornehmen). Damit sollte in Erfahrung gebracht werden, wie die Bedienung der Digitalen Quartiersplattform gelingt und an welchen Stellen und bei welchen Nutzer*innen noch Probleme auftauchen.

Abb. 20: Partizipativer Entwicklungsprozess der Digitalen Quartiersplattform im Projekt QuartiersNETZ

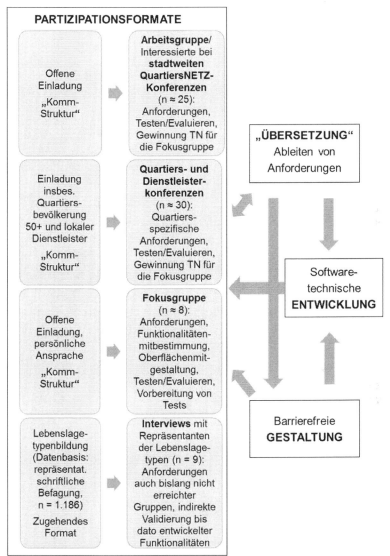

Anmerkungen: n = Anzahl (variierte innerhalb der Formate mit „Komm-Struktur" zum Teil stark, daher nur zur groben Orientierung; TN = Teilnehmende

Quelle: Eigene Darstellung in Anlehnung an Sorgalla et al. 2017, S. 2109

Zudem forderten die Teilnehmenden der Fokusgruppe die Klärung grundsätzlicher Aspekte ein, die mit der Implementierung der Digitalen Quartiersplattform einhergingen (z. B. Fragen des Datenschutzes, der Pflege der Plattform v. a. nach Projektende). Für die inhaltliche Gestaltung der Fokusgruppentreffen und die anschließende „Übersetzung" war ein Informatiker mit Erfahrungen im „Requirements Engineering" (Anforderungserhebung, -spezifizierung und -prüfung) verantwortlich, der die Schnittstelle zur softwaretechnischen Entwicklung und der barrierefreien Gestaltung bildete (siehe Abb. 20). Auch die Fokusgruppentreffen wurden von einem projektbeteiligten Sozialarbeiter moderierend unterstützt.

Mithilfe eines Smart Boards[30] konnten zum einen aktuelle oder mögliche Varianten der Digitalen Quartiersplattform-Bestandteile (z. B. Titelseite, Kalender, Nachrichtenbeiträge, Maske für das Einstellen von Nachrichten, mögliche Pinnwand) auf einer großen Leinwand dargestellt werden, zum anderen konnten direkt von den Teilnehmenden eingebrachte Vorschläge (z. B. Alternativen für unverständliche Begriffe oder Symbole) eingezeichnet und anschließend gespeichert werden. Das Kritisieren, Korrigieren und Modifizieren von Skizzen durch die potenziellen Nutzer*innen ist eine gängige Vorgehensweise beim partizipativen Design, bei der potenzielle Nutzer*innen als Gutachter*innen fungieren (Demirbilek und Demirkan 2004, S. 363).

Häufig bestanden die Fokusgruppentreffen aus verschiedenen Phasen, in denen über den aktuellen Stand der Digitalen Quartiersplattform informiert und darüber, aber auch über von den Teilnehmenden als wichtig erachtete Grundsatzfragen diskutiert wurde, und aus Phasen, in denen mögliche zukünftige Bestandteile der Digitalen Quartiersplattform (z. B. verschiedene Varianten einer Pinnwand), erste Versionen oder einzelne Elemente (z. B. die Funktion zur Bearbeitung und Einstellung von Nachrichtenbeiträgen) praktisch am PC ausprobiert und anschließend in der Gruppe reflektiert wurden.

Beteiligung über Interviews

Ergebnisse der Evaluation zeigten, dass trotz der gezielten Ansprache und der als gering eingeschätzten Teilnahmebarrieren einige Personengruppen (z. B. Menschen mit Mobilitätseinschränkungen, mit niedrigem sozioökonomischen Status, mit Migrationshintergrund, Frauen 70+, Alleinlebende 80+) nicht oder kaum mit den Arbeitsgruppen- bzw. Fokusgruppentreffen erreicht wurden. Dies ist auch bei anderen Technikentwicklungsprojekten zu beobachten (Endter 2018; Künemund 2015). Dabei handelt es sich um Gruppen, die, so die Annahme, in besonderem Maße von dem, was die Digitale Quartiersplattform bieten kann, profitieren könnten (z. B. Videoübertragung der Quartierskonferenzen mit der Möglichkeit des Live-Chats, Anzeige barrierefreier Routen).

---

30   Ein Smart Board ist eine interaktive digitale Tafel, die mit einem Computer verbunden ist.

Wenn bestimmte Gruppen aber nicht an der Entwicklung beteiligt sind, und die Beteiligten stattdessen eine eher homogene Gruppe aus technikerfahrenen Personen mit einem eher hohen sozioökonomischen Status und hoher Technik-affinität darstellen, besteht die Gefahr, dass die Anforderungen der heteroge-nen Zielgruppe (zum Teil) verfehlt werden – auch wenn, wie oben beschrieben, einige Teilnehmende darum bemüht waren, stellvertretend für bestimmte Personengruppen „mitzudenken". Das kann dazu führen, dass wenig technik-affine und sozial benachteiligte Ältere in der so entwickelten Technik keinen Mehrwert erkennen und die entwickelte Technik letztendlich den per se privi-legierten und technikinteressierten Älteren zu Gute kommt (Endter 2018).

Um den Gefahren der Selektion und den Exklusionsmechanismen zu be-gegnen und die Digitale Quartiersplattform so zu gestalten, dass Bewohner*in-nen der unterschiedlichsten Lebenslagen in ihr einen Nutzen sehen und davon profitieren können, wurde zusätzlich in Zusammenarbeit mit den beteiligten Sozialwissenschaftler*innen eine interdisziplinäre, methodische Vorgehens-weise verfolgt, die die übrigen Beteiligungsformate bezüglich der koprodukti-ven Technikentwicklung, die alle einen „Komm-Charakter" (siehe Kapitel 4) aufwiesen, ergänzte (Grates et al. 2019b). Dadurch sollten Anforderungen möglichst verschiedener Gruppen von älteren Bewohner*innen erhoben und in die Entwicklung einbezogen werden. So diente die im Rahmen der Bestands-aufnahme durchgeführte repräsentative schriftliche Befragung der Bevölke-rung 50+ in den vier Modellquartieren als Grundlage für eine „Lebenslagety-penbildung". Mittels einer Clusteranalyse wurden anhand von Lebenslage-Dimensionen wie bspw. sozioökonomischem Status, Gesundheit und sozialen Beziehungen neun Lebenslage-Cluster („Typen") identifiziert. Diese soge-nannten Typen weisen spezifische Merkmale auf, wie z. B. Lebenslagetyp „Frau D", die ein ausgeprägtes soziales Netzwerk besitzt, über eine gute Gesundheit verfügt und sich im Ruhestand befindet. Weiterhin konnten die Lebenslagetypen in den vier Quartieren unterschiedlich stark verortet werden. So war beispielsweise der Lebenslagetyp „Frau D" vor allem im kleinen Quar-tier Schaffrath/Rosenhügel mit dörflichen Strukturen vertreten. Für eine detail-lierte Beschreibung siehe Grates et al. (2019b). Für jeden dieser neun „Lebens-lagetypen" suchten die projektbeteiligten Praxispartner*innen der Sozialen Altenarbeit und der ambulanten Pflege Repräsentant*innen aus den Modell-quartieren für vertiefende, qualitative *Interviews*. Da Menschen mit Migrati-onshintergrund in der schriftlichen Befragung unterrepräsentiert waren und so-mit auch in den Lebenslage-Clustern, wurde darauf geachtet, dass mindestens eine*r der Repräsentant*innen einen Migrationshintergrund hatte.

Für die Interviews wurden die für die Informatiker*innen notwendigen Fra-gestellungen mit sozialwissenschaftlicher/gerontologischer Expertise in einen Leitfaden überführt. Die alltägliche Lebensführung der Interviewpartner*in-nen stand im Fokus. Aber auch Fragen zum Umgang mit Interaktions- und

Kommunikationstechnik flossen ein, um einen möglichst facettenreichen Einblick zu erlangen. Je nach Vorliebe der Interviewpartner*innen fanden die rund zweistündigen Interviews bei der Person zu Hause oder in einer anderen Räumlichkeit im Quartier statt. Die Durchführung der neun Interviews erfolgte im Tandem (Sozialwissenschaften, Informatik). Auch die Auswertung (Analyse von Ressourcen, Problemen und Bedarfen) inklusive der Entwicklung digitaler Lösungsvorschläge im Kontext der Lebenslage und der Lebensführung erfolgte in interdisziplinärer Kooperation. Neben der Generierung realistischer Anforderungen (z. B. Stadtkarte mit Vorschlägen für sichere Routen basierend auf Parametern wie Ebenerdigkeit, Beleuchtung, Fußgängerfrequentierung, saubere WCs, etc.; automatische Information über für die Nutzerin/den Nutzer ansprechende Aktivitäten im Quartier; digitaler Assistent auf der Plattform zur Unterstützung bei der Bedienung; Möglichkeit der Spracheingabe; Zugriff auch über den Fernseher) konnten so die bis dato entwickelten Funktionalitäten validiert werden. Mithilfe dieser Vorgehensweise ist es gelungen, Personen zu erreichen, die an anderen zuvor beschriebenen Formaten aufgrund zeitlicher, gesundheitlicher oder anderer Restriktionen nicht teilnehmen konnten (Grates et al. 2019b).

7.3.2 Herausforderungen des Beteiligungsprozesses – Ausgewählte Ergebnisse der Teilnehmenden Beobachtung

Durch die Prozessbegleitung des Teilprojekts Evaluation konnten eine Reihe von Herausforderungen identifiziert werden, die nun knapp skizziert werden (Grates und Krön 2016). Insbesondere die *Offenheit* der Gruppensettings erwies sich als schwierig. Dadurch, dass immer wieder vereinzelt neu hinzugekommene Teilnehmende bisherige Entscheidungen in Frage stellten, wurde der Prozess zäher und zeitaufwendiger, wenngleich neue Impulse und neue Sichtweisen durchaus auch förderlich sein konnten. Die willkürliche Gruppenzusammensetzung führte je nach IT-Vorkenntnissen der Teilnehmenden zu Über- bzw. Unterforderung dieser. Es wurde aber vor allem deutlich, dass Personen, die über äußerst geringe oder keine IT-Kenntnisse verfügten, entweder gar nicht teilgenommen oder sich nach kurzer Zeit selbst „ausgegliedert" haben. Es handelte sich also insbesondere bei der Fokusgruppe um eine sehr selektive Gruppe. Durch die Etablierung weiterer Beteiligungsformate (in diesem Fall: Interviews mit Repräsentant*innen verschiedener Lebenslagen) wurde versucht, dieser Herausforderung zu begegnen.[31]

---

31 Anzumerken ist aber, dass die Interviewpartner*innen lediglich angehört wurden, indem sie nach ihrem alltäglichen Leben, Routinen, Aktivitäten, ihrem Umfeld, etc. gefragt wurden, und daraus Anforderungen an die Digitale Quartiersplattform abgeleitet wurden. Ein erneutes Aufsuchen der Interviewpartner*innen, in der sie die Möglichkeit gehabt hätten, die auf Basis

Die Kollaboration vielfältiger Akteursgruppen impliziert eine Reihe an Herausforderungen, die auch aus ähnlichen Projektkontexten bekannt sind (Revenäs et al. 2015; Vermeulen et al. 2014). Mehrere und zum Teil differente Perspektiven, Expertisen und Erwartungshaltungen (Bürger*innen, IT-Entwickler*innen, Designer*innen, Sozialarbeiter*innen, Sozialwissenschaftler*innen, etc.) trafen aufeinander (z. B. Laien- vs. professionelle Perspektive), die wechselseitig nicht immer kompatibel waren. Selbstverständlich waren auch die Vorstellungen innerhalb der Teilnehmerschaft, aber auch innerhalb bspw. des Informatik-Teams nicht homogen. Die Schnittstelle zwischen all diesen Perspektiven bildete der „Übersetzer" (siehe Abb. 20), ein Informatiker, der für die Leitung der Fokus- und Arbeitsgruppen verantwortlich war. Dieser musste zwischen den am gesamten Entwicklungsprozess der Digitalen Plattform beteiligten Akteuren vermitteln. Im Prinzip beschreibt dies die Aufgabe eines Requirements Engineers. Dies sind zumeist Informatiker*innen oder Informationsdesigner*innen, die die Methoden des Requirements Engineering (Anforderungsanalyse- und management) anwenden (Unterauer 2015). Aus Zeit- und Kostengründen konnten die für die Programmierung zuständigen Softwareentwickler*innen und für die barrierefreie Gestaltung verantwortlichen Designer*innen zumeist nicht an den Fokusgruppentreffen teilnehmen, was zugunsten von Transparenz, gegenseitigem Verständnis und Wertschätzung den freiwillig Teilnehmenden gegenüber sicherlich förderlich gewesen wäre. Hinzu kamen förderprogramm-bedingte Auflagen (z. B. ein fertiges Produkt zum Projektende), die es zu berücksichtigen galt, so dass auch hier kein gänzlich ergebnisoffener Prozess geführt werden konnte bzw. nicht alle Vorschläge und Vorstellungen am Ende umgesetzt werden konnten. Verantwortlichkeiten und Rollen(erwartungen) waren nicht immer klar festgelegt oder kommuniziert, was z. B. auch Revenäs et al. (2015) als Herausforderung beschreiben.

Die Beobachtungen der Fokusgruppentreffen zeigten ferner, dass die Teilnehmenden immer wieder mit der Digitalen Quartiersplattform einhergehende Grundsatzfragen geklärt wissen wollten (z. B. Verantwortlichkeiten für die Pflege der Plattform, Finanzierung, Datenschutz, Rechtezuweisung). Diese Diskussionen nahmen viel Raum ein, wenngleich solche Debatten vonseiten der Fokusgruppenleitung kaum eingeplant waren. Dies verdeutlichte, dass die Teilnehmenden ihre Mitbestimmungsmacht einforderten und auch durchsetzten. Zwar konnten diese Fragen im Rahmen der Fokusgruppentreffen nicht abschließend beantwortet werden, da dazu entsprechende Ansprechpartner*innen (z. B. Datenschutzbeauftragter) oder Projektverantwortlichen hätten anwesend sein müssen, wurden aber aufgenommen und zumeist im weiteren Verlauf geklärt. Für die Teilnehmenden waren „Detailfragen", z. B. auf welche Art

der Interviews entwickelten digitalen Lösungsvorschläge zu bewerten, konnte aufgrund knapper Personal- und Zeitressourcen in der Projektlaufzeit nicht mehr erfolgen.

Dienstleisterkategorien gefiltert werden können, weniger relevant. Sie forderten hierbei Orientierung an gängigen Lösungen. Zudem bestand vonseiten der Teilnehmenden kein Interesse, selbst Entwicklungsaufgaben (wie z. B. die Formulierung von Hilfetexten, die die Funktionen der Digitalen Quartiersplattform anschaulich erklären) zu übernehmen. Dazu sahen sie die Zeit in der Fokusgruppe als zu wertvoll an. So hatte die Fokusgruppe eher die Rolle eines Expertenbeirats.

7.4 Fazit: Empfehlungen für partizipative Technikentwicklungsprozesse

Anhand der Erfahrungen, die im Projekt QuartiersNETZ gemacht wurden, lassen sich Empfehlungen ableiten, die durch Erfahrungen in anderen Technikentwicklungsprojekten untermauert werden können.

Technik nutzerzentriert und partizipativ mit älteren potenziellen Nutzer*innen zu entwickeln, erfordert eine elaborierte Strategie und eine auf Partizipation, also Teilhabe und Beteiligung, ausgerichtete Haltung. Die bloße Anwendung von Beteiligungsmethoden alleine reicht nicht aus (Merkel und Kucharski 2018). Demzufolge kann die Verantwortung nicht alleine bei den IT-Entwickler*innen oder -Designer*innen liegen. Häufig, so scheint es, sind die Sozialwissenschaften lediglich zu Legitimierungszwecken einbezogen, weil z. B. die Sicherstellung ethischer Aspekte Voraussetzung für die Drittmittelförderung ist. Die Sozialwissenschaften müssen sich stärker platzieren und ihre Mitbestimmung sowie die Kooperation und Verzahnung der Perspektiven einfordern. Um Missverständnisse von vornherein zu vermeiden und Projektziele erreichen zu können, sollten zu Beginn eines Prozesses Kompetenzen und Grenzen der jeweiligen Disziplinen für alle transparent gemacht, Rollen und Verantwortlichkeiten gemeinsam mit allen am Prozess Beteiligten (IT-Entwickler*innen, Sozialwissenschaftler*innen, Nutzer*innen, etc.) geklärt werden. Eine Möglichkeit wäre, so Endter (2018, S. 222), „dass ein solches Verantwortlichkeitsensemble Steuerung, Beratung und Kontrolle bedarf", und dies stärker als bisher „in der Konzeption der Förderformate" beachtet werden muss.

Die direkte Zusammenarbeit mit den potenziellen Nutzer*innen z. B. in Form einer Fokusgruppe könnte zielführender sein, wenn alle für die Digitale Plattform verantwortlichen Akteursgruppen in der Gruppe vertreten sind. Im Fall von QuartiersNETZ wären dies zum Beispiel die für die barrierefreie Gestaltung verantwortlichen Informationsdesigner*innen, die für die Programmierung verantwortlichen Softwareentwickler*innen, der Datenschutzbeauftragte sowie weitere örtliche Dienstleister (wie z. B. Hausärztin, Einzelhändler), um die aufkommenden und für die Teilnehmenden zentralen Fragen unmittelbar diskutieren zu können.

Im Rahmen von Arbeits- oder Fokusgruppen sollte ausreichend Zeit für die Diskussion grundsätzlicher Fragen einkalkuliert werden und/oder diese bereits zuvor angedacht werden (z. B. Verantwortlichkeiten für die Inhalte der Plattform, wie z. B. Nachrichtenbeiträge). Unabdingbar ist eine kompetente Moderation, die als Mediator*in fungiert, Sicherheit vermittelt und auch dafür sorgt, dass partizipationsungewohnte, stillere Teilnehmende zu Wort kommen (Merkel und Kucharski 2018). Dies kann beispielsweise durch ein*n Sozialarbeiter*in gewährleistet werden. Nichtsdestotrotz bleibt die Verschmelzung der verschiedenen Perspektiven eine Herausforderung und kann als Kernaktivität in partizipativen Entwicklungsprozessen verstanden werden (Revenäs et al. 2015). Zudem sollten wertschätzende Rituale, z. B. die Bereitstellung von Kaffee, Tee und Kuchen, sowie die Wichtigkeit eines angemessenen Abschlusses des Prozesses nicht unterschätzt werden (Merkel und Kucharski 2018).

Wichtig ist auch, den Zeit- und Möglichkeitshorizont konkreter zu formulieren, Möglichkeiten und Grenzen zu Beginn aufzuzeigen (beispielsweise verdeutlichen, dass das Programmieren zeitaufwendig ist und es mit den vorhandenen Personalressourcen sechs Monate dauern kann bis eine erste Version einer Tauschbörse verfügbar ist). Slogans wie „Alles ist möglich!" können schnell zu Frustrationen auf Seiten der Teilnehmenden führen.

Insbesondere IT-unerfahrene Teilnehmende brauchen etwas Greifbares, um koproduktiv arbeiten zu können (Grates und Krön 2016; Revenäs et al. 2015). Partizipation bedeutet demnach nicht, dass die Teilnehmenden alles selbst erarbeiten müssen, sondern es können auch verschiedene potenzielle Möglichkeiten aufgezeigt und diskutiert werden. Die folgende Äußerung einer Teilnehmerin einer Dienstleisterkonferenz verdeutlicht dies:

„Frau X (Teilnehmerin) erklärt, dass es sehr gut wäre, wenn der Rahmen für die Digitale Plattform schon beim nächsten Treffen vorgestellt werden kann, um sich etwas vorstellen zu können. Denn aktuell sei es zu theoretisch. Die Moderation antwortet, dass die Informatiker*innen an der nächsten Dienstleisterkonferenz teilnehmen werden. Sie würden auch nochmal darstellen, was alles möglich ist. Genau das, so Frau X, sei für sie das Wichtigste: ‚Es wird nicht alles machbar sein, was wir hier so denken.' Die Moderation fügt an, dass umgekehrt auch etwas machbar sein könnte, was man sich gar nicht vorstellen kann. Frau X stimmt zu und betont, dass ihr beim letzten Mal sehr imponiert hat, wie der Projektmitarbeiter der Informatik gezeigt hat, dass anstelle eines Rechners oder Tablets auch ein Würfel eingesetzt werden kann, wo die Leute vielleicht nur ein bisschen antippen müssen. ‚Dann halt' ich das für möglich.'" (Beobachtungsprotokoll Dienstleisterkonferenz)

Der Sinn von Nutzerbeteiligung sollte kritisch diskutiert werden. Denn zumeist bilden die beteiligten Nutzer*innen die tatsächliche Zielgruppe hinsichtlich sozioökonomischer und soziodemografischer Merkmale nicht repräsentativ ab (Endter 2018; Künemund 2016; Merkel & Kucharski, 2018). Wenn als potenzielle Nutzer*innen beispielsweise sieben technikaffine, hochgebildete Personen, davon sechs Männer, am Planungsprozess beteiligt sind und relevante Entscheidungen treffen, ist fraglich, ob das Produkt, von dem insbesondere alleinlebende und pflegebedürftige Ältere (hier sind die Frauenanteile deutlich höher) profitieren sollen, tatsächlich nutzerzentrierter und bedarfsgerechter gestaltet ist. Grundsätzlich ist zu hinterfragen, welche Begründung hinter der Entscheidung für die Entwicklung eines bestimmten technischen Artefakts (z. B. Digitale Plattform) steht und worauf die Annahme, es handle sich um ein nützliches Produkt, fußt (Künemund 2016). Wurden andere Möglichkeiten überprüft und im Entwicklungsprozess beachtet? Hier dürften, wie von einigen Autor*innen gefordert, die Modifizierung von Förderprogrammen, eine detaillierte Problemanalyse bevor feststeht, welches Produkt entwickelt wird, der Einbezug gerontologischer Expertise, und erst in späteren Entwicklungsphasen eine intensive Nutzereinbindung vielversprechender sein (Compagna 2018; Künemund 2016). Diese Debatte steht allerdings erst am Anfang.

Es bleibt festzuhalten, dass Partizipation in der Technikentwicklung viele Stolpersteine birgt, aber unter Berücksichtigung bestimmter Faktoren (Vermeulen et al. 2014) die Chance bieten kann, dass ein Produkt entsteht, welches für die Zielgruppe einen Mehrwert bietet und gut nutzbar ist. Wichtig sind eine durchdachte und ehrliche Beteiligung der Nutzer*innen, etwa der Einbezug von Nutzergruppen, die sonst nur wenig Beteiligung erfahren, oder die Rückmeldung, warum Anregungen nicht umgesetzt werden. Allerdings benötigt diese Partizipation bzw. Koproduktion, wie auch in anderen Bereichen, Ressourcen wie z. B. Zeit und Personal, denn partizipative Prozesse verlaufen nicht gradlinig und sind mit viel Netzwerkarbeit und Aushandlungsprozessen verbunden.

8 E-Partizipation

Wie Partizipation in verschiedensten Bereichen auf analogem Weg ausgestaltet sein kann, wurde bereits detailliert beschrieben. Dieses Kapitel schaut demgegenüber ausschnitthaft auf die Möglichkeit der Partizipation durch digitale Medien, die sogenannte E-Partizipation. E-Partizipation spielt infolge fortschreitender Digitalisierung eine zunehmende Rolle, was sich auch im Projekt QuartiersNETZ widergespiegelt hat. Der Fokus des Projekts und damit auch unser Fokus lag bzw. liegt hierbei v. a. auf den Möglichkeiten durch digitale Medien gesellschaftliche Teilhabe und Beteiligung zu stärken und zu ermöglichen. Während politische Partizipation und Bürgerbeteiligung im Sinne der Beteiligung an bestimmten Projekten ein wichtiges Thema der E-Partizipation ist, soll dieses hier nur am Rande betrachtet werden.

Das Kapitel erläutert zunächst den Begriff der E-Partizipation und beschreibt allgemein deren Chancen und Risiken (8.1). Anschließend werden Formate und Instrumente kurz dargestellt, die E-Partizipation ermöglichen können (8.2). Eines dieser Instrumente ist eine Digitale Quartiersplattform, wie sie auch im QuartiersNETZ-Projekt entwickelt wurde (siehe dazu Kapitel 7). Sodann wird die Brücke zur möglichen Ausgestaltung von Elementen digitaler Gestaltungspotenziale und Beteiligungsformate innerhalb des Projektes geschlagen (8.3). Ebenfalls mit Bezug auf die Plattform findet des Weiteren die Auswertung einer Gruppendiskussion mit Quartiersredakteur*innen Eingang in unsere Ausführungen. Gefragt wird u. a. nach den Partizipationsmöglichkeiten, die sich durch die Nutzung der Plattform ergeben könnten. Das Kapitel schließt mit einem Fazit (8.4).

8.1 E-Partizipation als politische und soziale Partizipation

Wie bereits angeführt, kann der Begriff der E-Partizipation sowohl auf politische als auch soziale Partizipation verweisen, wie dies generell beim Begriff der Partizipation der Fall ist. Ein Großteil der Literatur und auch der allgemeinen Diskussion bezieht sich hierbei eher auf die politische Partizipation. Dies in dem Sinne, dass Bürger*innen durch internetgestützte Verfahren in politische Planungs- und Entscheidungsprozesse einbezogen werden. Das meint auch, dass Menschen digitale Informations- und Kommunikationstechnologien mit dem Ziel nutzen, an der Entscheidung politischer Personal- und Sachfragen auf verschiedenen Ebenen des politischen Systems mitzuwirken oder zu beeinflussen (Kubicek et al. 2009; Ipima und Initiative D21 e. V. 2015; Hippler 2010; Dapp und Geiger 2011; Westholm 2006).

Die soziale E-Partizipation ist oft weniger stark im Bewusstsein und wird vor allem in Bezug auf digitales Bürgerschaftliches Engagement diskutiert. Dabei gibt es einen gewissen Fokus auf die Organisationen, die das Engagement organisieren und unterstützen, während von Bürger*innen initiierte Beteiligungsprozesse sowie gesellschaftliche Teilhabe durch digitale Möglichkeiten weniger stark Thema sind (Kersting 2014; Dapp und Geiger 2011; ÖGUT – Österreichische Gesellschaft für Umwelt und Technik 2009; Lietzmann 2015; Klessmann et al. 2014). Wir betrachten hier vor allem die digitale gesellschaftliche Teilhabe und Beteiligung, da diese einer der Schwerpunkte des Projekts QuartiersNETZ war. Dennoch wollen wir zunächst einen breiteren Überblick über das Thema E-Partizipation geben.

Der Begriff der E-Partizipation gehört zum Begriff der E-Demokratie, der ein Sammelbegriff ist für unterschiedliche Formen politischer Partizipation über neue Medien, insbesondere das Internet. Er beschäftigt sich mit Themen der Legitimation, Partizipation und Öffentlichkeit und wird unterteilt in elektronisch gestütztes Wählen (E-Wahlen), elektronisch gestützte Teilhabe (E-Partizipation) und das elektronisch gestützte Parlament (E-Parlament). E-Partizipation soll u. a. zu einer Öffnung von Entscheidungsprozessen beitragen und politische wie soziale Systeme transparenter und zugänglicher machen, indem – im Idealfall – Information, Kommunikation und Vernetzung stattfinden (Bengesser 2011; Kersting 2014). Nicht zuletzt wegen der zunehmenden Etablierung des Internets als ein Instrument politischer/sozialer Partizipation, wird diesem Medium auch eine demokratieförderliche Bedeutung zugeschrieben (Born 2014; Bühler et al. 2013; Frieß 2013; Voss 2014).

Sowohl Möglichkeiten digitaler politischer als auch sozialer Teilhabe/Beteiligung sind, analog zu den sogenannten Stufenmodellen der Partizipation (siehe Kapitel 2), von unterschiedlicher Reichweite (siehe Abb. 21). So können nicht nur Informationsflüsse, sondern auch Mitsprache, Mitbestimmung etc. sowie interaktive Zusammenarbeit digital organisiert werden. Bei der politischen E-Partizipation sind z. B. Webseiten *informationsrelevant*, wie etwa die Darstellung des Bundeshaushaltes auf der Webseite des Bundesministeriums der Finanzen oder, mit Sicht auf den kommunalen Bereich, Informationen z. B. über Planungsprojekte auf einer stadteigenen Webseite. Beispiele für *Mitsprache* sind Meinungs- und Ideensammlungen, wie etwa die Online-Konsultation zum neuen Landesmediengesetz des Landes Nordrhein-Westfalen oder Online-Beteiligung für Planungsprojekte. Bezüglich der *interaktiven Zusammenarbeit* arbeiten die Beteiligenden und Beteiligten gemeinsam an Lösungen und gestalten gemeinsam die Inhalte durch den wechselseitigen Austausch von Ideen und Argumenten. Häufig bleibt die Entscheidungshoheit aber bei der Politik bzw. Verwaltung (Kersting 2014; Klessmann et al. 2014).

Im Bereich der sozialen digitalen Teilhabe/Beteiligung beziehen sich *Informationen* z. B. auf Möglichkeiten zum Bürgerschaftlichen Engagement oder auf bestimmte Organisationen, die ehrenamtliche Mitarbeit benötigen, was über Webseiten, Newsletter oder Apps verbreitet werden kann (Bengesser 2011; Born 2014; Bundeszentrale für Politische Bildung 2013). Durch Vernetzung können sich Organisationsmitglieder intern, aber auch Engagierte und Externe untereinander, zeit- und ortsunabhängig austauschen. Hier sind digitale soziale Netzwerke eine Möglichkeit der *Mitsprache*. Vermittelt werden u. a. Engagement und Ressourcen. Beispiele sind Ehrenamts- und Engagementbörsen, aber auch Finanzierungsplattformen. Digitale *Mitarbeit* bedeutet, dass das Engagement selbst vollständig im Digitalen stattfindet. Ein bekanntes Beispiel hierfür ist die Enzyklopädie Wikipedia, auf welcher Artikel zu diversen Themenbereichen von Engagierten über digitale Medien zusammengetragen, überprüft, einer breiten Öffentlichkeit kostenfrei und weiterhin modifizierbar zur Verfügung gestellt werden. Ein anderes Beispiel sind etwa digitale Beratungsangebote (Bengesser 2011; Hinz et al. 2014).

Abb. 21: Beispiele für Stufen politischer und sozialer digitaler Teilhabe

	Politische digitale Teilhabe	Soziale digitale Teilhabe
Information	Informationswebseiten, z.B. Informationen über Planungsprojekte, Darstellung des Bundeshaushalts	Informationen über Möglichkeiten zum Bürgerschaftlichen Engagement oder über Organisationen (Webseiten Newsletter, Apps etc.)
Mitsprache/ Mitbestimmung	Meinungs- und Ideensammlungen, z.B. Onlinekonsultation oder -beteiligung an Planungsprojekten	Austausch unter Engagierten, Organisationsmitgliedern durch digitale soziale Netzwerke, Webseiten, Engagementbörsen, Finanzierungsplattformen
Mitarbeit/Zusammenarbeit	Gemeinsame Arbeit an Lösungen durch digitalen Austausch von Ideen	Digitales Engagement, z.B. Wikipedia, digitale Beratungsangebote

Quelle: Eigene Darstellung nach Klessmann et al. 2014; Hinz et al. 2014

Ebenso wie Partizipation in der „realen Welt", birgt digitale Partizipation sowohl Chancen als auch Risiken (siehe Abb. 22). *Chancen* für die Zivilgesellschaft werden insbesondere in Bezug auf Transparenz und Kommunikation gesehen. Eine der Hoffnungen, die in E-Partizipation bzw. das Internet gesetzt werden, ist z. B., dass dadurch neue Personenkreise erreicht werden und somit auch ein Mehr an demokratischer Partizipation möglich ist (Voss 2014). Die Hoffnung ist zum einen darin begründet, dass durch das Internet Beteiligungsformate nicht orts- und zeitgebunden sind bzw. nicht sein müssen, so dass jeder zu der Zeit (z. B abends nach der Arbeit) und an dem Ort (z. B. zu Hause) teilnehmen kann, die/der für passend erachtet wird. Zum anderen wird erhofft, hierdurch vor allem jüngere Zielgruppen zu erreichen, da diese mit dem Internet und digitalen Technologien in der Regel vertrauter sind. Insbesondere in Bezug auf die Beteiligung z. B. an bestimmten Projekten oder Planungen wird die Chance gesehen, dass die Informationsvermittlung optimiert wird, dadurch, dass vielfältige Informationen bereitgestellt werden können und die Möglichkeit für die Bürger*innen gegeben ist, diese Informationen zu jeder Zeit, an einem beliebigen Ort zu lesen. Ebenso können digitale Plattformen als „Beteiligungsgedächtnis" fungieren und die Auswertung der eingehenden Beiträge erleichtern (Bundesinstitut für Bau-, Stadt- und Raumforschung (BBSR) 2017). Auch der Umgang mit den Ergebnissen kann einfacher kommuniziert werden. Eine weitere Chance der E-Partizipation ist die (stetige) Erweiterung der einfließenden Perspektiven und Ideen, wodurch (politische) Entscheidungen an Qualität gewinnen können, was wiederum zu einer erhöhten Legitimität und Akzeptanz ebenjener führen kann (Frieß 2013). So kann eine aktive digitale Beteiligung auch dazu beitragen, die für Demokratien elementaren staatsbürgerschaftlichen Kompetenzen – wie beispielsweise der Erwerb von politischem Fach- und Prozesswissen, Erhöhung von Toleranz, z. B. gegenüber anderen Einstellungen, politischen Meinungen, die Stärkung des politischen Selbstbewusstseins etc. – auszubauen und zu entwickeln (Frieß 2013).

Risiken von E-Partizipation, die in der Literatur diskutiert werden, stehen diesen Aspekten z. T. diametral gegenüber. An vorderster Stelle der Risiken lässt sich sicherlich die „Digitale Ungleichheit" (Zillien 2009) nennen. Dies bezieht sich darauf, dass es Personen gibt, die digitale Technologien nicht nutzen oder nicht souverän nutzen (z. B. aufgrund unzureichender Nutzungskompetenzen) und dadurch in bestimmten Bereichen exkludiert werden. Verschiedene soziale Gruppen nutzen digitale Technologien (noch) relativ wenig, wie z. B. Hochaltrige, Menschen mit kognitiven Funktionsbeeinträchtigungen, Bildungsferne sowie Langzeitarbeitslose mit geringem Bildungsstand (Initiative D21 e. V. 2019). Aber auch wenn das Internet genutzt wird, zeigen sich Nutzungsunterschiede zwischen bspw. Menschen mit höherem und niedrigerem sozioökonomischen Status zuungunsten von sozioökonomisch schlechter gestellten Personen, was soziale Ungleichheiten zu verschärfen droht (Zillien 2009). Denn die kompetente Nutzung des Internets ist sehr voraussetzungsvoll. In diesem Zusammenhang wird vom „digital divide", digitaler Ungleichheit oder digitaler Exklusion gesprochen (Born 2014; Bengesser 2011; Zillien 2009). Geht man von binären Modellen der digitalen Ungleichheit aus (also Nutzung vs. Nichtnutzung, ohne weiter zu differenzieren), ist zu sehen, dass sich die Kluft langsam verringert, da die Internetnutzung in den letzten Jahren stark gewachsen ist. Betrachtet man die Art der Nutzung so zeigt sich, dass die Annäherung vor allem in Bezug auf Anwendungen wie E-Mail, Informationssuche und Onlineshopping (Web 1.0) stattfindet, während sich bei interaktiven Anwendungen, wie z.B. sozialen Netzwerken, Blogs oder Wikipedia (Web 2.0), weiterhin eine Diskrepanz zeigt (Initiative D21 e. V. 2019). Dies lässt auch Fragen nach der Repräsentativität und Legitimität von E-Beteiligungs-formen aufkommen.

Ebenso wie im Bereich der analogen Partizipation werden Beteiligungsan-gebote von der Bevölkerung sehr unterschiedlich wahrgenommen und genutzt, sodass gewisse Personengruppen durch E-Partizipation in noch stärkerem Maße über- bzw. unterrepräsentiert sind (Born 2014). Dies kann dazu führen, dass Gruppen, die bereits artikulationsstark sind, durch E-Partizipation weitere Möglichkeiten erlangen, ihre Interessen durchzusetzen, während partizipa-tionsunerfahrene, weniger artikulationsstarke Personen sich durch die digitalen Möglichkeiten nicht angesprochen fühlen ("Verstärkungsthese") (Frieß 2013; Westholm 2006).

Abb. 22: Chancen und Risiken der E-Partizipation

Chancen	Risiken
• Transparenz und Kommunikation • Erreichen neuer Personenkreise > Mehr an demokratischer Partizipation • Orts- und zeitunabhängig • Verbesserung der Informations-vermittlung • Digitale Speicherung: „Beteiligungs-gedächtnis" und Erleichterung der Auswertung • Erwerb von politischem Fach- und Prozesswissen	• Digitale Ungleichheit und digitale Exklusion > Frage der Repräsentativität und Legitimität • Unterrepräsentation bestimmter Personengruppen • Verständigung und Kompromissbildung schwieriger ohne unmittelbaren sozialen Kontakt • Möglicher Kontrollverlust der Diskussion • Missbrauch von Daten • Nichtteilnahme wegen Befürchtung des Datenmissbrauchs

Quelle: Eigene Darstellung

Festgestellt werden kann weiterhin, dass es durchaus sein kann, dass politische Verständigung und Kompromissbildung mittels E-Partizipation schwieriger ist, was u. a. daran liegt, dass unmittelbarer sozialer Kontakt und tatsächliche „Augenhöhe" fehlen (Lietzmann 2015). E-Partizipationsformate sind außer-dem erfolgreicher, wenn die gewählten Themen viele Personen betreffen oder explizit souveräne Internetnutzer*innen ansprechen (Bengesser 2011). E-Par-tizipation kann analoge Beteiligungsmöglichkeiten nicht vollständig ersetzen, sondern muss über analoge Schnittstellen verfügen (Bengesser 2011).

Ebenso sind offene online-basierte Partizipationsmöglichkeiten immer mit einem gewissen Kontrollverlust verbunden, da auf die Gruppendynamik nur schwer eingewirkt werden kann und z. B. Aktivitäten unsachlich oder beleidi-gend kommentiert werden können (Schmidtkonz 2011). Dies weist auch auf die Notwendigkeit hin, auch Online-Partizipationsformaten zu moderieren. So ist es notwendig, Nutzerkommentare auf beleidigende oder unpassende Inhalte (wie z. B. rassistische Aussagen) zu überprüfen und diese gegebenenfalls zu löschen. Dies wirkt sich auch auf die benötigten Ressourcen aus.

In ähnlicher Weise birgt der Bereich des Datenschutzes Risiken. Anbieter*innen von E-Partizipation müssen hier hohe Standards erfüllen und viele Internetnutzer*innen finden die Bewertung der Seriosität der im Netz verfügbaren Informationen und Quellen schwierig. Risiko ist hier zum einen, dass Daten tatsächlich durch unseriöse Anbieter*innen missbraucht werden und zum anderen, dass Menschen sich entscheiden, nicht an E-Partizipationsformaten teilzunehmen, da sie Datenmissbrauch fürchten.

8.2 Formate und Instrumente digitaler Teilhabe und Beteiligung

Um digitale Teilhabe und Beteiligung zu erreichen, können verschiedene Formate und Instrumente angewendet werden. Diese können oft auch analog, also in der realen Welt, in ähnlicher Weise durchgeführt werden. Im Rahmen von E-Partizipation können dies z. B. digitale Umfragen oder unverbindliche Abstimmungen zur Unterstützung von Entscheidungsprozessen sein, oder auch Formate, die die gemeinsame Erarbeitung von Inhalten und Ideen auf digitalem Weg ermöglichen, z. B. über Themengruppen, in denen Kommentare und Vorschläge eingebracht werden können. Eine Variation hiervon ist die Kommentierung, bei der vorbereitete Inhalte kommentiert werden können (Hinz et al. 2014).

Instrumente für digitale Mitgestaltung sind Softwarelösungen, die z. B. für das digitale Bürgerschaftliche Engagement eingesetzt werden können, wie beispielsweise sogenannte Blogs (Webseiten, bei denen ein Schwerpunkt auf der regelmäßigen Erstellung neuer Inhalte in Form von Artikeln liegt) oder sogenannte Wikis (Webseiten, deren Inhalte nicht nur gelesen, sondern auch editiert werden können), bei denen Personen räumlich und zeitlich verteilt an Dokumenten bzw. Artikeln arbeiten können. Für Umfragen gibt es verschiedene Softwarelösungen, die die Entwicklung, Bereitstellung, Verwendung und Auswertung webbasierter Fragebögen ermöglichen. Ein weiteres Instrument sind sogenannte „Melde"-Apps. Als Beispiel kann hier die App „Wheelmap" genannt werden, die auf einem Mitmach-Prinzip basiert, bei dem Personen auf einer Online-Karte die Barrierefreiheit von Straßen, Stationen, Geschäften etc. nach dem Ampelsystem bewerten können (Hinz et al. 2014).

Eine digitale Quartiersplattform, wie etwa die im QuartiersNETZ-Projekt entwickelte (siehe Kapitel 7), ist ebenfalls ein für E-Partizipation nutzbares Instrument (Instrument in dem Sinne, dass es eine Softwarelösung ist; Beteiligungsformat, in dem Sinne, dass die Plattform ein übergreifendes Format zur

Beteiligung ist). Solche Plattformen werden in der Quartiersarbeit genutzt, um ergänzende digitale Strukturen aufzubauen und darüber über das Quartier bzw. die Quartiersarbeit zu informieren und zu kommunizieren (Pflüger et al. 2011). Quartiersplattformen können als „Mittelweg" zwischen Informationsvermittlung und aktiver Beteiligung angesehen werden, da sie zumeist redaktionelle Beiträge, z. B. Berichte über Ereignisse im Stadtteil oder einen Terminkalender, der über Veranstaltungen vor Ort informiert, beinhalten, zusätzlich aber auch interaktive Elemente, z. B. durch Kommentarmöglichkeiten oder Tauschbörsen (Pflüger et al. 2011).

Grundidee der Digitalen Quartiersplattform, die im QuartiersNETZ-Projekt entwickelt wurde, ist, die realen Quartiersprozesse und -netzwerke digital zu ergänzen; außerdem stellt sie ein zusätzliches Kommunikationsangebot dar. Dies soll neben den sich bereits engagierenden Bewohner*innen, auch diejenigen ansprechen, die aus verschiedenen Gründen nicht oder nur selten an Veranstaltungen im Quartier teilnehmen (können) und sich dennoch über das Quartier informieren und/oder gegebenenfalls mitreden wollen. Es wird daher erhofft, dass durch die Digitale Plattform auch neue Akteure in die Quartiersentwicklung einbezogen und für das Quartier interessiert werden können. Die Widerspiegelung des realen Quartiers bedeutet auch, dass im Quartier aktive Gruppen und Vereine eine Möglichkeit haben, sich und ihre Anliegen vorzustellen, Termine einzupflegen und dadurch potenziell neue Mitglieder zu gewinnen. Wie in Kapitel 4 ausgeführt, sind für die inhaltliche Ausgestaltung der Plattform in den Quartieren sogenannte Redaktionsteams verantwortlich. Hierauf wird im Weiteren noch eingegangen.

8.3 E-Partizipationsmöglichkeiten im Projekt QuartiersNETZ

Im Folgenden soll vorgestellt werden, inwieweit E-Partizipation im Projektkontext erreicht werden konnte, welche Hindernisse es hierbei gab und welche Schlussfolgerungen sich daraus für E-Partizipation im Quartier ergeben. Die Digitale Quartiersplattform sowie die Redaktionsteams, die die Inhalte der Plattform organisieren und koordinieren, sind wichtige Elemente, um im Projekt u. a. E-Partizipation zu ermöglichen. Ebenso sind die Techniktreffs und Technikbotschafter*innen Projektergebnisse, die zur E-Partizipation beitragen können und beigetragen haben, indem sie Älteren (und auch anderen Nutzer*innen) Zugang zu Technik bieten und digitales Wissen vermitteln (Bubolz-Lutz und Stiel 2018; Heite 2018). Dieses Kapitel konzentriert sich im Weiteren auf die Quartiersredakteure*innen und deren Erfahrungen und Ziele im Bereich der E-Partizipation in Bezug auf die Quartiersplattform.

Wie ausgeführt, wurden in den Quartieren Bürger*innen und auch andere Akteure gewonnen, sich als Quartiersredakteur*in ehrenamtlich zu betätigen. Diese Aufgabe beinhaltete hauptsächlich, die Digitale Quartiersplattform inhaltlich auszugestalten und Artikel, die z. B. lokale Veranstaltungen, Geschichten aus Gelsenkirchen und weitere Themen umfassen, entweder selbst zu schreiben oder redaktionell zu überprüfen, bevor sie hochgeladen wurden. So wurde z. B geprüft, ob Informationen ethisch vertretbar sind und Datenschutzrichtlinien und Copyright-Regelungen Beachtung finden. Die für das jeweilige Quartier zuständigen Mitarbeiter*innen des Generationennetzes Gelsenkirchen e. V. fungierten dabei als übergreifende Koordinierungsstelle und Trägerorganisation. Angemerkt sei in diesem Zusammenhang, dass die Redaktionsteams ein gutes Beispiel dafür sind, dass von digitalen Informations- und Kommunikationssystemen Rückkopplungen durchaus ausgehen können, die neue reale Handlungsfelder und Vernetzungsaktivitäten anstoßen können. Im Falle des Projekts war zwar die Digitale Quartiersplattform ein Element des Projekts, so dass hier die Entwicklung des digitalen Kommunikationssystems der erste Schritt war und in einem zweiten Schritt Bürger*innen gesucht wurden, die sich sowohl an der Entwicklung als auch an der Umsetzung der Plattform beteiligen wollten. Die Quartiersredakteur*innen erklärten sich hierbei bereit, an der Umsetzung mitzuwirken und die Plattform mit Inhalt zu füllen. Der Inhalt der Plattform blieb aber nicht auf die digitale Ebene beschränkt, sondern wirkte ins Quartier hinein indem zum einen die Diskussion darüber, welche Inhalte für die Plattform interessant seien, analog in den Quartierskonferenzen und anderen Gruppen geführt wurden und weiterhin Menschen durch Ankündigungen auf der Plattform zu Treffen im Quartier gehen und sich dort weiter real vernetzen konnten. Ebenso werden Vernetzungen geschaffen, wenn die Quartiersredakteur*innen Inhalte für die Plattform recherchieren. Das heißt, Digitalisierung ist keineswegs eine Einbahnstraße vom realen ins digitale, sondern ein Weg, der auch neue Praxisformen in der realen Welt zufolge haben kann (nicht zuletzt sind die neuen Intermediären selbst – Quartiersredakteur*innen, aber auch die Technikbotschafter*innen – hierfür ein gutes Beispiel).

Um zu erfahren, wie die Quartiersredakteur*innen das Thema E-Partizipation betrachten und im Projekt wahrgenommen haben, wurde eine Gruppendiskussion mit ihnen durchgeführt[32] (siehe Kapitel 1.3). Diese ergab u. a. ein relativ differenziertes Bild zum Thema Teilhabe und Beteiligung. Den Redakteur*innen war es sehr wichtig, durch die Plattformen Informationen im Quartier zu verbreiten, damit weitere Menschen zu erreichen und sie auch mehr

---

32   An der Gruppendiskussion nahmen drei Quartiersredakteur*innen von insgesamt ca. 7 Personen teil. Themen der Diskussion waren ihre Rolle, ihre Vision, die Einschätzung zum Unterstützungspotenzial aus der Bürgerschaft, die Stabilität ihrer Tätigkeit nach Projektende und ihre persönliche Verantwortung, die Plattform weiterzuführen.

über das Quartier zu informieren. Dadurch, dass die Plattform im Projektzeitrahmen entwickelt wurde, standen allerdings einige der Funktionen der Plattform erst gegen Ende des Projekts zur Verfügung und konnten deswegen noch nicht ausführlich getestet werden, so dass sie funktionseingeschränkt war. Dies trifft z. B. auf den „Konferenzchat" zu, der u. a. dazu gedacht war, dass Menschen, die aus verschiedensten Gründen nicht zu einer Quartierskonferenz kommen können, auf diese Art und Weise an der Konferenz teilnehmen können. Die Idee dahinter war, dass einer der Teilnehmenden im Konferenzchat die wichtigsten Punkte, die besprochen werden, notiert und dass Teilnehmende dann von zu Hause über den Chat Anmerkungen dazu machen können. Ein weiteres interaktives Element, welches ebenso nur wenig ausgetestet werden konnte, war die „Tauschbörse". Aus diesem Grund bezogen sich die Inhalte der Gruppendiskussion stark auf diese „Baustelle" und auf die für unzureichend empfundene technische Unterstützung hierzu durch die zuständigen wissenschaftlichen Projektpartner*innen. Weitere (potenzielle) partizipative Elemente der Plattform und Chancen zur digitalen Teilhabe und Beteiligung der Bürger*innen wurden daher nicht ausführlich diskutiert.

Das Selbstbild der Redakteur*innen fußt auf einer politischen und lokalen Vermittlerposition. Sie sehen sich in einer neuen intermediären Rolle, d. h. als Vermittler*innen zwischen Bewohner*innen und anderen Akteuren. Die Grundauffassung der Tätigkeit war, dass Ehrenamt und Professionelle in diesem Bereich zusammenarbeiten müssen. Dabei wurden eine weitere Unterstützung und Verstärkung des Redakteursteams gewünscht, nicht zuletzt auch deshalb, um die eigene öffentliche Sichtbarkeit zu erhöhen. Als Hindernis der E-Partizipation wurde u. a. die bislang als nur gering wahrgenommene Bekanntheit und Sichtbarkeit der Digitalen Quartiersplattform gesehen. Für eine bessere Unterstützung wünschten die Teilnehmenden sich ein Handbuch, welches klar darstellt, was in welcher Art und Weise ausgeführt werden kann und welche (technischen) Hindernisse vorhanden sind. In Bezug auf die Unterstützung durch hauptamtliche Mitarbeiter*innen des Generationennetzes wurde vorgeschlagen, dass es mehr bzw. regelmäßigere Treffen zur inhaltlichen Abstimmung geben sollte. Als Hauptproblem wurde aber gesehen, dass insbesondere die erst gegen Ende des Projekts eingerichteten interaktionsrelevanten Bausteine der Plattform – auch mit Ablauf des Projekts – noch nicht nutzungstauglich funktionierten.

Hinzu kam die – auch nach Projektende noch nicht geklärte – Frage, ob das Weiterbestehen der Quartiersplattformen nachhaltig gesichert werden kann, z. B. durch Übernahme der Serververantwortung und -kosten durch einen Akteur (in) der Stadt. Auch wenn die Redakteur*innen in der Gruppendiskussion hinsichtlich der Nachhaltigkeit ihrer Ehrenamtsrolle durchaus zuversichtlich schienen, ist es im konkreten Fall unseres Erachtens aber eher ungewiss, ob überhaupt und wenn ja, in welcher Intensität E-Partizipation in den Referenzquartieren über die Plattformen erfolgen wird.

8.4 Fazit

Wenn wir hier von der Ermöglichung auch von E-Partizipation im Rahmen der Entwicklung und des Aufbaus von Partizipationsstrukturen im Quartier berichtet haben, dann gilt es abschließend noch einmal zu betonen, dass es dabei nicht um Teilhabe und Beteiligung z. B. an politischen Entscheidungen oder anderweitigen Projekten, Planungsvorhaben etc. ging. E-Partizipation im Quartiers-NETZ-Projekt war primär als eine digitale Form des analogen Engagements im Quartier gedacht. Hierfür ist das Format der Digitalen Quartiersplattform unseres Erachtens generell gut geeignet, um neue Wege der Ansprache, der Informationsverbreitung und des Austauschs anzubieten. Nicht zuletzt dadurch, dass diese ja auch durch Mitwirkung älterer Menschen nutzerbezogen entwickelt wurde, sind die Chancen für eine auch digitale Teilhabe/Beteiligung, die zudem noch weitere Personenkreise (Älterer) zu erfassen vermag, wohl nicht von geringer Plausibilität. Flankierend sollen durch die Techniktreffs und die Technikbotschafter*innen Barrieren in der Nutzung digitaler Technologien abgebaut werden, so dass die Plattform – sofern ihr Bestand gesichert ist – wie auch andere Technologien benutzt werden können, und insbesondere auch älteren Menschen damit verstärkt die Möglichkeit u. a. zu digitaler Partizipation geboten werden kann.

In den Quartieren waren häufig dieselben Akteure in die Anwendung der Digitalen Quartiersplattform involviert, die sich auch an deren Entwicklung (siehe Kap. 7) beteiligten. Hierdurch erfolgte eine Vermischung der Entwicklung des Beteiligungsinstruments mit dessen Nutzung im Quartier. Diese zeigte sich in der Unzufriedenheit, die zum Teil über die Plattform insgesamt geäußert wurde, welche sich allerdings zum Großteil auf die technische Entwicklung und technische Probleme bezog. Die eigentliche Idee der Plattform wurde immerhin von einem Drittel der Befragten der repräsentativen, schriftlichen Befragung ab 50-jähriger Quartiersbewohner*innen, von vielen Teilnehmenden der Quartierskonferenzen und natürlich den Quartiersredakteur*innen positiv aufgenommen und viele wünschten sich einen Kalender, eine Tauschbörse und weitere Elemente zum Austausch im Quartier. Dies ist auch in dem Wunsch zu erkennen, die Quartiersplattform weiterzuführen. Allerdings ist auch zu sagen, dass einige der Befürworter*innen durch die Anwendungsschwierigkeiten vermehrt auch skeptischer wurden, was Partizipation auf diesem Wege anbelangt.

Dadurch, dass die Plattform im Rahmen des Projekts entwickelt wurde, konnte sie nicht von Beginn an und einige der Elemente der Plattform erst sehr spät im Verlauf des Projekts genutzt werden. Dies bedeutet, dass die Erarbeitung von Inhalten aus dem Quartier nicht so stark im Projekt partizipativ entwickelt werden konnte, wie geplant. Es ist zu hoffen, dass dieses nun nach dem

Ende des Projekts stattfindet. Ein Fazit hieraus ist, dass die eigentliche Anwendung im Quartier früher starten und begleitet werden sollte bzw., dass dadurch, dass die technische Entwicklung und direkte Anwendung nicht gleichzeitig stattfinden kann, eingeplant werden muss, dass für beide Bausteine ausreichend Zeit zur Verfügung sein muss.

E-Partizipation wird, aufgrund der Entwicklung im Bereich der digitalen Technologien und deren Verbreitung in unserem Alltag, in Zukunft ein wichtiger Bestandteil von Partizipation sein. Sie bietet eine Möglichkeit weitere Kreise zu erreichen und auf anderen Wegen Partizipation zu unterstützen und anzuregen. Allerdings ist dabei auch darauf hinzuweisen, dass E-Partizipation nicht nur bedeutet, eine Webseite zur Verfügung zu stellen, sondern auch aktiv begleitet und moderiert werden muss. Das notwendige Wissen hierzu muss z. B. Einfluss finden in die Ausbildung von Quartiersentwickler*innen (z. B. im Rahmen der Ausbildung in der Sozialen Arbeit), aber auch in die Angebote zur Qualifizierung von ehrenamtlich Tätigen. Das notwendige Wissen und Engagement hierfür sollte nicht unterschätzt werden. Insgesamt sind unseres Erachtens neue Intermediäre im Bereich der digitalen Teilhabe und Beteiligung, wie z. B. die Quartiersredakteur*innen und Technikbotschafter*innen zukunftsweisend.

9 Partizipation von Dienstleistern im Quartier

Dieses Kapitel beschäftigt sich insbesondere mit der Partizipation von Dienstleistern sowie Geschäftsleuten im Quartier bzw. an der Quartiersentwicklung. Hierbei ist anzumerken, dass im Projekt QuartiersNETZ der Begriff Dienstleistungen bzw. Dienstleister weit verstanden wird: „Der Begriff der Dienstleistungen kennzeichnet hier sowohl die entgeltlichen, professionellen Tätigkeiten als auch die unentgeltlich, nicht-professionellen Tätigkeiten. Zu den letzteren zählen u. a. die durch Bürgerschaftliches Engagement erbrachten Leistungen." (Grates et al. 2018c, S. 155)

Dienstleister, so die Erfahrung im Projekt, haben, je nach Dienstleistungsbereich, unterschiedliche Interessen und Bedürfnisse an der Quartiersentwicklung und der Partizipation im Quartier. So sind soziale Dienstleister häufig stärker an der Quartiersarbeit interessiert, da sich ihre Arbeit auf Menschen bezieht, die im Quartier leben, für die sie Leistungen erbringen und weil durch Kontakte auf der Quartiersebene ihre Arbeit vermutlich verbessert werden kann. Geschäftliche Dienstleister bzw. gewerbliche Unternehmer*innen hingegen haben eher ein anderes und auch nicht gleichgerichtetes Interesse an der Quartiersentwicklung. Manchen ist es wichtig, den lokalen Standort zu verbessern, anderen die lokale Kundenbindung zu erhöhen, während für wiederum andere ihr Standort, sprich das Quartier, insgesamt weniger Bedeutung hat.

Die folgenden Ausführungen beziehen sich vor allem auf Erkenntnisse aus den Protokollen der Teilnehmenden Beobachtung der Dienstleisterkonferenzen, aber auch anderer Projektveranstaltungen sowie den (Experten-)Interviews mit lokalen Akteuren. Relevante Erkenntnisse aus anderen Projekten der Quartiersentwicklung werden ebenso dargestellt. Ein Bereich, auf den wir hier nicht weiter eingehen werden, ist die Vernetzung von Dienstleistern im geschäftlichen Bereich sowie die Möglichkeit der Vernetzung von Geschäftsmodellen. Dieses Thema wurde im Teilprojekt Geschäftsmodell betrachtet und wird in Handbuch 2 der QuartiersNETZ-Handbuchreihe erläutert (Fachinger et al. 2018).

Im ersten Abschnitt werden die Dienstleistertreffen, die im Projekt QuartiersNETZ stattgefunden haben, beschrieben (9.1). Anschließend werden Arten und Beweggründe des Engagements von Dienstleistern dargestellt (9.2 und 9.3). Kapitel 9.4 blickt darauf, wie Dienstleister in die Quartiersentwicklung einbezogen werden können. Das Kapitel schließt mit einem Fazit (9.5).

9.1 Dienstleistertreffen in den Quartieren

Wie in Kapitel 4 erläutert, wurden ortsansässige Dienstleister im Projektrahmen zu quartiersbezogenen Dienstleisterkonferenzen bzw. Dienstleistertreffen im Quartier eingeladen. Ebenso gab es eine stadtweite Arbeitsgruppe, die sich mit den Erkenntnissen des Teilprojekts Geschäftsmodell beschäftigte und bei den halbjährlichen QuartiersNETZ-Konferenzen traf.

Der Inhalt der Dienstleistertreffen bezog sich zum einen auf die Arbeit des Teilprojekts Geschäftsmodell und zum anderen auf jeweils bedeutsame Themen vor Ort. So wurden die Ergebnisse einer Bedarfs- und Nutzeranalyse präsentiert und vom Teilprojekt Geschäftsmodell entwickelte Nutzertypen und Szenarien vorgestellt und diskutiert (Fachinger et al. 2018). Weiterhin wurden Bedarfe und Angebote im Quartier und Ideen zur Vernetzung erörtert. Zum Teil wurden auch gesonderte Treffen für bestimmte Dienstleistergruppen durchgeführt, wo dies nachgefragt wurde oder als vorteilhaft erschien.

Die jeweiligen „Untergruppen" der Dienstleister hatten häufig auch unterschiedliche (Vernetzungs-)Interessen. So waren die profit-orientierten Teilnehmenden vor allem am Geschäftlichen und der Möglichkeit der Kundenbindung oder der Erweiterung des Kundenkreises interessiert, während die sozialen Dienstleister stärker an Vernetzung von Akteuren und an Informationen über andere Dienstleister interessiert waren. Dies zeigt noch einmal, dass es von Vorteil sein kann, verschiedene Treffen für verschiedene Dienstleister durchzuführen oder zumindest klar die möglichen Themen der Treffen zu benennen.

Ebenso ist es notwendig, zu erfassen wie die jeweiligen Quartiere aufgestellt sind (z. B. ob es einen hohen Anteil sozialer Dienstleister gibt oder welche gewerblichen Dienstleister im Quartier arbeiten). So hatten sich z. B. in einem Quartier einige der Dienstleister vor Ort bereits zu einer kleinen Gewerbegemeinschaft zusammengetan, indem sie eine gemeinsame Facebookgruppe organisiert hatten. In einem anderen Quartier gab es hingegen bereits mehrere Versuche eine Interessens- oder Gewerbegemeinschaft zu gründen, die letztendlich allerdings im Sande verliefen. In einem weiteren Quartier zeigte sich, dass das Dienstleisternetzwerk geografisch erweitert werden musste, weil das eigentliche Quartier ein Wohnquartier ist, welches direkt an einen innenstadtähnlichen Bereich angrenzt, so dass sowohl Bewohner*innen als auch Dienstleister auf diesen Bereich ausgerichtet sind. Diese Art von Vorwissen ist eine wichtige Grundlage für die Ansprache der Dienstleister.

9.2 Arten des Engagements

Dienstleister und Unternehmen können sich in vielfältiger Form und Intensität engagieren. Unterstützung kann beispielsweise durch Einsatz von Personal, finanzielle Förderung oder Spenden von (Sach-)Mitteln geschehen. Größere Unternehmen fördern manchmal auch bestimmte Maßnahmen durch Sponsoring. Ebenso können Kontakte vermittelt oder Wissen eingebracht bzw. Sachkenntnisse eingesetzt werden. Man kann unterscheiden zwischen punktueller, projektbezogener und strategischer Zusammenarbeit (Bundesinstitut für Bau-, Stadt- und Raumforschung (BBSR) 2015).

Bei der *punktuellen Zusammenarbeit* findet eine einmalige Unterstützung im Bedarfsfall statt, wie z. B. die einmalige Förderung eines Festes oder eine Sachspende für eine bestimmte Aktion. Hierbei sprechen häufig Quartiersaktive (ortsansässige) Dienstleister an. Bei der *projektbezogenen Zusammenarbeit* sind Dienstleister, über eine einmalige Förderung hinaus, intensiver und langfristiger in ein Projekt einbezogen. Als Beispiel aus dem Projekt Quartiers-NETZ kann hier die Gestaltung und Aufstellung von Sitzbänken in einem Quartier genannt werden, bei der die Dienstleister aktiv in die Projektentwicklung und -umsetzung einbezogen waren. Bei der *strategischen Zusammenarbeit* wird der Blick nicht auf ein konkretes Projekt, sondern z. B. die Entwicklung des gesamten Stadtteils gerichtet. In dieser Hinsicht in die Quartiersentwicklung einbezogen sind im Projekt QuartiersNETZ z. B. die Dienstleister, die konkret in den Steuerungsgruppen/Ko-Kreisen mitwirken.

Im Projekt QuartiersNETZ angedachte und praktizierte Wege von Engagement sind z. B. finanzielle und Sachspenden, Bereitstellung von Räumen, Werbung (Aushänge, Einladung der eigenen Kund*innen), Vermittlung von Fachkenntnissen (z. B. Beratungsangebote im Bereich der Pflege), Teilnahme an Quartiersveranstaltungen und Austausch mit Bürger*innen, Informationsweitergabe (z. B. von im Projekt erstellten Ansprechpartnerlisten), tatkräftige Hilfe (z. B. bei der Organisation von Stadtteilfesten oder bei der Gestaltung von Sitzbänken). Weiterhin gibt es, wie bereits erwähnt, die Dienstleister, die verstärkt und regelmäßig in das Projekt einbezogen sind (z. B. durch Mitwirkung in den Steuerungsgruppen bzw. Ko-Kreisen oder durch stetige Teilnahme an den Quartierskonferenzen). Einmalige aktive Teilnahmen an Quartierskonferenzen oder spezifischen Veranstaltungen gab es ebenso, wie z. B. von einem städtischen Unternehmen für kommunale Dienstleistungen (u. a. Müllabfuhr), den zuständigen Bezirkspolizist*innen, dem Weißen Ring e.V. oder dem Vertreter eines Logistikunternehmens im Quartier. Auch Mitarbeiter*innen eines Kabelnetzbetreibers sowie die Inhaberin eines Supermarkts wurden auf Anregung der Teilnehmenden zu Quartierskonferenzen eingeladen, um aufgekommene Fragen zu klären bzw. Vorschläge für das Supermarktsortiment und dessen Erweiterung einzubringen.

9.3 Beweggründe des Engagements

Was sind Beweggründe der Beteiligung von Dienstleistern an der Quartiers-
entwicklung oder an bestimmten Projekten? Während die Motivation der
Dienstleister im Projekt QuartiersNETZ nicht im Detail erhoben wurde, erge-
ben sich dennoch Erkenntnisse aus den Teilnehmenden Beobachtungen der
Dienstleister- und Quartierskonferenzen sowie aus den Interviews mit lokalen
Akteuren. Weiterhin kann hier auf Erkenntnisse aus anderen Projekten und
Programmen zurückgegriffen werden (BBSR 2015; Bundesministerium für
Verkehr, Bau und Stadtentwicklung (BMVBS) 2010) (siehe Abb. 23).
    So kann ein Motiv für Dienstleister bzw. Unternehmen mit Sitz oder an-
derweitigen Verbindungen im Quartier die Verbesserung der Standortfaktoren
durch gemeinschaftliches Handeln im Quartier sein. Gerade bei Betrieben des
Einzelhandels und der Gastronomie ist der wirtschaftliche Erfolg stark an den
Standort gebunden, so dass ein ansprechendes Erscheinungsbild, eine gute
Erreichbarkeit und ein attraktiver Mix an Geschäften und Gastronomie insgesamt für sie von Interesse sind (BMVBS 2010). Insbesondere für inhaber-
geführte Geschäfte, die also keiner Handelskette angehören, ist es wichtig, dass
es dem Quartier und damit den potenziellen Kund*innen „gut" geht. Gleichzeitig haben diese Geschäfte allerdings wohl nicht die gleichen Ressourcen wie
größere Ketten und Unternehmen. In diesem Zusammenhang kann auch die
Motivation einer zu erwartenden Gewinnsteigerung genannt werden bzw.
analog eine verbesserte Effektivität und Effizienz der Dienstleistung bei nicht
profit-orientierten Unternehmen (Fachinger et al. 2018).
    Ein weiteres Motiv ist die Steigerung des Bekanntheitsgrades und/oder des
Ansehens des Unternehmens oder bestimmter Produkte (BBSR 2015). Viele
(größere) Unternehmen sind insbesondere an Projekten interessiert, die die
lokale Identitätsbildung bzw. das Gemeinschaftsgefühl fördern. Hintergrund
sind hier zum einen das Ansehen des Unternehmens, zum anderen aber auch
das Interesse daran, soziale Probleme im Betriebsumfeld zu vermeiden
(BMVBS 2010). Das positive Image bei den Kund*innen kann z. B. heißen,
dass die Kundenbindung gestärkt oder der Kundenstamm eventuell sogar erweitert werden (Fachinger et al. 2018). Auch die Förderung der sozialen Kompetenz der Mitarbeiter*innen ist manchmal ein Motiv sowie deren größere Zufriedenheit mit dem Standort des Betriebs (BBSR 2015). Einige Dienstleister
sehen sich auch als gesellschaftlicher Akteur mit gesellschaftlicher Verantwortung. Allerdings wollen auch Dienstleister nicht als „Lückenfüller" für (kommunale) Sparzwänge fungieren. „Stattdessen möchten sie sich in ihrem Tun
als sinnvolle Ergänzung sehen und entsprechend ergänzende aber keine erset-
zenden Aufgaben übernehmen" (BBSR 2015, S. 76).
    Aus den Beobachtungen im Projekt QuartiersNETZ kann hinzugefügt wer-
den, dass manche Dienstleister durch bestimmte Themen oder Problematiken

im Quartier motiviert sind. So hat eine Dienstleisterkonferenz die Verknüpfung der Lebenswelten von Älteren und jungen Menschen als wichtiges Thema benannt, und die Teilnehmenden wollen dies sowohl durch die Förderung von relevanten Beschäftigungsverhältnissen als auch ehrenamtliche Tätigkeiten unterstützen.

Abb. 23: Beweggründe des Engagements von Dienstleistern

Verbesserung der Standortfaktoren, z.B. Erscheinungsbild, Erreichbarkeit	Steigerung des eigenen Bekanntheitsgrades und/ oder Ansehens	Erweiterung des Kundenstamms
Stärkung der Kundenbindung	Wahrnehmung gesellschaftlicher Verantwortung	Eigenes Interesse an Informationen
Quartierswissen nützlich für eigene Arbeit	Verbesserte Effektivität und Effizienz der eigenen Dienstleistung	Motivation durch bestimmte Themen oder Problematiken im Quartier
Vermeidung sozialer Probleme im Betriebsumfeld	Zufriedenheit der Mitarbeiter*innen mit dem Standort	Förderung der sozialen Kompetenz der Mitarbeiter*innen

Quelle: Eigene Darstellung nach BBSR 2015, BMVBS 2010, Fachinger et al. 2018 und eigenen Auswertungen

Weiterhin wurden für das Projekt Aktivitäten oder Hilfen angeboten, die keinen hohen Aufwand für den Dienstleister bedeuteten, aber für die Kund*innen oder Bewohner*innen einen Vorteil brachten. Beispiele sind hier Aushänge von Plakaten oder die Auslage von Einladungen und Infomaterial. Andere Dienstleister sind auch selbst an den Informationen interessiert, insbesondere, wenn sie selbst um Rat und Information gefragt werden. So wünschte sich z. B. eine Apothekerin Infomaterial zu Beratungen, unverbindlicher Hilfe und weiteren Angeboten und ein sozialer Dienstleister hebt hervor, dass er durch die Quartiersarbeit nun selbst besser über Angebote im Quartier Bescheid wüsste und dieses Wissen an seine Kund*innen weitergeben könne. Auch das Motiv des Imagegewinns konnte im QuartiersNETZ beobachtet werden. Ein Dienstleister gab dies im Interview als Motiv für eine Sachspende an. Des Weiteren wird die Erweiterung des Kundenstamms durch eine Listung auf der Digitalen Quartiersplattform oder gegenseitige Empfehlungen der engagierten Dienstleister erwähnt.

9.4 Einbezug von Dienstleistern

Die Quartiersentwickler*innen im Projekt hatten zunächst das Gefühl, dass es für sie schwierig ist, eine gemeinsame Sprache mit den Dienstleistern zu finden und deren möglichen Mitwirkungsinteressen zu wecken (Interviews mit Quartiersentwickler*innen). Dies bezieht sich vor allem auf die Kontaktaufnahme in dem Sinne, Dienstleistern einen geschäftlichen Mehrwert an der Teilnahme aufzeigen zu müssen, während Quartiersarbeit damit aber nicht notwendig verknüpft ist. Auch in anderen Projekten der Quartiersentwicklung wird diese Schwierigkeit benannt. Hier wird außerdem erwähnt, dass der Begriff der „Quartiersentwicklung" oder des „Quartiers" teilweise schwierig ist, da dieser vielen Dienstleistern nicht bekannt ist (BBSR 2015). Trotz der vermeintlichen Kommunikationsschwierigkeiten, gab es allerdings im QuartiersNETZ-Projekt vielfach eine Zusammenarbeit mit Dienstleistern in den Quartieren. Diese war den Quartiersentwickler*innen aber unseres Erachtens weniger bewusst, da sie gar nicht als „besondere" Zusammenarbeit empfunden wurde, weil diese – zumeist sozialen – Dienstleister bereits als Kooperationspartner*innen mit „an Bord" oder durch andere Zusammenhänge bekannt waren.

Es ist festzuhalten, dass es kein Patentrezept für eine Ansprache gibt. Grundsätzlich ist eine Bestandsaufnahme (Stakeholderanalyse) wichtig, um zu wissen welche Dienstleister es überhaupt im Quartier gibt (Fachinger et al. 2018). Eine darüber hinaus reichende (umfassende) quartiersbezogene Bestandsaufnahme ist für die Quartiersentwicklung insgesamt sinnvoll (Grates et al. 2018a). Vor der Kontaktaufnahme sollte weiterhin überlegt werden, was man genau erreichen möchte und welche Arten der Beteiligung möglich sind. Geht es um eine Einladung zu bestimmten Aktionen, eine finanzielle Unterstützung oder darum eine Vernetzung mit Dienstleistern oder der Dienstleister untereinander anzuregen?

Als Beispiel kann in folgenden Schritten auf Dienstleister zugegangen werden (BBSR 2015): Durch eine umfassende Öffentlichkeitsarbeit (Presseberichte, Webseite, Präsentationen etc.) wird das Projekt zunächst bekannt gemacht. Im Rahmen von Veranstaltungen kann dann über die Quartiersarbeit informiert und es können erste Kontakte zu potenziellen Kooperationspartner*innen geknüpft werden. Im Anschreiben für die Veranstaltung können auch bereits erste Informationen zu Engagementmöglichkeiten gegeben werden. Im Anschluss werden die Dienstleister dann persönlich angesprochen und etwaige Beteiligungsmöglichkeiten erörtert.

Gegebenenfalls ist es sinnvoll, sich auf konkrete Projekte und eine Teilnahme an diesen zu beziehen. Beispiele aus der Literatur sind hier Leerstandsmanagement, Durchführung von Kulturveranstaltungen, Aufbau eines Internetportals, Aufwertung des öffentlichen Raums (BMVBS 2010). Größere Unternehmen können bezüglich finanzieller Unterstützung angefragt werden (Sponsoring), kleinere Unternehmen werden hier wohl nur kleinere Beiträge leisten können. Die Literatur verweist außerdem darauf, dass hier ein Zwischenschritt z. B. über die Wirtschaftsförderung hilfreich sein kann (BMVBS 2010).

Beispiel aus dem Projekt QuartiersNETZ für ein konkretes Projekt, bei dem Dienstleister einbezogen wurden, ist die Schaffung eines Quartierstreffpunkts. Zum einen war zunächst die Ansprache und dann die Unterstützung des Vermieters ausschlaggebend dafür, dass ein passender Raum gefunden wurde. Zum anderen wurde ein Bürgerverein gegründet, um die Miete und andere laufende Kosten zahlen zu können. Mitglieder sind vor allem Bürger*innen des Stadtteils, aber auch Dienstleister. Letztere zahlen zum Großteil freiwillig einen höheren Beitrag. Eine erste Kontaktaufnahme erfolgte in diesem Fall durch ein sogenanntes Akteurstreffen, bei dem die Idee des Quartierstreffpunkts gemeinsam entwickelt wurde. Zu erwähnen ist hier vielleicht noch, dass ein Großteil der so engagierten Dienstleister im sozialen Bereich arbeitet und den Quartierstreffpunkt u. a. auch deshalb unterstützt, weil sie diesen z. B. für Beratungsstunden anmieten können.

Zu bestimmten Themen, die im Quartier bzw. bei den Quartierskonferenzen aufkamen, wurden Dienstleister eingeladen. Beispiele für Themen sind hier „Wohnmöglichkeiten im Alter", „Nahversorgung" und „Zwischennutzung von Immobilien". So wurde für das Thema „Wohnen" z. B. von den Teilnehmenden vorgeschlagen, Vertreter*innen von Wohnungsbaugesellschaften oder eines Mietervereins einzuladen. Ebenso können Dienstleister zu den Quartierskonferenzen eingeladen werden, damit diese ihre Vorhaben und Ideen vorstellen können. Ein Beispiel ist hier ein Netzwerk von Einzelhändlern, welches zu einer Quartierskonferenz eingeladen wurde, um vorzustellen wie sie das Quartier bzw. dessen angrenzendes Einkaufsviertel aufwerten wollen.

Dies aufgreifend, kann es sinnvoll sein, Vereinigungen oder Gruppen von Dienstleistern anzusprechen, wie z. B. die lokale Gewerbegemeinschaft, die Handwerkskammer, die Industrie- und Handelskammer oder andere Vereinigungen, die Informationen weiterleiten oder Kontakte herstellen können. Dies ist im Projekt vor allem durch das Teilprojekt Geschäftsmodell geschehen, welches Organisationen und Vereine als Multiplikatoren identifizierte, die sowohl einen Input zur Ansprache von Dienstleistern geben konnten als auch

Informationen und Einladungen zu Treffen über ihre Kontakte und E-Mail-Verteiler weitergaben.

9.5 Fazit

Eine Beteiligung von Dienstleistern an der Quartiersentwicklung kann unterschiedliche Formen annehmen. So können Dienstleister finanzielle und Sachspenden leisten, tatkräftige Hilfe und Wissen einbringen, Räume zur Verfügung stellen, Projekte und Ideen mitgestalten oder sich strategisch an der Quartiersentwicklung beteiligen, z. B. in Form der Teilnahme an einer lokalen Steuerungsgruppe bzw. Ko-Kreis. Sie können hierzu durch einmalige Veranstaltungen, regelmäßige (unverbindliche) Treffen für Dienstleister und persönliche Ansprache eingeladen werden.

Motive für das Engagement im Quartier sind ebenso vielfältig wie die Beteiligungsformen. Während manche Dienstleister an einer Aufwertung des Standorts interessiert sind, geht es anderen vielleicht um die Erweiterung oder Festigung des Kundenstamms. Für andere wiederum sind bestimmte Aktivitäten oder eine Vernetzung mit anderen Dienstleistern im Quartier interessant, um ihr eigenes Angebot zu erweitern oder Begegnungsmöglichkeiten für ihre Kund*innen zu schaffen.

Während es für Quartiersentwickler*innen schwierig erscheint, den Dienstleistern geschäftliche Vorteile der Quartiersarbeit aufzuzeigen, da dies nicht ihre Expertise ist, können sie gut auf weiter greifende und allgemeine Vorteile der Quartiersarbeit hinweisen und warum es sich aus ihrer Sicht für Dienstleister „lohnt", sich zu beteiligen. Diese Ansprache hat im Projekt QuartiersNETZ einige Erfolge gezeigt. Festzuhalten ist dabei, dass es kein Patentrezept für den Einbezug von Dienstleistern gibt.

Eine Frage, die hier nicht beantwortet wurde, ist, inwiefern eine lokale Vernetzung im Quartier für Dienstleister im globalen und digitalen Zeitalter tatsächlich interessant ist. Für Dienstleister, die vor Ort arbeiten und ihre Kund*innen im Quartier haben, sollte dies weiterhin sinnvoll sein, für andere vielleicht weniger. Daher kann es für Quartiersentwickler*innen Sinn machen, sich für eine konkrete Vernetzung und Zusammenarbeit auf die lokal orientierten Dienstleister zu konzentrieren.

Festzuhalten ist auch, dass eine Vernetzung von Dienstleistern zeitintensiv sein kann und daher wahrscheinlich für viele Quartiersentwickler*innen eher ein zweitrangiges Projekt ist bzw. sie in diesem Bereich zunächst einmal eher Impulse aufnehmen als Impulse geben. Eine größere Veranstaltung für die lokalen Dienstleister kann hier aber erste Kontakte ermöglichen und daher ein wichtiger Start sein. Danach hängt es dann vom Quartier und den zur Verfügung stehenden Ressourcen ab, ob man einen Schritt zurücktritt und die

Dienstleister ihre eigene Vernetzung organisieren lässt (falls dies geschieht) oder Dienstleister für passende Aktionen vereinzelt direkt anspricht oder ob man selbst aktiv Impulse setzt und versucht die Vernetzung und Zusammenarbeit aktiv zu fördern.

Nach einer größeren Veranstaltung kann es auch sinnvoller sein, im Anschluss kleinere Treffen anzubieten oder zu organisieren, die sich auf bestimmte Dienstleistergruppen konzentrieren. Ein Beispiel aus dem Projekt QuartiersNETZ ist ein Treffen von aufsuchend Tätigen in einem Quartier. Wichtig ist insgesamt auch als Quartiersentwickler*in konkrete Ideen oder Ziele zu haben, die angegangen werden können, so dass ein Ziel der Treffen gegeben ist.

10 Vernetzung von repräsentativer und partizipativer Demokratie

Dieses Kapitel betrachtet die mögliche Verknüpfung von repräsentativer und partizipativer Demokratie auf kommunaler Ebene, welche ein zentrales Thema des Teilprojekts Partizipationsmodell darstellte. Es wird zunächst darauf eingegangen – unter Bezug auf Kapitel 2 – inwiefern sich repräsentative, direkte und partizipative Demokratie voneinander unterscheiden, wie sie miteinander verbunden werden können und was der Vorteil hiervon ist (Kapitel 10.1). Anschließend wird betrachtet wie diese Verknüpfung im Projekt QuartiersNETZ diskutiert wurde und stattgefunden hat, insbesondere in Bezug auf die Verzahnung von Kommunalpolitik und Quartiersarbeit bzw. Bürgerschaftlichem Engagement im Quartier (Kapitel 10.2). Besonders wichtig war in diesem Zusammenhang die politische Ebene des Stadtbezirks bzw. die Bezirksvertretung, aber auch die Unterstützung von Teilhabe und Beteiligung auf gesamtkommunaler Ebene ist selbstverständlich von Bedeutung. Das Fazit (Kapitel 10.3) resümiert inwiefern der Verknüpfungsgedanke im Projekt QuartiersNETZ die beschriebenen Vorteile erreicht hat, welche Schritte hilfreich sind, die Verzahnung von Lokalpolitik und Quartiersarbeit zu erreichen und inwiefern dies zu einer stärkeren (politischen) Partizipation von Bürger*innen beitragen kann.

10.1 Repräsentative, direkte und partizipative Demokratie – sich ergänzende Formen der Demokratie?

Wie in Kapitel 2 beschrieben hängt Partizipation unseres Erachtens eng mit Demokratie zusammen. Insbesondere die Befürworter*innen der partizipativen und direkten Demokratie betonen die Beteiligung der Bürger*innen an Entscheidungen als wichtiges Element von Demokratie, während die liberale Demokratietheorie die Wahl politischer Repräsentant*innen als Hauptmöglichkeit der Beteiligung für Bürger*innen ansieht. Da die repräsentative Demokratie die vorherrschende Demokratieform der Bundesrepublik ist, gleichzeitig aber auch vermehrt beteiligungsorientierte Verfahren eingesetzt und auch gefordert werden, betrachtet dieses Kapitel die Verknüpfung dieser Demokratieformen. Fokus ist hier, aufgrund des übergreifenden Quartiersthemas, die kommunale Ebene, sprich die Verknüpfung bzw. Verzahnung von Kommunalpolitik und Quartiersarbeit.

Zunächst soll noch einmal kurz darauf eingegangen werden, welche Vor- und Nachteile der repräsentativen und beteiligungsorientierten Demokratie angeführt werden und inwiefern die Ergänzung durch beteiligungsorientierte Demokratieverfahren als ein „Heilmittel" für die „Krise" der repräsentativen Demokratie betrachtet wird. Beteiligungsorientierte Demokratietheorie bezieht sich hierbei vor allem auf deliberative und direktdemokratische Verfahren (siehe Kapitel 2).

Die repräsentative Demokratie konzentriert sich insbesondere auf die Übertragung von Entscheidungsverantwortung auf Repräsentant*innen durch das Volk und sieht in Wahlen den zentralen Mechanismus bürgerlicher Partizipation am Politikgeschehen. Das heißt, repräsentative, freie und periodische Wahlen, die nach gleichen Maßstäben stattfinden, stehen im Mittelpunkt der Demokratie. „Das repräsentative Demokratiemodell basiert auf einem freien Mandat mit einer losen Bindung" (Vetter und Remer-Bollow 2017, S. 306) zwischen Repräsentant*innen und Bürger*innen. Gewählten politischen Repräsentant*innen wird per Wahlentscheid die Machtausübung (für eine bestimmte Zeit) übertragen und diese orientieren sich im Gegenzug bei ihren Entscheidungen am Gemeinwohl bzw. dem (empfundenen) Bürgerwillen. Wie die Qualität dieser Repräsentation gesichert werden kann, ist hierbei ein wichtiges Thema und hängt von den Kontrollmöglichkeiten der Repräsentierten ab. Politische Partizipation findet bei der repräsentativen Demokratie also durch Wahlen statt, die die Volksvertreter*innen bestimmen und legitimieren. Dieses Verständnis wird auch als elite-zentriertes Verständnis von Demokratie bezeichnet, da die „normalen" Bürger*innen die sie regierende Elite wählen (Neunecker 2016).

Im Gegenzug ist der Fokus beteiligungsorientierter Ansätze der umfassende Einbezug der Bürger*innen in den politischen Willensbildungsprozess. Dies kann zum einen durch dialogorientierte (deliberative) oder direktdemokratische Verfahren geschehen. „Beteiligung soll aus dieser Perspektive weit über das Wählen hinausgehen, um die Persönlichkeit der Menschen als Mitglieder einer Gesellschaft zu prägen und zu stärken." (Vetter und Remer-Bollow 2017, S. 30)

Die deliberative Demokratie sieht den öffentlichen Diskurs und Dialog aller Bürger*innen als zentralen Mechanismus der politischen Partizipation von Bürger*innen. Jeder hat die Möglichkeit sich an der Diskussion zu beteiligen und Stellung zu beziehen. Der Diskurs kann z. B. in Form von Diskussionsforen, Bürgerkonferenzen, Beiräten oder Runden Tischen stattfinden. Legitimität wird durch eine hohe Beteiligung von Bürger*innen erreicht. Allerdings muss auch hier wieder darauf verwiesen werden, dass diskursive Verfahren ausschließend wirken können auf bildungsferne und weitere Gruppen und daher weitere Partizipationsmöglichkeiten bedacht werden müssen, um tatsächlich eine Beteiligung aller zu ermöglichen (Hebestreit 2013; Munsch 2011).

In der direkten Demokratie sind wiederum Wahlen bzw. Abstimmungen der zentrale Mechanismus der Partizipation. Die Bürger*innen sind unmittelbar an politischen Entscheidungen beteiligt und haben die Möglichkeit, über Sachverhalte unmittelbar durch Abstimmungen selbst zu entscheiden. Beteiligung ist hier also weniger prozesshaft als bei der deliberativen Demokratie, sondern mehr wahlbezogen (Schmidt 2010; Vetter und Remer-Bollow 2017). Abstimmungen beziehen sich in diesem Fall auch nicht auf die Auswahl politischer Repräsentant*innen, sondern spezifisch auf Entscheidungen zu bestimmten Themen. Formen sind z. B. Referenden; Volks- oder Bürgerentscheide, aber auch z. B. die Direktwahl von Bürgermeister*innen und Entscheidungen im Rahmen von Bürgerhaushalten. Diese Art der Entscheidung steht den Entscheidungen gewählter Repräsentant*innen gegenüber. Meistens wird die direkte Entscheidung durch Bürger*innen eher als ergänzende Partizipationsform genutzt und ist nicht gedacht, die repräsentative Demokratie zu ersetzen. Direktdemokratische Entscheidungen sind in der Bundesrepublik vor allem auf der kommunalen und der Länderebene ein wichtiges Thema.

Sowohl bei deliberativen als auch direkten Demokratieverfahren umfassen erhoffte positive Auswirkungen der Beteiligung die Stärkung der demokratischen Einstellungen und Kompetenzen der teilnehmenden Bürger*innen, die stärkere Responsivität gewählter Repräsentant*innen (stärkere Beachtung des Bürgerwillens) sowie dadurch eine höhere Legitimität und ein besseres Ergebnis (rationaler und effizienter) des Regierens (Neunecker 2016; Barber 1994). Dies würde u. a. durch mehr Transparenz und intensivere und offenere Debatten über Themen erreicht. Durch die Abstimmung über bestimmte Sachthemen und damit Ausdruck des Bürgerwillens, wird die direkte Demokratie außerdem als Kontrollmöglichkeit von Politik und Verwaltung betrachtet (Vetter und Remer-Bollow 2017).

Als Nachteil wird bei deliberativen Demokratieverfahren, wie bereits angeführt, insbesondere gesehen, dass dialogorientierte Partizipationsformen, Bevölkerungsgruppen ausschließen können, die weniger redegewandt und auch weniger an Politik interessiert sind. Auch sind diese Verfahren sehr zeitintensiv. Im Bereich der direkten Demokratie wird vor allem davor gewarnt, dass diese dazu führen könne, dass „(s)imple und populistische Argumente (…) in der Öffentlichkeit die Oberhand gewinnen" (Vetter und Remer-Bollow 2017: S. 250) und es zur Emotionalisierung und Entsachlichung des politischen Diskussion kommen könne. Weiterhin besteht auch hier die Möglichkeit für gut organisierte oder gut artikulierte Gruppen einen höheren Einfluss zu gewinnen. Daher muss darauf geachtet werden, dass trotz Mehrheitsentscheidungen auch Minderheiten weiterhin repräsentiert sind (Vetter und Remer-Bollow 2017).

Probleme der repräsentativen Demokratie, wie sie heutzutage in den meisten westlichen Staaten besteht, können mit den Stichworten der Partizipationskrise, Kontrollkrise (bzw. Entdemokratisierung) und Legitimationskrise

(Kersting et al. 2008) beschrieben werden, wie bereits in Kapitel 2 ausführlicher dargestellt. Es wird deutlich, dass etwas getan werden muss, um der sinkenden politischen Beteiligung bzw. dem sinkenden politischen Interesse entgegenzuwirken. Aufgrund dieser „Krise" der (repräsentativen) Demokratie werden vermehrt Stimmen laut, dass es sinnvoll und notwendig ist, die repräsentative Demokratie mit direktdemokratischen und/oder partizipativen Verfahren zu ergänzen. Diese werden sozusagen als Mittel angesehen, um die politische Beteiligung, aber auch die Legitimität von Politik wieder zu stärken. Während in der klassischen Diskussion der Demokratietheorie beteiligungsorientierte und repräsentative Ansätze also als sich gegenseitig ausschließend betrachtet wurden, wird nun argumentiert, dass „Bürgerkonsultationen und formale Entscheidungen in repräsentativ gewählten Gremien (…) nicht nur miteinander vereinbar (sind), sondern (…) einen aus Synergie resultierenden gemeinsamen Nutzen hervorbringen" können (Neunecker 2016, S. 49) Benannt wird dies auch als „pragmatische Demokratie" oder „vielfältige Demokratie" (Neunecker 2016).

Daher werden direktdemokratische und partizipative Verfahren inzwischen verstärkt als Ergänzung der repräsentativen Demokratie eingesetzt. Dies geschieht nicht zuletzt auf der lokalen Ebene, da hier direktdemokratische und dialogorientierte Formen vergleichsweise leicht eingesetzt werden können und die Bürger*innen bzw. Wähler*innen am direktesten erreichen. So gibt es auf der lokalen Ebene immer mehr Möglichkeiten, sich direkt einzubringen, sei es durch Bürgerentscheide, Bürgerhaushalte oder Runde Tische, Planungszellen, Bürger*innen-Konferenzen etc.

Da diese partizipativen Verfahren allerdings eine Ergänzung sind, ist zu überlegen, wie sie mit den Verfahren der repräsentativen Demokratie verknüpft werden können, bzw. wie die Ergebnisse der partizipativen Verfahren in die „reguläre Politik" einfließen können. Wie kann dies formalisiert werden und wie kann sichergegangen werden, dass die Ergebnisse dieser Verfahren nicht ins Leere laufen? Diese Frage stellt sich ebenso, wenn man von der „anderen Seite" kommt, d. h., wenn man sich als Bürger*in politisch beteiligen will oder z. B. als Sozialarbeiter*in Partizipation von Menschen ermöglichen will. Wie kann der Beitrag der Bürger*innen in die Politik einfließen und was kann aber vielleicht auch erreicht werden ohne die repräsentative Politik? Inwiefern sollten Strukturen formalisiert werden und wie kann ein gegenseitiges Verständnis von Politik und Bürger*innen erreicht bzw. verbessert werden? Diesen Fragen soll nun anhand des Projekts QuartiersNETZ nachgegangen werden.

10.2 Verknüpfung von Kommunalpolitik und Quartiersarbeit im Projekt QuartiersNETZ

Die Verzahnung von Kommunalpolitik und Quartiersarbeit bzw. Bürgerschaftlichem Engagement im Quartier war Thema in verschiedenen Bereichen des Projekts. Die folgenden Erkenntnisse basieren auf Beobachtungen der AG Teilhaben und Beteiligen, der Quartierskonferenzen und Treffen von Bezirksverordneten und Teilnehmenden der AG Teilhaben und Beteiligen (und weiteren Akteuren) sowie auf (Experten-)Interviews mit Akteuren im Quartier und mit Quartiersentwickler*innen des Projekts QuartiersNETZ.

Zunächst einmal ist festzuhalten, dass die Verknüpfung zwischen der (repräsentativen) Kommunalpolitik und der (partizipativen) Quartiersarbeit im Projekt durch mehrere Seiten angestoßen wurde. Zum einen war die (formalisierte) Verbindung von Kommunalpolitik und Bürgerschaftlichem Engagement im Quartier eines der Themen, mit denen sich das Teilprojekt Partizipationsmodell beschäftigte, d. h., durch das Projektteam wurde dieses Thema mit besonderer Aufmerksamkeit betrachtet und auch vor Ort unterstützt. Zum anderen kam die Frage nach einer stärkeren Verknüpfung und einem stärkeren Kontakt zur Politik auch vor Ort in den Quartieren und in der stadtweiten Arbeitsgruppe Teilhaben und Beteiligen seitens der Teilnehmenden auf. Hier konnte zum Teil eine Veränderung in der Einstellung festgestellt werden. Während einige Bürger*innen von Beginn an eine Verknüpfung zur Politik als vorteilhaft ansahen, gab es auch Teilnehmende der Quartierskonferenzen, die dafür plädierten, Projekte in Richtung Politik und Verwaltung nur bedingt anzugehen, da seitens der Bürger*innen hier nur geringe Gestaltungsmöglichkeiten gegeben seien. Im Verlauf des Prozesses wurde hier aber erkannt, dass Politik und ein guter Austausch zur Politik durchaus wichtig sind (Interview mit Quartiersentwickler*innen). Diese Änderung in der Einstellung der Teilnehmenden fiel insbesondere in einem Quartier auf, indem es inzwischen klare Vereinbarungen zum Kontakt zwischen QuartiersNETZ und der Bezirksvertretung gibt und „Informationen aus der Bezirksvertretung" als ein fester Tagesordnungspunkt der Quartierskonferenzen eingeführt wurden (Interview mit Quartiersentwickler*innen).

Eine entscheidende Rolle bezüglich des Austausches zwischen Politik und Quartiersarbeit haben selbstverständlich lokale Politiker*innen vor Ort. Hier gab es prinzipiell in allen Quartieren Politiker*innen, die an den Quartierskonferenzen teilnahmen, wenn auch in unterschiedlicher Form und Intensität. Während einige Politiker*innen sozusagen in ihrer Politikrolle als „Besucher*innen" der Quartierskonferenzen anwesend waren, nahmen andere primär aktiv als Bürger*innen teil. Für viele der teilnehmenden Politiker*innen ergab sich allerdings eine Art Zwischenrolle, d. h. sie waren zwar als Bürger*innen des Quartiers anwesend, schlüpften aber zum Teil auch in ihre Politikrolle. Diese Doppelrolle bzw. das Dilemma zwischen *„Politiker*in oder Bürger*in sein"* bei den Quartierskonferenzen wurde in den Interviews sowohl von den Politiker*innen als auch von den Quartiersentwickler*innen angesprochen. Die meisten der interviewten Politiker*innen sahen sich eher als teilnehmende Bürger*innen, aber verwiesen dann auch auf ihre Möglichkeiten, als Bezirksverordnete oder Ratsmitglieder Anregungen und Anfragen weiterzugeben bzw. Dinge „mitzunehmen". Ebenso äußerten einige, zu den Quartierskonferenzen zu gehen, um *„zu hören, was die Leute wollen"*. Hierin drückt sich ein Stellvertreterdenken aus, was allerdings auch als legitim angesehen werden kann, da sie in ihrer Rolle des/der Politiker*in ja Vertreter*innen bzw. Repräsentant*innen sind. Allerdings wird hier wieder die Schwierigkeit deutlich zu unterscheiden zwischen der eigenen Rolle als Bürger*in oder Politiker*in. Die Quartiersentwickler*innen erwähnen die Doppelrolle von Politiker*innen zum einen in dem Zusammenhang, dass Politiker*innen als Privatpersonen teilnehmen und daher nicht von den Bürger*innen als Politiker*innen wahrgenommen werden, wodurch es passieren kann, dass die Wahrnehmung vorherrscht, dass die Politik nicht zu den Konferenzen kommt. Zum anderen wird die Doppelrolle in dem Zusammenhang erwähnt, dass es (auch) für die Quartiersentwickler*innen schwierig ist, zu verstehen, welche Interessen verfolgt werden und ob die jeweilige Person gerade als Bürger*in oder Politiker*in spricht. In diesem Bereich gibt es vermutlich auch keine Lösung, außer dass es wichtig ist für Transparenz zu sorgen, sowohl als Moderation in der Quartierskonferenz als auch als Politiker*in selbst.

Wenn Politiker*innen teilnehmen, ergibt sich so zumindest eine gewisse Verknüpfung zur Politik, allein durch die Personalunion dieser Personen. Dies kann bedeuten, dass manche Themen auf dem „kurzen Dienstweg" geklärt werden können und es einen leichteren Zugang zu Verwaltung und politischen Strukturen gibt. Es handelt sich aber insgesamt um eine eher zufällige und nicht organisierte Verknüpfung, die von einzelnen Personen abhängt. Abbildung 24 stellt die Überlappung der verschiedenen Gruppen und Personenkreise, die im Quartier und Stadtbezirk aktiv sind dar.

In Bezug auf den Austausch zwischen Politik und Bürgerschaft konnte sowohl ein geringes Wissen als auch zum Teil ein geringes Verständnis füreinander festgestellt werden. In den Interviews im Quartier kam heraus, dass häufig nur wenig über das (lokale) Engagement von Politiker*innen bekannt ist. Manchen sind einzelne politische Personen bekannt, die besonders engagiert sind oder eine besondere Rolle haben (z. B. als Bezirksbürgermeister*in) oder einzelne Aktionen und Aktivitäten von Parteien. Dies kann entweder an mangelndem Interesse (seitens der Bürger*innen) oder auch an mangelnder

Kommunikation oder Öffentlichkeitsarbeit (seitens der Politiker*innen) liegen.[33] Hierauf wird weiter unten noch eingegangen. Die Quartiersentwickler*innen beobachteten zusätzlich, dass die Bürger*innen falsche Vorstellungen von den Aufgaben und Befugnissen der Politik haben, während die Politiker*innen nicht verstehen, warum Bürger*innen die bestehenden Beteiligungsmöglichkeiten wie beispielsweise die Fragestunde für Einwohner*innen
in der Bezirksvertretung nicht nutzen.

Abb. 24: Überschneidung von Gruppen und Organisationen im Stadtbezirk

Quelle: Eigene Darstellung

In diesem Zusammenhang ist auch darauf hinzuweisen, dass die Teilnehmenden der Quartierskonferenzen es als schwierig empfunden haben, Kontakt sowohl mit der Politik als auch mit der Verwaltung aufzunehmen. Es herrschte
Unsicherheit darüber, wen man für welche Themen ansprechen könnte und
welche Möglichkeiten es gibt. So wurde z. B. versucht herauszufinden, ob es
eine Sprechstunde des Bezirksbürgermeisters gebe oder nicht. Ebenso
herrschte Unsicherheit, ob Forderungen oder Vorschläge an den Rat oder die
Bezirksvertretung gestellt werden oder ob man sich an die Verwaltung (z. B.

---

33   Hier könnte eventuell die Digitale Plattform als weiteres Kommunikationsmittel helfen.

das Verkehrsreferat) wenden müsste, die dann über die generelle Machbarkeit entscheiden und die Vorschläge eventuell an die Politik zur Entscheidung weitergeben. Diese Beispiele von Diskussionen in den Quartierskonferenzen zeigen auf, dass in diesem Bereich Transparenz und Kommunikation sehr wohl noch verbessert werden können und dass sich zum Teil auch bestimmte Strukturen und die Beteiligungskultur in der Verwaltung verändern müssten. Auch für die Verwaltung wären hier vermutlich klarere Strukturen von Vorteil, so dass eine einheitliche Antwort gegeben werden kann und Anfragen nicht als mühsam oder gar als Extraarbeit empfunden werden. In Teilen hat das Projekt QuartiersNETZ dies in Gelsenkirchen angestoßen, da ein stadtweiter Arbeitskreis Barrierefreiheit für Anfragen und Vorschläge im Verkehrsbereich gegründet wurde. Zumindest in diesem Bereich gibt es also nun eindeutigere Zuständigkeiten und Möglichkeiten sich als Bürger*in über das Quartier einzubringen.

Weitere Beispiele für den Austausch zwischen Politik/Verwaltung und Bürgerschaft durch die oder bei den Quartierskonferenzen sind z. B. die Einladung eines Politikers aus dem Verkehrsausschuss zur Verkehrs-AG der Quartierskonferenz, die Weitergabe von Anregungen an die Stadtverwaltung durch einen Ratsvertreter, der an den Konferenzen teilnimmt (als Bürger und Politiker) sowie die Einladung verschiedener Verwaltungsreferate zu den Konferenzen anlässlich bestimmter Sachverhalte.

Als nächstes soll nun auf zwei Beispiele vertieft eingegangen werden, bei denen der Austausch zwischen Politik und Bürgerschaft in einem besonderen Fokus stand. Die stadtweite AG Teilhaben und Beteiligen sowie die aus der Diskussion dieser AG und aus dem Teilprojekt Partizipationsmodell entstandenen Treffen von Bezirksverordneten und Bürger*innen. Es wird zunächst beschrieben, wie die Diskussion zur Verknüpfung von Politik und Bürgerschaftlichem Engagement im Quartier in der AG stattgefunden hat, um anschließend die Themen und Vorschläge der sogenannten „Politiktreffen" zu beschreiben.

Die AG Teilhaben und Beteiligen

In der AG Teilhaben und Beteiligen wurde bereits zu Beginn seitens der Teilnehmenden darauf hingewiesen, dass die Verstetigung der im Projekt entwickelten Strukturen sowie die entstandenen Aktivitäten zentral seien. Im Laufe der Treffen der AG wurde dabei immer deutlicher, dass die Kommunalpolitik hierbei eine wichtige Rolle zu spielen hat. Ebenso wurde über die demokratische Legitimation von Bürgerschaftlichem Engagement diskutiert und inwiefern dieses Engagement eine „flankierende" Aufgabe in Bezug auf die repräsentative Lokalpolitik hat. Ausgehend von diesen Überlegungen wurde erörtert, wie man Bezirks- und Ratsverordnete erreichen bzw. wie man eigene Themen bei den Bezirksvertretungssitzungen einbringen kann. Hierzu wurde zum einen ein Ratsvertreter eingeladen, der die Strukturen der Stadtpolitik erläuterte, aber auch durch die Teilnehmenden eigene Erkundungen angestellt. Hierbei zeigte sich, dass viele der Teilnehmenden informelle Wege der Ansprache nutzten, nämlich Politiker*innen, die persönlich bekannt sind, anzusprechen, während im Prinzip niemand den formellen Weg über die Bezirksverwaltungsstelle nahm, um bestimmte Anliegen zu platzieren (siehe Exkurs). Dieser wurde von den meisten Teilnehmenden auch mehr als Hürde empfunden, in dem Sinne, dass viele Bürger*innen sich nicht trauen würden, diesen Weg zu nutzen. Daher wurde angedacht, andere Möglichkeiten der Kontaktaufnahme zu ermöglichen.

In einem weiteren Schritt wurde in der AG daher überlegt, wie man Politiker*innen in die Quartiersarbeit einbeziehen könne. Vorschläge waren hier z. B., in der Quartierskonferenz Fragen zu sammeln und dann Politiker*innen einzuladen, um die Fragen beantwortet zu bekommen oder Politiker*innen generell zu allen Quartierskonferenzen einzuladen. Hierbei wurden allerdings auch die Vor- und Nachteile abgewägt, da es ja auch positiv ist, wenn Bürger*innen sich in der Quartierskonferenz untereinander ohne Anwesenheit von Politiker*innen austauschen. Die Bedenken waren hier, dass Politiker*innen die Diskussion eventuell dominieren könnten. Insgesamt sprachen sich jedoch die meisten Teilnehmenden dafür aus, Politiker*innen generell einzuladen, da diese so besser verstehen könnten, was die Wünsche, Anliegen und Interessen der Bürger*innen sind, und eventuell auch direkt Rückmeldung zu bestimmten Themen geben könnten. Aus den Überlegungen zum Einbezug der Politik entstanden dann letztendlich auch die Treffen mit Bezirksverordneten und Teilnehmenden der AG, die durch das Teilprojekt Partizipationsmodell koordiniert und moderiert wurden und im folgenden Abschnitt beschrieben werden.

Weitere Themen, die in der AG zum Thema „Politik" angesprochen wurden, waren die Ehrenamtlichkeit der Lokalpolitiker*innen (in Bezug auf deren zeitbezogene Möglichkeit an Veranstaltungen teilzunehmen), dass es wichtig ist, alle Parteien einzubeziehen[34], dass die Verzahnung auch von den jeweiligen Gegebenheiten im Quartier (z .B. Größe des Quartiers und des Stadtbezirks) und des Interesses der jeweiligen Politiker*innen abhängt sowie das Thema Bürgerhaushalt bzw. dessen Nachfolger die Bezirksforen[35] als Möglichkeit sich als Bürger*in in die Politik einzubringen.

---

34 In Gelsenkirchen ist insbesondere eine Partei sehr präsent und einige der kleineren Parteien weniger. Daher wurde darauf aufmerksam gemacht, den Fokus zu erweitern.
35 Siehe hierzu unsere Ausführungen in Kapitel 11

Exkurs:

Teilnahme von Bürger*innen an Sitzungen der Bezirksvertretungen

Bürger*innen können grundsätzlich bestimmte Themen in die Bezirksvertretungssitzung durch die Tagesordnungspunkte 1 („Bürgerschaftliche Initiativen") und 2 („Fragestunde für Einwohnerinnen und Einwohner") bei allen regulären Sitzungen der Bezirksvertretungen einbringen.

Um auf der Sitzung der Bezirksvertretung ein Anliegen vortragen zu können, kann man bei der Bezirksverwaltungsstelle anrufen und dies beantragen. Außerdem können die Anliegen formlos über das Internet oder die Post an die Stadt Gelsenkirchen gerichtet werden. Diese werden dann an das zuständige politische Gremium weitergeleitet.

Die Antragsteller*innen sollen ihre Anliegen so konkret wie möglich formulieren. Es sollte deutlich werden, was die Stadt aus ihrer Sicht veranlassen soll. Damit die Gremien in Dialog mit den Antragsteller*innen treten können, sind die vollständige Angabe der Anschrift sowie eine entsprechende Datenschutzerklärung notwendig.

Aufgrund der Versendung der Tagesordnungen an die Bezirksverordneten sind hierbei jedoch bestimmte Fristen einzuhalten.

Die Bezirkssatzung der Stadt Gelsenkirchen regelt dies folgendermaßen:

„§ 13 Fragestunde für Einwohnerinnen und Einwohner:
(1) Jede Einwohnerin und jeder Einwohner hat das Recht, sich einzeln oder in Gemeinschaft mit anderen schriftlich mit Fragen an die Bezirksvertretung zu wenden. Die Einwohnerfragestunde steht auf der Tagesordnung einer jeden regulären Sitzung der Bezirksvertretungen. Je Fragestellerin oder Fragesteller und Sitzung ist nur eine Frage zugelassen.
(2) Fragen dürfen sich nur auf Angelegenheiten des Stadtbezirks beziehen. Sie müssen spätestens zehn Tage vor dem Sitzungstermin für die jeweilige Bezirksvertretung bei der Bezirksverwaltungsstelle vorliegen. Die Bezirksbürgermeisterin oder der Bezirksbürgermeister leitet die Fragen unverzüglich an die Oberbürgermeisterin oder den Oberbürgermeister sowie die Mitglieder der Bezirksvertretung weiter.
(3) In der Sitzung werden die Fragen in der Reihenfolge ihres Eingangsdatums aufgerufen und mündlich von der Verwaltung beantwortet. Die Fragesteller sowie jede oder jeder Bezirksverordnete dürfen bis zu zwei Zusatzfragen stellen, die mit der Frage in Zusammenhang stehen müssen. Jede Zusatzfrage wird unmittelbar beantwortet.
(4) An der Sitzung nicht teilnehmende Fragestellerinnen oder Fragesteller erhalten eine kurzgefasste Beantwortung der Frage durch die Bezirksverwaltungsstelle."

Dieser stark formalisierte und bürokratisch regulierte Zugang ist für viele Bürger*innen vermutlich eher abschreckend. Hinzu kommen: schwere Zugänglichkeit oder Auffindbarkeit der Informationen über diese bestehenden Möglichkeiten. Niedrigschwelligkeit ist somit nicht gegeben, insbesondere für partizipationsunerfahrene Personen bestehen ernstzunehmende Hürden, die grundsätzlich geeignet sind, Partizipation diesbezüglich zu hemmen oder zu verhindern.

Treffen mit Bezirksverordneten

Bei den Treffen von Bezirksverordneten der Stadt Gelsenkirchen und Teilnehmenden der AG Teilhaben und Beteiligen (Bürger*innen und weitere Akteure)
waren zwei wesentliche Fragestellungen Thema: Zum einen wurden Möglichkeiten zur Verknüpfung von Strukturen des Bürgerschaftlichen Engagements
in den Quartieren mit der Lokalpolitik diskutiert, während das zweite Thema
die Möglichkeit der Verstetigung von im Projekt aufgebauten Strukturen war.
Die Frage der Verstetigung wurde allerdings weniger detailliert betrachtet,
u. a. da hier nur ein geringer Spielraum seitens der Stadt oder der Politik gesehen wurde, insbesondere da sich die Stadt Gelsenkirchen in der Haushaltssicherung befindet und dadurch nur bedingt sogenannte „freiwillige" (weitere)
Aufgaben erfüllen kann. Mit Hinweis auf die große Unterschiedlichkeit der
Quartiere wurde weiterhin argumentiert, dass es auch unterschiedliche Ansätze
hinsichtlich der Verstetigung von geschaffenen Strukturen geben müsse. Ein
Anschluss an bestehende Institutionen und Strukturen wurde vorgeschlagen
(siehe Näheres zu diesem Thema in Kapitel 11).

Zum Einstieg des ersten Treffens wurden verschiedene Ideen gesammelt
wie sich Lokalpolitik und engagierte Bürger*innen im Quartier miteinander
austauschen können und es wurde berichtet, welche ersten Schritte es bereits
gibt. So wurde vorgeschlagen bzw. der Wunsch geäußert, dass Politiker*innen
an den Quartierskonferenzen (regelmäßig) teilnehmen sollten. Hierfür sei
allerdings auch eine direkte und persönliche Einladung der Politiker*innen
notwendig. Außerdem müsse bedacht werden, dass die Politiker*innen ehrenamtlich tätig seien und daher nicht jeden Termin wahrnehmen könnten. Ebenso
wurde aber auch gefordert, dass Bürger*innen ihre Beteiligungsmöglichkeiten
nutzen sollten und sich bei den Tagesordnungspunkten 1 und 2 in den Bezirksvertretungen einbringen (siehe Exkurs). In der Diskussion wurde allerdings
auch deutlich, dass der Zugang zu den Bezirksvertretungssitzungen für viele
Bürger*innen zu bürokratisch ist und dass außerdem viele Bürger*innen nur
wenig von der Arbeit der Bezirksvertretung wissen. Daher wurde auch darüber
gesprochen, inwiefern eine Öffentlichkeitsarbeit bezüglich der Arbeit der Bezirksvertretung stattfinden könne.

Einigkeit herrschte darüber, dass die Verknüpfung zur Bezirksvertretung
für die Quartiersarbeit wichtig ist und dass vor allem vorteilhaft sei, eine
„organisierte" Verknüpfung zu erreichen, da derzeit der Kontakt zwischen
Bürgerschaft und Politik, wenn überhaupt, eher zufällig sei und zum Teil auch
von persönlicher Bekanntschaft oder persönlichem Engagement der Politiker*innen abhänge.

Ein weiteres Diskussionsthema war die Legitimation der verschiedenen
Gremien und Initiativen im Quartier, da diese im Allgemeinen nicht durch
Bürger*innen im Stadtteil gewählt werden. Inwiefern können diese Gremien
für andere sprechen? Auch aus diesem Grund wurde eine Verknüpfung zur

Bezirksvertretung bzw. ein Austausch mit den gewählten Politiker*innen als vorteilhaft gesehen. Weiterhin wurde auf Überschneidungen und auf die Gefahr von Parallelstrukturen im Zusammenhang von Gremien und Initiativen hingewiesen. Viele Teilnehmende stimmten überein, dass es eine Vielzahl von Gremien gibt und dass es nicht immer einfach ist zu überschauen, wer wofür zuständig ist. Dennoch wurde auch argumentiert, dass man die Gremien oder Initiativen nicht einfach zusammenfassen könne, da jede/s für sich dann doch wieder unterschiedliche Themen betrachte. Als Beispiele wurden hier der Präventionsrat[36], der Jugendrat[37] sowie die Quartierskonferenzen genannt. Der Vorschlag einmal im Jahr im Quartier bzw. im Stadtbezirk ein Treffen abzuhalten, bei dem alle Gremien und Initiativen sowie die Bezirksvertretung zusammenkommen, wurde unterschiedlich aufgenommen. Während die einen die Idee begrüßten, um den Austausch zu verbessern, sahen andere die Gefahr, dass dadurch noch mehr Treffen stattfinden und es keinen Mehrwert dieser Treffen gebe.

Insgesamt umfasste die Bandbreite der Diskussionen beim ersten Treffen ein Spektrum von Wünschen und ersten Ideen bis hin zu konkreten Forderungen und Plänen. Die Teilnehmenden verblieben damit, dass sie versuchen würden, erste Schritte in ihrem jeweiligen Quartier bzw. Stadtbezirk anzustoßen, um sich in einem weiteren Treffen über die Ergebnisse auszutauschen.

In diesem nächsten Treffen, welches ca. neun Monate später stattfand, ging es also um erste Ergebnisse, aber auch um eine Vertiefung der Vorschläge für weitere Verknüpfungen. Insbesondere in einem Quartier war zu diesem Zeitpunkt die Verknüpfung zwischen dem QuartiersNETZ (d. h. Quartierskonferenz und Koordinierungskreis) und der Bezirksvertretung bereits weiter vorangeschritten. So hatte zunächst ein Treffen zwischen dem Koordinierungskreis und einigen Bezirksverordneten stattgefunden, bei dem überlegt wurde, wie ein Austausch (besser) stattfinden könne. Ein Ergebnis hiervon war ein fester Tagesordnungspunkt zur Bezirksvertretung bei den Quartierskonferenzen. Zu erwähnen ist hierbei, dass der Austausch zum einen dadurch vereinfacht wurde, dass ein Bezirksverordneter von Beginn an (als Bürger) im Projekt QuartiersNETZ aktiv war und es ihm auch wichtig war, dass keine Parallelstrukturen geschaffen würden. Zum anderen gab es aber auch noch andere an Austausch interessierte Politiker*innen, wodurch der Kontakt erleichtert wurde.

In anderen Quartieren hatte auch eine Annäherung zwischen Politik und Quartiersarbeit stattgefunden. Dies wurde unter anderem dadurch unterstützt,

---

36 Die Präventionsräte vereinen kriminalpräventive Gremien, Runde Tische und Ordnungspartnerschaften unter Einbezug von interessierten Bürger*innen. Sie initiieren und fördern Maßnahmen zur vorbeugenden Kriminalitätsbekämpfung und Verhinderung von Verkehrsunfällen (Polizei Nordrhein-Westfalen 2019).

37 Der Jugendrat der Stadt Gelsenkirchen gibt Kindern und Jugendlichen die Möglichkeit, sich politisch für ihre eigenen Interessen einzusetzen (Stadt Gelsenkirchen 2019).

dass Projektmitarbeiter*innen vermittelt über die Stelle des Senioren- und Behindertenbeauftragten der Stadt Gelsenkirchen, die Möglichkeit hatten, bei den verschiedenen Bezirksvertretungen das Projekt QuartiersNETZ wie auch die Ergebnisse des ersten „Politiktreffens" vorzustellen. Die stattgefundene Annäherung konnte zum einen durch den breiteren Teilnehmerkreis beim zweiten Politiktreffen festgestellt werden. Zum anderen berichteten Quartiersentwickler*innen, dass sie nun einen besseren Kontakt zu verschiedenen Politiker*innen und Gremien hätten und führten dies auf die Vorstellung des Projekts in diesen Vertretungen zurück (Interviews mit Quartiersentwickler*innen).

Als Vorschläge zum verstärkten Austausch zwischen Quartiersbewohner*innen und Politik wurde z. B. genannt: bei Veranstaltungen vor Ort, wie z. B. Quartierskonferenzen, über die Arbeit der Bezirksvertretung zu informieren (Arbeitsweise und Inhalte), aber auch eine Onlineübertragung von Sitzungen und verstärkte Information über das Internet (z. B. Tagesordnungen, Protokolle) wurden angedacht – wobei dies zum Teil bereits passiert, aber nicht immer einfach zu finden ist. Daher wäre auch eine Möglichkeit, die Tagesordnung im wöchentlichen Stadtanzeiger abzudrucken. Eine Broschüre, mit deren Hilfe über Strukturen und Arbeit von den verschiedenen lokalpolitischen Gremien informiert werden könnte, wurde außerdem vorgeschlagen.

Weiteres wichtiges Thema war die Verringerung der Bürokratie bzw. die Einführung von informellen Treffen, bei denen der Austausch in einer niedrigschwelligeren Weise stattfinden kann. So war ein Vorschlag, ein- bis zwei Mal im Jahr eine „offene Bezirksvertretung" abzuhalten, bei der es keine offizielle Geschäftsordnung gibt und die mit Öffentlichkeitsarbeit beworben wird, um „normale Bürger*innen" anzusprechen. Ebenso könne ein „informeller Tagesordnungspunkt" für Bürger*innen bei den Bezirksvertretungssitzungen eingerichtet werden, bei denen ohne vorherige Anmeldungen für eine begrenzte Zeit (z. B. fünf Minuten) gesprochen werden kann. In diesem Zusammenhang wurden von vielen Teilnehmenden die Bezirksforen als gute Möglichkeit der Verzahnung hervorgehoben. Hier kämen Politik, Verwaltung und Bürger*innen zusammen, es können Vorschläge zur Verbesserung des Quartierslebens eingereicht (und dadurch mitbestimmt) werden und diese Treffen könnten potenziell auch dafür genutzt werden, über die Bezirksvertretung zu informieren. Die Bezirksforen sind Veranstaltungen in den jeweiligen Stadtbezirken zum Bürgerhaushalt. Sie werden in Kapitel 11 ausführlicher beschrieben. Als weiterer Vorschlag wurde benannt, eine*n „Vermittler*in" zwischen Quartier und Bezirksvertretung zu benennen, der/die Informationen in beide Richtungen verbreiten könne.

Als ein Ergebnis des Projekts QuartiersNETZ kann an dieser Stelle daher festgehalten werden, dass ein konstruktiver Dialog um konkrete Maßnahmen zur besseren Verknüpfung von Strukturen des Bürgerschaftlichen Engagements in den Quartieren und der Lokalpolitik erfolgreich angestoßen werden konnte. Auch am Ende des zweiten Politiktreffens waren sich die Teilnehmenden einig, dass sie ein weiteres Treffen abhalten wollen. Ob ein solches nach Projektende stattgefunden hat, muss hier aber unbeantwortet bleiben.

10.3 Fazit

Partizipative Quartiersentwicklung kann der partizipativen Demokratie zugerechnet werden. Es kommen sowohl dialogorientierte als auch andere Partizipationsformate zu Geltung, die zum Ziel haben, die gesellschaftliche und politische Partizipation der Teilnehmenden zu ermöglichen und zu verbessern und auch die Lebensqualität im Quartier zu heben. Quartiersarbeit ist keine direkte Demokratie, kann aber durch das Empowerment der Teilnehmenden zu einer stärkeren Nutzung direktdemokratischer Verfahren führen. In diesem Sinne kann partizipative Quartiersentwicklung einige der positiven Eigenschaften bewirken, die der partizipativen Demokratie zugerechnet werden, wie z. B. eine größere Kompetenz und Politikinteresse der Bürger*innen und ein stärkeres in-Verantwortungnehmen der Politik für die Belange in den Quartieren. Man könnte sogar argumentieren, dass die partizipative Quartiersarbeit im Sinne der „Entwicklung der demokratischen Persönlichkeit der Teilnehmenden" mehr erreichen kann als direktdemokratische Strukturen. Es könnte also von einer Ergänzung der direktdemokratischen Strukturen sowie der repräsentativen Demokratie gesprochen werden.

Partizipative Quartiersentwicklung ist nicht als Ersatz für repräsentative Demokratie gedacht, sondern flankierend und als Möglichkeit die eigenen Interessen besser zu vertreten und in die Politik einzubringen. Daher ist ein Austausch bzw. eine Verknüpfung zwischen Quartiersarbeit und Lokalpolitik von hoher Bedeutung. Bewohner*innen des Quartiers können zwar auch viele eigene Aktivitäten angehen und umsetzen, aber für bestimmte Bereiche sind eine Abstimmung mit und eine Unterstützung durch die Politik notwendig bzw. hilfreich. Außerdem wollen viele Politiker*innen auch wissen, was die Bürger*innen ihres Bezirks bewegt und was diese sich erhoffen, und solch ein Austausch ermöglicht dies.

Als Probleme der derzeitigen (Bezirksvertretungs-)Strukturen wurde vor allem deren bürokratische Ausrichtung ausgemacht. Während die Gemeindeordnung in Nordrhein-Westfalen die politische Beteiligung von Bürger*innen ermöglicht, u. a. durch die Möglichkeit Anregungen und Beschwerden in verschiedenste Gremien einzubringen, aber auch durch die Möglichkeit des Bürgerbegehrens, werden diese Möglichkeiten doch eher wenig genutzt. Auch ist eine simple Information der Bezirksverordneten in der Sitzung nicht möglich, da die Tagesordnungspunkte sich nur auf Anregungen und Beschwerden beziehen. Das Projekt QuartiersNETZ hatte in dem Sinne den Vorteil, dass der

Senioren- und Behindertenbeauftragte als städtischer Mitarbeiter und gleichzeitig Projektpartner über das Projekt in der Bezirksvertretungssitzung berichten konnte. Andere Quartiersinitiativen haben diese Möglichkeit vermutlich nicht. Daher sollte überlegt werden, die (informellen) Möglichkeiten hier zu verbessern. In Gelsenkirchen wurden bereits einige Vorschläge angedacht und auch ausgeführt, aber auch auf höherer Ebene, wie der Landesebene, könnten hier durchaus Änderungen eingeführt werden. Derzeit ist eine Anhörung von Bürger*innen in der Bezirksvertretung (und anderen Gremien) zwar möglich, wird aber, da stark formalisiert, nur wenig genutzt.

Während eine Verknüpfung von Politik und Bürger*innen wichtig ist, muss auch beachtet werden, dass es vorteilhaft sein kann, Veranstaltungen ohne Politiker*innen zu durchzuführen, damit diese nicht die Diskussion beherrschen und sich vor allem auch weniger redegewandte oder „schüchterne" Bürger*innen einbringen können. Daher kann auch eine Art Schnittstelle bzw. ein*e Vermittler*in eine positive Wirkung haben. Gleichzeitig ist aber auch zu sehen, dass die Anwesenheit von Politiker*innen bei Quartiersveranstaltungen von vielen Bürger*innen durchaus gewünscht wird. Die Plattform der Quartierskonferenzen wollen einige nutzen, um sich Gehör zu verschaffen, so dass die Politik als Adressat der Botschaft durchaus erwünscht ist. Jedes Quartier muss hier seinen eigenen Weg finden, wie stark Politik in die Quartierskonferenzen einbezogen werden soll.

Das Projekt konnte einen ersten Dialog und auch Aktivitäten zur Verknüpfung anstoßen. Als Beispiele können genannt werden, der feste Tagesordnungspunkt zur Bezirksvertretung bei Quartierskonferenzen sowie der weniger stark formalisierte Austausch der Quartiersentwickler*innen mit den Bezirksbürgermeister*innen. Aber auch der stadtweite Dialog kann hier als positives Beispiel genannt werden.

Die Rolle der Verwaltung als Mittlerin wurde in diesem Kapitel nur kurz erwähnt, ist aber nicht zu vernachlässigen. Eine unterstützende Verwaltung kann die Verknüpfung von Politik und Bürgerschaft fördern und hier eine entscheidende Rolle einnehmen. Sie muss hierzu aber auch die Befugnisse haben. Dies wiederum ist Rolle der Politik. In diesem Zusammenhang ist dann auch noch zu erwähnen, dass der Austausch von Seiten der Politiker*innen natürlich überhaupt erst einmal gewollt sein muss. Unsere Erfahrungen auf der Bezirks- und Stadtebene waren hier aber durchaus positiv. Die engagierten Bezirksverordneten fühlen sich für ihren Bezirk verantwortlich und möchten sich gerne mit den Bürger*innen austauschen. Dennoch ist ein (regelmäßiger) Austausch arbeits- und zeitintensiver als keiner und Formulierungen von Forderungen und Nachfragen seitens der Bürger*innen können auch unbequem sein, insbesondere, wenn sie die Umsetzung repräsentativen Handelns kritisch kontrollieren.

Als bereits bestehende Möglichkeiten der Beteiligung und des Austauschs sind in Gelsenkirchen als positive Beispiele noch die Bezirksforen bzw. der

Bürgerhaushalt, Fragestunden verschiedener Politiker*innen und der Gebiets-beirat (siehe Kapitel 11) zu nennen. Dennoch ist noch einmal zu betonen, dass es außerhalb dieser Verfahren und Gremien schwer (und bürokratisch) sein kann, sich als Bürger*in einzubringen, so dass diese Beteiligung und dieser Austausch nicht als niedrigschwellig bezeichnet werden kann. Daher sollten auch hier weitere (niedrigschwellige) Formate und Möglichkeiten angedacht und eingeführt werden.

11 Verstetigung von Partizipationsstrukturen

Dieses Kapitel beschäftigt sich mit dem wichtigen Thema der Verstetigung von angestoßenen und aufgebauten Partizipationsstrukturen und wie sich Teilhabe- und Beteiligungsrollen sichern lassen. Wie können Strukturen weiterlaufen z. B. ohne Förderung durch Dritte bzw. mit nur geringer finanzieller Unterstützung? Auch hier gilt wieder, dass jedes Quartier unterschiedlich ist und es keine allgemeingültigen Lösungen oder Wege der Verstetigung gibt. Dennoch gibt es verschiedene Herangehensweisen und Möglichkeiten, die ausprobiert und angegangen werden können, um eine Verstetigung der Strukturen und Prozesse zu erreichen. Einige dieser Möglichkeiten werden im Folgenden benannt, vor allem aus den Erkenntnissen des Projekts QuartiersNETZ heraus, zum Teil wird aber auch auf Erfahrungen aus anderen Verstetigungsprozessen verwiesen. Wichtig ist vor allem, Verstetigung von Anfang an mitzudenken und frühzeitig anzugehen.

Die Verstetigung von Prozessen und Strukturen ist das große Fragezeichen vieler Forschungs- und Entwicklungsprojekte, da diese zunächst in der Regel temporär angelegt sind – für einen begrenzten Zeitraum, oftmals drittmittelgefördert geht es v. a. darum, projektinduzierte Strukturen aufzubauen und anzustoßen. Dieser Förderlogik entsprechend, ist ein Großteil der Projekte und Prozesse darauf angelegt, dass ab einem gewissen Zeitpunkt weniger oder kaum noch fremdfinanzierte hauptamtliche Unterstützung gegeben wird (Mehnert und Kremer-Preiß 2016; Bundesministerium für Umwelt, Naturschutz, Bau und Reaktorsicherheit (BMUB) 2014).

Das Projekt QuartiersNETZ hatte den Vorteil, dass es durch den Praxispartner Generationennetz Gelsenkirchen e. V. bereits ein Akteursnetz gab, auf dem das Projekt aufbauen konnte und bei dem Entwickeltes nach Ablauf des Projekts auch weiterhin angedockt werden kann. Aber auch dem Generationennetz ist es ohne weitere finanzielle Förderung (z. B. durch die Kommune) nicht möglich, sämtliche Strukturen eins zu eins zu übernehmen, da hierfür die vereinseigenen zeitlichen und finanziellen (Mitarbeiter*innen-)Ressourcen nicht ausreichen. Dennoch können wahrscheinlich einige der aufgebauten Strukturen durch das Generationennetz und auch andere Akteure weiter begleitet und – in abgespeckter Form – erhalten werden. Dies wird im Folgenden ausführlicher beschrieben.

Zunächst wird darauf eingegangen, was Verstetigung bedeutet und allgemein mögliche Herangehensweisen beschrieben (11.1), um anschließend darzustellen, wie Verstetigung im Projekt QuartiersNETZ angegangen wurde und welche Erfahrungen (bisher) gemacht wurden (11.2) (basierend auf Beobachtungsprotokollen der Quartierskonferenzen und verschiedenen Arbeitsgruppen, sowie Interviews mit den Mitarbeiter*innen des Generationennetz).

Ebenso wird dargestellt welche Strukturen im Projekt QuartiersNETZ vermutlich erhalten bleiben und wie. Als letztes wird das zentrale Thema der Finanzierung angesprochen (11.3). Das Kapitel schließt mit einem Fazit zu Verstetigungsmöglichkeiten (11.4).

11.1 Verstetigung frühzeitig organisieren

Der Begriff der Verstetigung meint hier, dass aufgebaute Strukturen und Netzwerke im Quartier nachhaltig weiterwirken soll(t)en. Ziel ist, Strukturen zu stabilisieren und Unterstützungsnetzwerke aufzubauen. Weiterhin geht es darum, zwischen kommunalen und anderen Akteuren strategische Partnerschaften aufzubauen und generell auch darum, Handlungsspielräume im kommunalen Kontext (aber auch darüber hinaus) auszuloten zu versuchen. Wichtig ist vor allem, diese Verstetigung bereits mitzudenken, während die finanzielle und anderweitige Unterstützung noch läuft, so dass bereits Voraussetzungen geschaffen und flankierende Maßnahmen ergriffen werden können, dass aufgebaute Strukturen weiterbestehen können (Planergemeinschaft für Stadt und Raum eG 2017; Ministerium für Wirtschaft, Energie, Bauen, Wohnen und Verkehr des Landes Nordrhein-Westfalen (MWEBWV) 2011; Deutsches Institut für Urbanistik (Difu) 2013; BSG Brandenburgische Stadterneuerungsgesellschaft mbH 2015).

Mögliche Wege, Strukturen weiterzuführen, sind z. B. die Übernahme von Aufgaben bzw. deren Koordination durch verschiedene Akteure, wie ehrenamtliche Akteure im Quartier, institutionelle Akteure vor Ort oder auch durch den kommunalen Akteur, sprich durch die Stadt. Engagierte Akteure vor Ort spielen eine zentrale Rolle für Verstetigungserfolge und spezifische Quartiersmerkmale und -strukturen wie konkrete Akteure, Ressourcen und Themenschwerpunkte beeinflussen den Verstetigungsprozess. Dabei kommt dem Bürgerschaftlichen Engagement durchaus eine wichtige Bedeutung zu, denn es sind vor allem die Bewohner*innen, die die Quartiere auch in Zukunft prägen werden. Allerdings ist darauf zu achten, die zivilgesellschaftlichen Ressourcen diesbezüglich nicht zu überfordern. Daher sollte das „Ehrenamt" nur flankierend als Verstetigungspotenzial mitgedacht sein.

Zentral für die Verstetigung ist, bereits bestehende Vernetzungsaktivitäten bzw. Netzwerke aufrecht zu erhalten. Das bedeutet, aufgebaute Strukturen und Netzwerke, wie z. B. Bürgernetzwerke und Akteursnetzwerke, weiterhin zu unterstützen und deren Kommunikationsstrukturen zu stabilisieren. Dies heißt auch, Partnerschaften mit Kooperationspartner*innen einzugehen und zu versuchen diese Netzwerke, wenn möglich, in bestehende Strukturen einzubeziehen. Wichtig ist außerdem die Organisation und Bereitstellung weiterer Unterstützungsformen (z. B. Fortbildung, Räume) (MWEBWV 2011).

Die Verstetigung von Strukturen zu erreichen ist nicht einfach. Es können meist nicht sämtliche Strukturen und Aufgaben von zuvor geförderten Projekten in den Regelhaushalt übernommen werden, da dies i. d. R. finanziell für viele Kommunen nicht machbar ist, insbesondere da Quartiersarbeit, wie auch die offene Soziale (Alten-)Arbeit zu den „freiwilligen" Kommunalaufgaben gehören, die hinter den Pflichtaufgaben zurückstehen (Mehnert und Kremer-Preiß 2016). Daher müssen Prioritäten gesetzt werden, was unbedingt erhalten werden soll, und weitere Wege außerhalb des Regelhaushalts gefunden werden, wie die Strukturen möglicherweise weitergeführt werden können.

Fragen, die sich im Quartier für den Verstetigungsprozess stellen, sind:

- Was (und wen) braucht das Quartier langfristig und wie kann dies gestärkt werden?
- Was kann weggelassen werden?
- Was sind die Prioritäten im Quartier?

Die Webseite des Landesbüros altengerechte Quartiere NRW nennt z. B. folgende Grundlagen und Schritte für die Verstetigung von Projekten, Maßnahmen und Strukturen (Landesbüro altengerechte Quartiere NRW 2018):

- Strukturen schaffen, die möglichst unabhängig von Fördermitteln sind
- Kooperationspartner*innen suchen, die zeitliche und finanzielle Ressourcen mitbringen
- Einbezug von Bürger*innen bei passenden Aufgaben
- Kommunale Ansprechpartner*innen finden
- Wenn möglich, eine hauptamtliche Stelle schaffen, die die Arbeit koordiniert und Strukturen implementiert
- Argumente zur Überzeugung von Kooperationspartner*innen, Geldgeber*innen etc. finden
- Politische (Rats-)Beschlüsse fördern und fordern (Verwaltung muss politische Beschlüsse umsetzen, wodurch die Quartiersarbeit erleichtert wird).

In den vorherigen Kapiteln wurde bereits darauf hingewiesen wie zentral Begegnungsorte (Räume) im Quartier für Partizipation sind. Folglich ist es von hoher Bedeutung vorhandene Orte dieser Art aufrechtzuerhalten bzw. bereitzustellen. Begegnungsorte können als Netzwerkknoten dienen, sind Treffpunkte für verschiedene Gruppen und bieten Raum für Vernetzung von Menschen und Themen. Sie können Ressourcen zur Verfügung stellen oder diese vermitteln. Solche Begegnungsorte werden durch verschiedene Akteure angeboten und unterstützt. Dies können die Stadt, Wohlfahrtsverbände, Wohnungsbaugesellschaften oder auch Bürgervereine sein. Es kann auch gezielt versucht werden, Akteure als Partner*innen oder Sponsor*innen für Begegnungsorte zu gewinnen (Planergemeinschaft für Stadt und Raum eG 2017).

Die Suche nach Kooperationspartner*innen und die Vernetzung der lokalen Akteure im Quartier spielen insgesamt eine essentielle Rolle für die Fortführung. Die Einbindung der initiierten Aktivitäten in bestehende Strukturen, die Vernetzung mit Trägern, Vereinen und anderen Quartiersakteuren ist meist eine gute Möglichkeit, diese Aktivitäten zu erhalten und deren Unterstützung weiterhin zu gewährleisten.

Wichtig ist des Weiteren, die Information und Kommunikation im Quartier zu erhalten und zu gestalten. Dies bezieht sich zum einen auf die Akteure untereinander und zum anderen auf die Kommunikation mit der Stadtverwaltung und Politik. Die Kommunikation der lokalen Akteure kann im Projekt QuartiersNETZ z. B. durch die Digitale Quartiersplattform und die Quartierskonferenzen geschehen, während der Kontakt mit Politik und Verwaltung etwa dadurch unterstützt werden kann, dass den Mitarbeiter*innen des Generationennetzes hierfür extra Zeit eingeräumt wird (z. B. für den regelmäßigen Besuch von Bezirksvertretungssitzungen und dort das Einbringen von Themen). Dadurch, dass der Senioren- und Behindertenbeauftragte der Stadt Gelsenkirchen zugleich Geschäftsführer des Generationennetz Gelsenkirchen e. V. ist, ergibt sich hier eine fest verankerte Schnittstelle zur Stadt. Allerdings ist ein direkter Kontakt auf der operativen Ebene vor Ort in den verschiedenen Bereichen mindestens ebenso wichtig.

Das weitere Engagement des Generationennetzes Gelsenkirchen e. V. im Quartier ist deshalb von hoher Bedeutung, weil Verstetigung nur im Zusammenspiel von Hauptamt und Ehrenamt realisiert werden kann. Ohne Unterstützung durch hauptamtliche Mitarbeiter*innen ist es für ehrenamtlich engagierte Bürger*innen schwierig, wenn nicht unmöglich, Projekte und Strukturen eigenständig aufrechtzuerhalten (MWEBWV 2011; Mehnert und Kremer-Preiß 2016). Letzteres liefe auch eher auf eine „(Wieder-)Indienstnahme" des Bürgerschaftlichen Engagements hinaus, v. a. mit Sicht auf die Engagementbereitschaft älterer Menschen in ihrer nachberuflichen Phase (van Dyk 2015a). Eine solche Verantwortungszuschreibung wäre auf Dauer gesehen instabil.

Als letztes soll noch der mögliche Schritt einer stärkeren Formalisierung und Verbindlichkeit von Partizipationsstrukturen genannt werden, z. B. als Verein, Genossenschaft oder Stiftung. Im Projekt QuartiersNETZ wurde nach einiger Überlegung im Quartier Schaffrath der Weg des Vereins gewählt, in anderen Städten und Quartieren gibt es hierzu auch anderweitige Beispiele (z.B. https://www.4viertel-mettmann.de/; https://www.bonni.org) (Mehnert und Kremer-Preiß 2016; Brachmann 2011).

11.2 Verstetigungsideen und -erfahrungen im Projekt QuartiersNETZ

Im Folgenden sollen nun die Erfahrungen des Projekts QuartiersNETZ darge-stellt werden, wie Verstetigung diskutiert wurde, welche Herangehensweisen versucht wurden und inwiefern die aufgebauten Strukturen erhalten bleiben. Für eine Zusammenfassung der Bausteine zur Verstetigung siehe Abbildung 25.

11.2.1 Verstetigung von Anfang an

Im Projekt QuartiersNETZ wurde Verstetigung bereits zu Beginn mitgedacht, um die weiterführende Wirkung des Projekts sicherzustellen. So wurde bereits dadurch, dass sich Akteure aus den Quartieren vor dem eigentlichen Projekt-beginn für eine Teilnahme an QuartiersNETZ bewerben konnten, sicherge-stellt, dass es Akteure vor Ort gibt, die an dem Thema der partizipativen Quartiersentwicklung interessiert sind, die das Projekt unterstützen und die aufgebauten Strukturen wahrscheinlich weiterhin (partiell) mittragen würden. Diese Akteure waren u. a. durch die Koordinierungskreise bzw. Steuerungs-gruppen in das Projekt mit einbezogen und hatten zum Teil auch Stundenkon-tingente zur Verfügung gestellt, so dass ihre Mitarbeit zumindest im Projekt-verlauf gesichert war (Grates et al. 2018a).

Das Generationennetz Gelsenkirchen e. V. als Praxispartner war ebenso Teil der Strategie, eine Verstetigung zu erleichtern, wie selbst treibende Kraft des Projekts. Der Verein hatte bereits vor Projektbeginn ähnliche Aufgaben vor Ort wahrgenommen, allerdings mit wesentlich weniger zeitlichen und per-sonellen Ressourcen, so dass eine Übernahme von neuen Strukturen zumindest bezüglich der Aufgabenstellung gut möglich war. Ob die Strukturen sich be-währen und welche Ressourcen angeboten werden könnten, war noch eine Frage des Projektablaufs und eine Frage dessen, was mit den zur Verfügung stehenden Mitteln geleistet werden kann.

Auch seitens der Bürger*innen und weiterer Teilnehmenden im Projekt war Verstetigung von Beginn an ein Thema. So wurde bereits bei der Auftakt-veranstaltung in der Arbeitsgruppe Partizipations- und Geschäftsmodell von den Teilnehmenden angemerkt, dass es wichtig sei, haltbare Strukturen aufzu-bauen und Parallelstrukturen zu vermeiden. Dieser Gedanke trug sich in den verschiedenen Arbeitsgruppen weiter fort und es wurde immer wieder darüber diskutiert, wie sichergestellt werden kann, dass bestimmte Strukturen aufrecht-erhalten werden können. So wurden z. B. in der Teilprojektgruppe Digitale Quartiersplattform Möglichkeiten der Weiterführung besprochen (z. B. hinsichtlich der Verantwortungs- und Kostenübernahme für den Betrieb der Server) (siehe Kapitel 8) und auch in der Teilprojektgruppe Teilhaben und Beteiligen war u. a. die Verstetigung ein zentrales Anliegen (siehe Kapitel 10). Die örtlichen etablierten Quartiersnetzwerke, das Generationennetz Gelsenkirchen e. V. wie auch die Arbeitsgruppe Teilhaben und Beteiligen des Teilprojekts Partizipationsmodell sind daher auch immer wieder an die Kommunalpolitik, Verwaltung und weitere lokale Akteure herangetreten und haben versucht, mögliche gemeinsame Lösungen für eine Verstetigung zu finden.

Abb. 25: Bausteine der Verstetigung im Projekt QuartiersNETZ

Quelle: Eigene Darstellung

Der Ansatz, lokale Akteure frühzeitig mit einzubeziehen, hat sich insgesamt als erfolgreich erwiesen, da viele dieser Akteure die im Projekt aufgebauten Partizipationsstrukturen weiter unterstützen wollen. So hat sich das Generationennetz bereit erklärt, die Formate Technikbotschafter*innen und Quartiers-redaktionsteams weiterzuführen und entsprechend zu begleiten. Auch die Quartierskonferenzen werden zunächst einmal durch hauptamtliche Ressourcen des Generationennetzes weiterhin ermöglicht, zum Teil mit der Unterstützung weiterer lokaler vereins- oder verbandsmäßig organisierter Akteure. Das Gleiche gilt für die Techniktreffs, die in Kooperation des Generationennetzes mit je unterschiedlichen Institutionen und Organisationen, geregelt durch vertragliche Vereinbarungen, über das Projektende hinaus eine wichtige Anlaufstelle in Fragen rund um das Thema Technik sein werden und insbesondere den Technikbotschafter*innen als „Stützpunkt" dienen (Heite 2018).

11.2.2 Diskussion und Herangehensweise

In der Teilprojektgruppe Teilhaben und Beteiligen wurden Politik und Verwaltung als wichtige Instanzen für Verstetigung und Sicherung der aufgebauten Strukturen ausgemacht, so dass überlegt wurde, wie man diese kontaktieren und mit Repräsentant*innen sprechen könne (siehe Kapitel 10). Es wurde z. B. vorgeschlagen, als Bürger*in Sprechstunden aufzusuchen und/oder sich an öffentlichen Sitzungen zu beteiligen, wie beispielsweise Rats- und Bezirksvertretungssitzungen, Bürgersprechstunden oder Gremien wie etwa den Präventionsrat zu besuchen. Dies könne auch im Quartier organisiert werden, so dass Informationen wieder an das Quartier zurückgespiegelt werden. Umgekehrt sollten auch Politiker*innen systematisch zu den Treffen der Bürger*innen eingeladen werden, allen voran zu den Quartierskonferenzen. Dies könnten Politiker*innen sein, die für einen bestimmten Ausschuss zuständig oder mit dem jeweiligen Quartier verbunden sind. Das Ziel hierbei sei, die Aufmerksamkeit auf bestimmte Themen zu lenken und Informationen an die Politiker*innen zu geben, aber auch Informationen zu bekommen und somit z. B. eine Beseitigung von Missständen zu erreichen. Der Kontakt zur Lokalpolitik wurde auch deswegen gesucht, weil das Projekt QuartiersNETZ sich immer als flankierend und nicht als die repräsentative Demokratie ersetzend verstanden hat.

In der genannten Gruppe wurde weiterhin eine Vernetzung der verschiedenen Quartiersinitiativen auf stadtweiter Ebene angeregt, um auch hierüber eine Verstetigung zu erreichen. Hierzu organisierte das Teilprojekt zusammen mit dem Generationennetz Gelsenkirchen e. V. und dem aGEnda 21-Büro Gelsenkirchen ein sogenanntes Netzwerkertreffen, bei dem sich die verschiedenen Initiativen gegenseitig vorstellten und Fragen zur Vernetzung untereinander und mit der Politik und Verwaltung diskutierten. Letztendlich wurde dieses Treffen nicht wiederholt oder weitergeführt, um Parallelstrukturen zu vermeiden, da in der Zwischenzeit ein Großteil der Quartiersinitiativen über ein regelmäßiges Treffen, das von der Ehrenamtsagentur in der Stadt organisiert wird, vernetzt ist und sich dort Austauschstrukturen ergeben haben. Dieses Treffen wurde im Rahmen eines Haushaltspostens für Quartiersinitiativen seitens des Oberbürgermeisters gegründet. Bei den Treffen kommen die Initiativen zusammen, die aus diesem Topf gefördert werden können. Hierfür gibt es verschiedene Kriterien wie die Ausrichtung auf das Quartier und ein Beitrag zur Verbesserung der Lebensqualität der Bewohner*innen; Voraussetzung ist auch, dass keine anderen regelmäßigen finanziellen Förderungen bestehen. Aber auch aus Quartieren mit fremdfinanzierter Förderung nahmen zum Teil Akteure an den Treffen teil, so dass der Austausch über die einzelnen Quartiersaktivitäten gewährleistet ist (Ehrenamtsagentur Gelsenkirchen 2017).

Begegnungsorte als wichtiges Element der Verstetigung wurden in der Gruppe Teilhaben und Beteiligen auch immer wieder angesprochen sowie überlegt wie viel die verschiedenen Partizipationsformate und -strukturen im Projekt – eigenfinanziert – wohl kosten würden. Dies wurde allerdings nicht konkret in der Arbeitsgruppe aufgeschlüsselt. Das Generationennetz Gelsenkirchen e. V. hat aber, um besser entscheiden und Prioritäten setzen zu können, für sich bzw. für den Vereinsvorstand, die Kosten ansatzweise berechnet (Freese und Heite 2018).

In den Treffen mit Politikvertreter*innen, die durch das Teilprojekt Teilhaben und Beteiligen organisiert wurden, war Verstetigung dementsprechend ein Thema. Hier war der allgemeine Tenor, dass in den unterschiedlichen Quartieren wohl auch die Verstetigung unterschiedlich laufen wird, da diese zum einen von den vor Ort aktiven Akteuren abhängt, aber z. B. auch von der Größe des Quartiers bzw. den Strukturen des Quartiers, genauer von der Quartiersspezifik. Ein Anschluss an Institutionen oder Organisationen wird als notwendig gesehen, aber eine kommunale Finanzierung durch die Stadt wurde als kaum möglich erachtet, da Gelsenkirchen eine Kommune in der Haushaltssicherung ist. Das heißt, dass in einem solchen Fall der Kommunalhaushalt von der zuständigen Bezirksregierung des Landes überprüft und genehmigt werden muss. Dieser Prüfvorgang ist nicht selten mit Kürzungshinweisen, die freiwilligen kommunalen Ausgaben betreffend, verbunden. Räume bzw. Begegnungsorte wurden in diesem Diskursrahmen auch noch einmal als grundlegendes Element der Quartiersarbeit betont und vorgeschlagen, über gemeinsame Nutzung von vorhandenen Räumen nachzudenken, da nicht jede Organisation ihren eigenen Raum erhalten oder schaffen kann. Diese Diskussion wird wohl in den Quartieren sowie im Stadtrat lösungsorientiert weiter fortgeführt.

Auch in der Arbeitsgruppe Digitale Quartiersplattform wurde die Weiterführung der Plattform von den Teilnehmenden immer wieder angesprochen und betont, dass die Finanzierung bzw. Betreuung nicht erst gegen Projektende geklärt werden dürfe (siehe Kapitel 7). Dieser Diskussion lag auch zugrunde, dass sich einige der Teilnehmenden als Quartiersredakteur*innen engagieren und für sie daher eine Weiterführung der Plattform wichtig ist (siehe Kapitel 8). Außerdem war es den Teilnehmenden ein Anliegen, dass ihr Einsatz bei der Entwicklung der Plattform sich auch „lohnt", indem die Plattform weiter genutzt und auch weiterentwickelt wird. Wesentlich war für die Teilnehmenden außerdem, dass die Verantwortung für die Plattform nicht bei einer ehrenamtlich engagierten Person liegt, sondern durch Hauptamtliche gewährleistet werde.

In den Quartieren wurden sowohl in den Steuerungsgruppen als auch auf den Quartierskonferenzen Möglichkeiten der Verstetigung diskutiert. In Hüllen wurde z. B. ein Termin mit dem bereits im Quartier schon länger engagierten Bürgerverein vereinbart, der u. a. auch den Antrag zur Mitwirkung im Projekt gestellt hatte, um zu überlegen, inwiefern und inwieweit dieser bestimmte Strukturen nach Projektende übernehmen kann. Die Diskussion in Hüllen wird unten als Beispiel noch einmal ausführlicher beschrieben. Auch bei der Quartierskonferenz wurde darüber diskutiert, wie örtliche Strukturen aufrechterhalten werden könnten. Einige der beteiligten institutionellen Akteure haben sich für eine weitere Unterstützung ausgesprochen, müssen allerdings noch intern klären, wie dies genau passieren kann. Viele dieser Akteure sind insgesamt bereits stark engagiert, so dass hier auch geklärt werden muss, wie viele Kapazitäten noch vorhanden sind.

Auch in Buer-Ost wurde im Ko-Kreis und bei den Quartierskonferenzen die Verstetigung diskutiert. Hier haben sich die Teilnehmenden vor allem dafür ausgesprochen, dass das neu geschaffene Nachbarschaftsfest weiterhin netzwerkartig organisiert werden soll. Auch die Verkehrs-AG, die im Projektkontext entstanden ist, will weitermachen und Quartierskonferenzen wird es auch hier weiterhin unter Federführung des Generationennetzes geben. Der Techniktreff kann gut als Treffpunkt für kleinere Gruppen dienen. Die Caritas bzw. deren Nachbarschaftszentrum, die für Buer-Ost den Antrag auf Mitwirkung im Projekt QuartiersNETZ gestellt hatte, wird sich auch weiterhin mit ein paar Stunden im Quartier engagieren.

Im Ko-Kreis Schaffrath und auch bei den Quartierskonferenzen war Verstetigung immer wieder ein Thema, auch dadurch, dass sich in diesem Quartier ein Bürgerverein im Projektverlauf gegründet hat, der den Quartierstreffpunkt betreibt und finanziert, damit ein Begegnungsort im Quartier vorhanden ist und Strukturen erhalten bleiben können. Das heißt, hierdurch gibt es bereits erste Ansätze der Verstetigung, die auch hier durch die Zusammenarbeit mit dem Generationennetz gewährleistet zu sein scheint. Dies zeigt sich z. B. auch bei der Planung des Nachbarschaftsfestes, an der auch in diesem Quartier viele verschiedene lokale Akteure teilnehmen, so dass die Generationennetzmitarbeiter*innen hier vermutlich einen Schritt zurücktreten können. Die Quartierskonferenzen werden auch weitergeführt und auch hier wird sich die Organisation auf mehrere Akteure verteilen. Der Verein, der auch Mittel aus dem oben erwähnten Haushaltstopf für Quartiersinitiativen erhält, will daraus z. B. die Bewirtung für die Quartierskonferenzen übernehmen. Inwiefern der Koordinierungskreis und der bereits vor Projektbeginn bestehende Bürgerverein getrennte Akteure bleiben oder sich zusammentun wird vermutlich im weiteren Verlauf geklärt. Da es hier eine starke Überschneidung von Akteuren gibt, könnte dies möglicherweise sinnvoll sein.

Ähnlich wie in den anderen Quartieren wurde die Verstetigung auch in Schalke diskutiert. Da einige der Steuerungsgruppenmitglieder hauptamtlich im Bereich der Quartiersarbeit tätig sind, wird es im Quartier auch zukünftig verschiedene Angebote geben. Dazu gehören auch die Quartierskonferenzen, der Techniktreff und andere durch die verschiedenen Akteure angebotenen Formate, wie z. B. der durch das Generationennetz begleitete Stammtisch. Wichtig ist hier daher auch die Treffen der Steuerungsgruppe aufrecht zu erhalten, um weiterhin Informationen weiterzugeben, zu bündeln und eine Zusammenarbeit der verschiedenen Akteure zu organisieren. Die ehrenamtlich engagierten Bürger*innen werden hier wohl eine wesentliche Rolle spielen, aber eine diesbezügliche hauptamtliche Unterstützung sollte als tragende Stütze erhalten werden.

Als ein weiteres Element der Verstetigung, das sich während der Laufzeit von QuartiersNETZ ergeben hat, sei noch der stadtweite Arbeitskreis „Barrierefreiheit" genannt. Dieser Arbeitskreis wurde vonseiten der Verwaltung angestoßen, um den verschiedenen Quartieren die Möglichkeit zu geben, die wichtigsten Missstände in Bezug auf Barrierefreiheit bzw. Verkehr zu melden und zu besprechen. Anlass hierfür war unter anderem, dass Bürger*innen der verschiedenen QuartiersNETZ-Netzwerke bzw. deren Verkehrs-AGs, sich an die Verwaltung mit verschiedenen Problemen gewandt, und Informationen bzw. Abhilfe eingefordert hatten. Da mehrere Anfragen aus verschiedenen Quartieren kamen, wollte die Verwaltung diesen Prozess bündeln, um Anfragen effektiver und effizienter bearbeiten zu können. So konnte im Rahmen des Projekts hier ein „geregelter" Austausch mit durchaus kontroversen Diskussionen zwischen Verwaltung und Quartier anstoßen werden. Allerdings wurde diese Formalisierung zum Teil auch kritisch gesehen, da so die Bürger*innen auf diesen Kommunikationsweg festgelegt werden.

11.2.3 *Diskussion von Verstetigungsansätzen – ein Beispiel*

Als Beispiel, wie über Verstetigung in den Steuerungsgruppen und Ko-Kreisen diskutiert wurde, soll hier das Quartier Hüllen etwas ausführlicher dargestellt werden. Die Steuerungsgruppe im Quartier Hüllen hat u. a. ein Treffen mit dem Vorstand des örtlichen Bürgervereins organisiert, um darüber zu sprechen wie eine Verstetigung der QuartiersNETZ-Strukturen aussehen könnte und inwiefern es dem Verein möglich ist, Strukturen zu übernehmen und welche weiteren Möglichkeiten der Verantwortungsübernahme gegebenenfalls bestehen. Dabei ist ein Mitglied der Steuerungsgruppe gleichzeitig im Vereinsvorstand.

Im Gespräch kam heraus, dass es bisher im Verein keine einheitliche Meinung zur möglichen Verstetigung projektinduzierter Formate gibt. Es wird vom Verein angenommen, dass einige der im Projekt entwickelten Strukturen bereits durch andere Institutionen oder bürgerschaftliche Selbstorganisation vorerst gewährleistet werden, wie z. B. der Techniktreff, Nachbarschaftsgarten und Hüller Geschichtskreis. Die Fortführung der Digitalen Quartiersplattform sei zwar noch offen, hier will sich der Verein aber nicht engagieren, da dies nicht sein Thema sei und auch keine Kapazitäten dafür vorhanden seien.

Bezüglich der Quartierskonferenzen ist man sich in der Steuerungsgruppe darüber einig, dass diese fortgeführt werden sollten, da sie gut angenommen werden und ein gutes Format dafür sind, dass Bewohner*innen miteinander ins Gespräch kommen und die Möglichkeit haben, ihre Themen einzubringen und sich dafür einzusetzen. Der Verein unterstützt das Format der Quartierskonferenzen, kann diese allerdings nicht in eigener Regie ausrichten oder übernehmen, da dies zu viel Aufwand für die ehrenamtlich agierenden Mitglieder sei. Die hauptamtliche halbe Stelle des Generationennetzes, die durch das Projekt QuartiersNETZ gefördert wurde und deren Aufgabe u. a. die Organisation der Quartierskonferenzen war, könne nicht einfach durch Ehrenamt ersetzt werden. Hierin ist sich die Steuerungsgruppe einig.

Um zu klären, welche Aspekte eventuell von wem übernommen werden könnten, werden in der weiteren Diskussion zunächst einmal die Aufgaben für die Planung und Durchführung einer Quartierskonferenz grob aufgeschlüsselt. Ein Raum für die Veranstaltung könnte vermutlich in einer der kirchlichen Gemeinden genutzt werden. Eine Einladung per E-Mail wäre unproblematisch, aber die Einladungen, die bislang per Post versendet werden, könnten vom Verein aufgrund der Kosten und des zeitlichen Aufwands nicht übernommen werden. Dann müssten weiterhin die Interessensgemeinschaften bzw. Arbeitsgruppen vor- und nachbereitet werden und andere Fixkosten gedeckt werden. Möglich wäre es, die Anzahl der Quartierskonferenzen im Jahr zu senken, falls der Aufwand sich als zu hoch erweist. Insgesamt scheint Konsens zu bestehen, dass eine Fortführung der Quartierskonferenzen möglich sei, wenn die Aufgaben auf mehrere Personen verteilt würden. Es wird außerdem diskutiert, inwiefern es Bürger*innen möglich sei, die Quartierskonferenz weitestgehend selbst zu organisieren, mit der Möglichkeit, beim Bürgerverein (oder dem Generationennetz) Unterstützungsbedarf zu melden. Allerdings wird es als positiv angesehen, wenn die derzeitigen Mitglieder sich auch weiterhin an der Steuerungsgruppe beteiligen könnten. Die Lebenshilfe gGmbH[38] kann hier bereits

---

38 Die Lebenshilfe Wohnen NRW gemeinnützige GmbH ist eine gemeinnützige Gesellschaft, deren Ziel die Teilhabe von Menschen mit geistiger Behinderung und ihrer Familien in un-

eine weitere Beteiligung zusagen, da die Inklusion der Bewohner*innen des Hauses Lebenshilfe (betreutes Wohnen) in das Quartiersgeschehen ein wichtiges Anliegen für den Verein sei. Auch das Generationennetz wird weiterhin im Quartier vertreten sein. Die genaue Stundenzahl und dazugehörigen Aufgaben müssen allerdings noch festgelegt werden. Der ambulante Pflegedienst kann aufgrund von Personalmangel nach Projektende nicht weiter in der Steuerungsgruppe vertreten sein. Die anderen hauptamtlichen Mitglieder wollen den weiteren Einsatz mit ihren jeweiligen Institutionen klären. Die Bürger*innen, die in der Steuerungsgruppe aktiv sind, würden auch gerne weitere Privatpersonen ansprechen, wünschen sich aber eine feste (hauptamtliche) Ansprechperson. Weiterhin könne man auch noch einmal überlegen, ob man eventuell weitere Dienstleister ansprechen könnte, ob sie sich beteiligen würden. Als letztes wird die Frage aufgeworfen, ob es Ansätze vonseiten der Stadt gäbe, wie sie die Verstetigung unterstützen kann. Hier soll noch einmal nachgehakt werden.

11.2.4 Verstetigungsansätze

Die Weiterführung der Techniktreffs[39] wurde bereits während des Projekts durch entsprechende Kooperationsverträge geregelt. Hier überlässt die Fachhochschule Dortmund die Geräte, die für den Techniktreff angeschafft wurden, für zunächst fünf Jahre dem Generationennetz Gelsenkirchen e. V., danach gehen diese in das Eigentum des Generationennetzes über (Überlassungsvertrag). Mit den Institutionen, die die Techniktreffs beherbergen, wurden ebenso Kontrakte abgeschlossen, dass diese für fünf Jahre die Räumlichkeiten zur Verfügung stellen, damit Bewohner*innen und Gruppen die Techniktreffs nutzen können (Heite 2018). Auf diese Weise ist das Angebot der Techniktreffs zumindest für die folgenden fünf Jahre gewährleistet. Was hiernach passiert, kann noch nicht abgesehen werden, allerdings ist es aufgrund der Kosten unwahrscheinlich, dass neue (Ersatz-)Geräte angeschafft werden. Es kann aber gut sein, dass die bestehenden Geräte so lange wie möglich weitergenutzt werden. Außerdem könnten Möglichkeiten des Sponsorings überprüft werden, um neuere Geräte zu bekommen, wenn sich die Techniktreffs bewährt haben.

Die Technikbotschafter*innen werden zusammen mit Hauptamtlichen des Generationennetzes Gelsenkirchen e. V. selbst nachfolgende Technikbotschafter*innen ausbilden, wobei auch die Lehrpläne und -formate genutzt werden, die im Projekt QuartiersNETZ entwickelt wurden. Wie bereits erwähnt, wer-

---

serer Gesellschaft ist. Dazu gehört die Schaffung differenzierter Wohnangebote für Menschen mit geistiger Behinderung sowie teilstationäre Einrichtungen der Behindertenhilfe und ambulante Hilfen. (https://www.lebenshilfe-nrw-wad.de/)

39   Für eine Beschreibung der hier besprochenen Formate siehe Kapitel 4.

den sie durch das Generationennetz betreut, so dass sich die Technikbotschafter*innen bei Fragen an dessen Mitarbeiter*innen wenden können, Räume bereitgestellt werden und auch regelmäßige Treffen durch das Generationennetz veranstaltet werden. Für das Angebot der Technikbotschafter*innen gibt es eine Webseite, die den Prozess der Verstetigung unterstützt (Heite 2018). Auch die Quartiersredakteur*innen werden weiterhin durch das Generationennetz betreut und haben eine feste Ansprechpartnerin dort. Sowohl für die Technikbotschafter*innen als auch die Redaktionsteams werden vom Generationennetz ein regelmäßiger Austausch und Begleitung gewährleistet und zum Teil auch die Öffentlichkeitsarbeit unterstützt.

Die Zukunft der Digitalen Quartiersplattform war zum Zeitpunkt dieser Veröffentlichung noch nicht endgültig geklärt; denn die Server, um die es hier im Wesentlichen geht, wurden durch einen der unternehmerischen Projektpartner projektzeitraumbezogen – und für einige Zeit darüber hinaus – bereitgestellt. Da hierfür Kosten anfallen, war es schwieriger Akteure zu finden, die dies übernehmen wollen und können. Denn oft ist es für Akteure vor Ort einfacher organisierbar, eigene personelle Ressourcen einzusetzen, als sich zu verpflichten laufende Kosten für einen Service zu übernehmen. Auch für die Stadt Gelsenkirchen ist dies eine Zusage, die nicht leichtfertig getroffen werden kann, da sie als Kommune in der Haushaltssicherung zunächst einmal die Pflichtausgaben aus dem Haushalt zahlen muss und freiwillige Aufgaben nur begrenzt möglich sind und es hierfür auch bestimmte Prioritäten gibt. Eventuell wird es notwendig sein, Inhalte auf ein anderes Angebot umzuziehen, wenn der Serverbetrieb nach Ablauf des Projekts so nicht mehr gewährleistet werden kann.

11.3 Finanzierung von Angeboten und Strukturen

Eine Schlüsselfrage der Verstetigung ist die weitergehende Finanzierung von modellprojektartig entwickelten Strukturen. Häufig stellt die dauerhafte Finanzierung der Quartiersarbeit (mit Blick auf die Arbeit des Generationennetzes Gelsenkirchen e. V. v. a. die offene sozialräumliche bzw. gemeinwesenarbeitsbezogene Soziale Altenarbeit) die größte Herausforderung dar, weil es hierfür keine Regelfinanzierung gibt. In Anbetracht knapper kommunaler Kassen ist es schwierig, tragfähige Finanzierungsmodelle für Quartiersstrukturen, die langfristig sinnvoll und nötig sind, zu gewährleisten. Daher müssen meist alternative Wege gefunden werden, um eine weitergehende Finanzierung zu erreichen. Der Aufbau und die Festigung komplett selbsttragender Strukturen im Quartier kann hier eher kein zentraler Gesichtspunkt sein, um den Fortbestand von Maßnahmen über die Förderphase hinaus zu sichern (Mehnert und

Kremer-Preiß 2016; Planergemeinschaft für Stadt und Raum eG 2017; Landesbüro altengerechte Quartiere NRW 2018). Denn es ist, wie erwähnt, insofern nicht unproblematisch, als damit möglicherweise zivilgesellschaftliche Ressourcen, insofern sie in diesem Umfang überhaupt bereitstehen und Willens sind, überfordert werden, was dann kontraproduktive Effekte hätte.

Möglichkeiten für die weitergehende Finanzierung oder anderweitige Unterstützung wären etwa Partnerschaften mit organisationsgebundenen Kooperationspartner*innen, wie z. B. die Wohnungswirtschaft, Handwerkskammer, IHK, Wohlfahrtsverbänden, Vertreter*innen der lokalen Ökonomie etc. Die Wohnungswirtschaft kann z. B. Räume für die Quartiersarbeit mitfinanzieren. Gewerbetreibende können beispielsweise Druckkosten für Projektflyer übernehmen oder bestimmte Aktivitäten sponsern (Planergemeinschaft für Stadt und Raum eG 2017; Jahnke 2013). Ein weiteres Beispiel sind Patenschaftsmodelle. Dieser Ansatz wurde in Berlin unter dem Motto „Creative meets social" im Wrangelkiez ausprobiert. Hier wurden insbesondere Unternehmen aus dem Bereich der Kreativwirtschaft angesprochen, da diese im Quartier stark vertreten waren und weil diese Branche Bereiche wie Öffentlichkeitsarbeit, technischer Support und Organisationsentwicklung durch ihr eigenes Know-how unterstützen kann. Um die Unternehmen anzusprechen und gleichzeitig Netzwerkeffekte für die Branche zu erzielen, wurde ein Treffen veranstaltet, an dem sich Kreativunternehmen und soziale Einrichtungen beteiligten. Die sozialen Einrichtungen traten hierbei mit Wünschen nach Unterstützung an die Unternehmen heran, die dann gemeinsam umgesetzt werden bzw. besprochen wird, inwieweit diese gemeinsam erreicht werden können. Die Wünsche reichten von Projektsponsoring über Sachspenden bis zu Praktikumsplätzen und den Entwurf von ansprechend gestalteten Flyern oder Unterstützung bei der Tontechnik (Jahnke 2013).

Weiterhin sind die Akquise zusätzlicher Fördermittel und Fundraising Möglichkeiten, die die Finanzierung zumindest für eine gewisse Zeit weiter sichern können. Da die Beantragung von Fördermitteln und auch Fundraising kein einfaches Unterfangen ist, ist es allerdings notwendig, die Akteure im Quartier hierfür zu qualifizieren und entsprechende Unterstützungsstrukturen anzubieten (z. B. durch die Verwaltung) (Planergemeinschaft für Stadt und Raum eG 2017). Weitere Beispiele für Finanzierungsquellen und -modelle sind bei Meinert und Kremer-Preiß (2016) aufgeführt. Da diese vergleichsweise sehr spezifisch sind, soll hier nicht weiter darauf eingegangen werden.

Letztendlich wird Quartiersarbeit häufig auch dadurch finanziert, dass zum einen Personal im Rahmen geringfügiger Beschäftigungsverhältnisse beschäftigt wird und zum anderen bürgerschaftlich Engagierte verschiedene Aufgaben übernehmen, entweder gegen eine geringe oder keine Vergütung (Mehnert und Kremer-Preiß 2016). Diese Finanzierungsart ist unseres Erachtens kritisch zu sehen, da sie primär darauf setzt, dass ehrenamtliches Engagement (quasi als „Reservearmee") genutzt wird und – nicht selten damit in Verbindung stehend

– die Gefahr besteht, dass staatliche Aufgaben zurückgefahren werden. Auch wenn hauptamtliche Quartiersarbeit auf Bürgerschaftliches Engagement angewiesen ist und daher Bewohner*innen einbeziehen möchte, wie diese ja auch selbst häufig bereit sind, sich für ihr Quartier einzusetzen (so unsere Erfahrungen mit Bezug auf QuartiersNETZ) und daher eine relativ große Engagementbereitschaft im und für das Quartier zeigen, kann das ehrenamtliche Engagement dennoch nicht als eine Art Finanzierungsgrundlage aufgefasst werden. Auch die geringfügigen Beschäftigungsverhältnisse können problematisch sein, da diese häufig nur kurzfristig sind, so dass die für die Quartiersarbeit wünschenswerte Kontinuität fehlt (Mehnert und Kremer-Preiß 2016).

Eine Möglichkeit, kleinere Projekte und Aktivitäten vor Ort durchaus selbstorganisiert umzusetzen, ist der sogenannte Quartiers- oder Verfügungsfonds. Dieser Fonds stellt ein (geringes) Quartiersbudget zur Verfügung, über das die Bürger*innen nach festgelegten Kriterien entscheiden können und zum Beispiel Nachbarschaftsfeste, aber auch andere Mitmachaktionen damit finanziert werden können (Grabner 2012).

In Gelsenkirchen findet sich derzeit eine weitere Variante. Hier gibt es keinen Fonds für einzelne Quartiere, sondern, wie bereits erwähnt, einen Haushaltstopf für Quartiersinitiativen (administriert vom Amt des OB), der auf die beteiligten Initiativen verteilt bzw. für gemeinsame Aktionen genutzt wird. Die Initiativen können eine finanzielle Unterstützung für verschiedene Aktivitäten beantragen, die dann von der Stadt genehmigt werden. In 2017 konnte z. B. jede Initiative bis zu 5.000 Euro beantragen. Unterstützte Aktivitäten waren zum großen Teil Nachbarschaftsfeste, Weihnachtsbaumaktionen oder anderweitige Gelegenheiten, um Menschen zusammenzubringen. Es wurde aber auch eine gemeinsame Broschüre herausgebracht, die die verschiedenen Initiativen beschreibt und bei einem gemeinsamen Fest in der Innenstadt vorgestellt wurde (Ehrenamtsagentur Gelsenkirchen 2017).

Eine weitere Möglichkeit in Gelsenkirchen eine Finanzierung für Projekte im Quartier zu erhalten, sind die sogenannten Bezirksforen. Diese wurden in 2017 als Nachfolgeformat des Bürgerhaushalts eingeführt. Das Budget, das vorher für den Bürgerhaushalt genutzt wurde, wird hierbei auf die fünf Stadtbezirke aufgeteilt, aufgeschlüsselt nach der Einwohnerzahl, so dass Stadtbezirke mit mehr Einwohner*innen auch ein höheres Budget zur Verfügung haben. In den Bezirksforen können dann Bürger*innen des Stadtbezirks Projekte vorschlagen, die aus dem Budget bezahlt werden sollen. Personelle Ressourcen können hieraus allerdings nicht bezahlt werden und auch Projekte, die aus dem „normalen" Haushalt gezahlt werden können, werden normalerweise diesem zugeordnet. Bei den Bezirksforen sind die Verwaltungsdezernenten anwesend und können direkt eine Rückmeldung dazu geben, ob ein Projekt aus dem regulären Haushalt bezahlt werden kann, welche Schwierigkeiten bei Vorschlägen eventuell auftreten können und wie viel ein Projekt ungefähr kosten wird. Es wird versucht, darauf zu achten, dass innerhalb der

Stadtbezirke möglichst alle Quartiere Projekte erhalten, so dass nicht ein Quartier bevorzugt wird. Nachdem die Vorschläge eingereicht und vorgestellt wurden, diskutiert der Verwaltungsvorstand intern darüber und erstellt eine Rangfolge der Vorschläge, wobei die bereits erwähnten Kriterien angewandt werden. Die erfolgreichen Vorschläge werden dann direkt bei der Veranstaltung an die Bürger*innen zurückgemeldet, mit dem Vorbehalt, dass diese noch durch die Verwaltung geprüft werden müssen (Stadt Gelsenkirchen 2018b). Auch wenn dieses Budget die Quartiersarbeit nicht personell unterstützen kann, bietet es doch eine Möglichkeit gute Ideen für das Quartier finanziert zu bekommen. Zum Großteil werden durch dieses Budget örtliche Vereine und Initiativen unterstützt.

11.4 Fazit

Die Verstetigung von Partizipationsstrukturen in dem Sinne, dass diese (weitgehend) erhalten bleiben, obwohl die finanzielle und personelle Unterstützung der Quartiersarbeit verringert wird, ist ein zentrales und schwieriges Thema der Quartiersarbeit. Im Projekt, aber auch in anderen Quartiersprozessen, ist deutlich geworden, dass eine z. B. von Bewohner*innen vollständig selbstorganisierte Quartiersarbeit kaum möglich bzw. wenig sinnvoll ist; jedenfalls aber ist weitere Unterstützung notwendig – zum einen durch hauptamtliches Personal (z. B. in Form von Beratung, Coaching, Qualifizierung); zum anderen aber auch durch Zurverfügungstellung von Räumen, finanzielle Unterstützung oder durch Sachspenden. Wie diese Unterstützung organisiert werden könnte, war Thema dieses Kapitels.

Die wichtigste Erkenntnis hierzu ist, dass es nicht den einen Weg der Verstetigung gibt und dass jedes Quartier seinen eigenen Weg finden muss, abhängig davon welche Akteure im Quartier aktiv sind, welche Mittel die Kommune zur Verfügung stellen kann und natürlich auch abhängig von den Strukturen, die weitergeführt werden sollen. Verstetigung sollte bereits, v. a. im Fall von Drittmittelprojekten, während der Förderphase geplant und begonnen werden. Der erste Schritt ist hierbei zu überlegen, welche Strukturen unbedingt erhalten bleiben sollten, inwiefern Strukturen eventuell abgespeckt werden können und welche Aktivitäten gegebenenfalls auch wegfallen können. Wenn diese Priorisierung erfolgt ist, geht es darum zu überlegen, wer welche Aufgaben übernehmen könnte, um daraufhin die verschiedenen Akteure anzusprechen.

Im Projekt QuartiersNETZ gab es durch den Auswahlprozess der beteiligten Quartiere bereits im Vorfeld Akteure vor Ort, die sich für den Prozess verantwortlich fühlten und die daher auch weiter Unterstützung bieten wollen.

Ebenso können einige der Formate durch das stadtweit agierende Akteursnetzwerk Generationennetz Gelsenkirchen e. V. übernommen werden, das wichtigster Praxispartner im Projekt war. Aufgrund der finanziellen und personellen Lage ist es diesem Akteur allerdings nicht möglich, sämtliche Strukturen eins zu eins zu übernehmen. Der Verein hat aber eine interne Bewertung seiner Aufgaben und der neu hinzugekommenen Formate vorgenommen und auf diesem Wege ebenso eine Priorisierung der zu erhaltenden Formate vorgenommen (Freese und Heite 2018). Dies hat dazu geführt, dass hauptamtliche Mitarbeiter*innen weiter mit einem, wenn auch geringeren, Stundenkontingent in den Quartieren vertreten sein werden, um die Quartiersarbeit zu koordinieren und zu unterstützen. Ebenso begleitet das Generationennetz die Technikbotschafter*innen und Quartiersredakteur*innen weiter und übernimmt die Mitverantwortung für die Techniktreffpunkte. Auch die Quartierskonferenzen werden in den betreffenden Quartieren weitergeführt. Hier wird allerdings die Koordination auf verschiedene Organisationen und Personen verteilt, so dass das Generationennetz hier nicht mehr hauptverantwortlicher Akteur sein wird.

Vorteilhaft für einen erfolgreichen Verstetigungsprozess sind zudem das Vorhandensein von (neutralen) Begegnungsorten im Quartier, im Quartier aktive Akteure, bürgerschaftlich engagierte Bürger*innen sowie deren Vernetzung, die sich z. B. in der Art der Zusammensetzung der Steuerungsgruppen vor Ort zeigt. Weiterhin hilfreich sind Ansprechpartner*innen in der Verwaltung sowie, wenn möglich, ein (geringes) Budget auf das etwa für Aktivitäten, Feste und Projekte zurückgegriffen werden kann. In Gelsenkirchen werden Quartiersinitiativen z. B. durch einen Etat im Haushalt unterstützt (der sogenannte Quartiersfonds). In diesem Zusammenhang wird auch die stadtweite Vernetzung und der Austausch der Quartiersinitiativen unterstützt, indem die Ehrenamtsagentur vierteljährliche Treffen für diese Gruppen organisiert. Ebenso können Projekte im Bürgerhaushalt vorgeschlagen werden, der nun, wie erwähnt, durch Bezirksforen in den verschiedenen Stadtbezirken durchgeführt wird. Eine weitere Unterstützung durch Personal vor Ort ist der Kommune aufgrund der Kosten allerdings bislang nicht möglich. Allerdings ist die Stadt federführendes Mitglied im Generationennetz Gelsenkirchen e. V., so dass sie sich über diese Mitwirkungsrolle zumindest anteilig an den Stunden der Generationennetzmitarbeiter*innen beteiligt.

Eine wichtige Rolle spielt natürlich auch die Kommunalpolitik insgesamt und es ist bedeutsam, diese, sowohl auf der gesamtstädtischen als auch auf der Quartiersebene in den Verstetigungsprozess einzubeziehen sowie über die Quartiersarbeit auf dem Laufenden zu halten und die Ideen und Themen aus der Quartiersarbeit in die Kommunalpolitik einzubringen. Dies kann helfen die notwendige Rückendeckung bzw. Legitimation zu erhalten (z. B. durch politische Beschlüsse) sowie Projekte und Ideen voranzutreiben.

Als letztes soll noch benannt werden, dass eine klare Kommunikation bezüglich der Verstetigung und auslaufender Unterstützung notwendig ist, so dass die Akteure im Quartier sich darauf einstellen können und der Verstetigungsprozess gemeinsam gestaltet werden kann. Hierzu kann z. B auch eine Übergabe gehören, die zum einen die (neue) freiwillige *Mit*-Verantwortung der Bewohner*innen und Akteure unterstreicht und wertschätzt und zum anderen die nächste Phase in der Quartiersarbeit herausstellt. Das Projekt Quartiers-NETZ hat ganz in diesem Sinne seine Abschlussveranstaltung u. a. als Staffelübergabe (nicht nur symbolisch) organisiert, um damit eine neue Phase in den Quartieren einzuleiten, Zusicherung für weitere (hauptamtliche) Unterstützung der Quartiersarbeit inklusive.

12 Schlussbetrachtung

Diese Veröffentlichung hat sich mit Partizipationsstrukturen im Quartier bzw. mit deren Entwicklung beschäftigt, insbesondere im Zusammenhang mit der Teilhabe und Beteiligung älterer Menschen. Hierbei haben wir uns auf Erkenntnisse des Projekts QuartiersNETZ und insbesondere des Teilprojekts Partizipationsmodell bezogen. Übergreifende Fragen waren, inwiefern Partizipationsstrukturen und Quartiersarbeit dazu beitragen können, die Teilhabe und Beteiligung der Bewohner*innen zu verbessern, inwiefern die Strukturen und Quartiersentwicklung demokratische Prozesse auf der lokalen Ebene stärken bzw. revitalisieren können, welche ermöglichenden (und einschränkenden) Faktoren es für Partizipation auf Quartiersebene gibt, welche Schritte beim Aufbau von Quartiersnetzwerken hilfreich sind und welche Handlungsmöglichkeiten auf kommunaler Ebene bestehen. Auf diese Fragen und die gewonnenen Erkenntnisse soll hier nun noch einmal zusammenfassend eingegangen werden.

12.1 Einfluss von Partizipationsstrukturen auf Teilhabe und Beteiligung

Festgehalten werden kann, dass die geschaffenen Strukturen auf der Quartiersebene die Chancen zur Teilhabe und Beteiligung der (älteren) Bewohner*innen durchaus verbessert haben. Im Projekt sind wohnortnahe reale und digitale Strukturen (Quartiersnetzwerke) entstanden, die es Älteren ermöglichen, sich selbstbestimmt und selbstorganisiert am Leben im Quartier und auch der weiteren Stadtgesellschaft zu beteiligen, Ideen einzubringen und Aktivitäten zu entfalten. Es wurden Möglichkeiten geschaffen, sich zu engagieren und diese wurden auch angenommen (Grates et al. 2018c; Heming et al. 2019).

Weiterhin kann für einzelne Bewohner*innen ein Empowerment festgestellt werden, da sich diese durch das Projekt und die geschaffenen Beteiligungsstrukturen an Aktivitäten im Quartier beteiligen, Ideen einbringen, selbst Aktivitäten und Projekte organisieren oder sich auf der lokalen Ebene verstärkt politisch beteiligen. Es kann allerdings nicht behauptet werden, dass ein derartiges Empowerment für alle Teilnehmenden stattgefunden hat, da dies zum einen nur schwer nachzuweisen ist und zum anderen nicht alle auf diese Art und Weise erreicht oder ermächtigt werden konnten bzw. können. Aber es wurde Empowerment „im Kleinen" geschaffen, was sich vor allem durch eben jene, die empowert wurden, fortpflanzen kann (Heming et al. 2019).

Es wurde auch bestätigt, dass die Quartiersebene eine wichtige Ebene der Partizipation von Bürger*innen ist, da sie hier ihr Alltagswissen und ihre Orts-kenntnisse einbringen können und es um ihre alltägliche Wohnumwelt geht, die für nicht wenige ältere Menschen seit vielen Jahren ein vertrauter Nahraum ist. Weiterhin sind Änderungen oder Ergebnisse häufig greifbarer und dadurch potenziell auch motivierender, sich einzubringen.

Dennoch muss beachtet werden, dass Partizipationsstrukturen möglichst vielfältig und vor allem auch niedrigschwellig sind, damit Partizipation von Bürger*innen nicht zu einer zusätzlichen Benachteiligung bestimmter Bewoh-nergruppen führt. Unseres Erachtens wurden im QuartiersNETZ die Beteili-gungsformate so eingesetzt, dass nicht nur die bereits artikulationsstarken Bür-ger*innen eine starke Stimme im Quartier bekommen haben, sondern es wur-den auch bildungs- und einkommensarme Bevölkerungsschichten angespro-chen (Heming et al. 2019). Dennoch ist es auch hier zum Teil noch notwendig weitere Bevölkerungsgruppen verstärkt anzusprechen und einzubeziehen, wie z. B. Menschen mit Migrationshintergrund oder mit gesundheitlichen bzw. pflegebedingten Einschränkungen.

12.2 Einfluss von Partizipationsstrukturen auf die Stärkung der lokalen Demokratie

Partizipationsstrukturen auf der Quartiersebene und Quartiersarbeit beeinflus-sen die lokale Demokratie insofern, als dass sich Bewohner*innen vermehrt Gedanken über ihr Quartier machen und was sie sich für ihr Quartier (nicht) wünschen und dies auch äußern bzw. dafür auch aktiv eintreten. Insbesondere der Kontakt zu Politiker*innen auf der Stadtbezirks- und zum Teil auch Stadt-ratsebene, sei es durch deren Teilnahme an Quartierskonferenzen oder durch gesonderte Treffen mit der lokalen Politik, birgt die Möglichkeit, dass die Kommunalpolitik mehr darüber erfährt, was sich Bürger*innen denken bzw. was ihnen wichtig ist und welche Probleme sie sehen, aber vor allem auch, dass die Politik verschiedene Aktivitäten im Quartier unterstützen kann (oder nicht).

So gesehen kann der Ansatz der partizipativen Quartiersentwicklung die lokale Demokratie stärken. Vom Blickwinkel der konventionellen politischen Partizipation mag dies zunächst anders erscheinen, da z. B. die Quartierskon-ferenzen bzw. deren Teilnehmer*innen nicht für alle Bewohner*innen des Quartiers sprechen können. Die Quartierskonferenzen sind keine legitimierten demokratischen Einrichtungen. Hieraus könnten beispielsweise aber direkt-demokratische Verfahren erwachsen, so dass im Rahmen quartiersbezogener Strukturen (wie z. B. Quartierskonferenzen) Bürgerbegehren entstehen bzw.

Unterstützung finden und gar zu einem Bürgerentscheid führen könnten. Weiterhin geht es in der Demokratie ebenso um die unkonventionelle politische sowie die soziale Partizipation und hier haben die Quartiersveranstaltungen und die partizipative Quartiersentwicklung ihre Stärke. Die Quartierskonferenzen können sehr wohl die lokale, durch Wahlen legitimierte Demokratie stärken, indem die entwickelten Ideen, Konzepte, Strukturen, „Produkte" etc. mit der repräsentativen Politik verknüpft und entsprechend umzusetzen versucht werden. Diese Verknüpfung bedeutet, dass es einen besseren, *systematisch* organisierten Informationsfluss gibt, der eben nicht nur vom persönlichen Kennen von Politiker*innen oder etwa von der Sprachgewandtheit und dem Selbstbewusstsein bestimmter Personen abhängt.

Dennoch ist weiter darauf zu achten, dass Partizipations- und Beteiligungsprozesse nicht instrumentalisiert oder missbraucht werden, indem sie dazu genutzt werden, z. B. bereits getroffene Entscheidungen zu rechtfertigen, Teilnehmende in eine bestimmte Richtung zu beeinflussen oder deren Engagement auszunutzen, indem ihr Einsatz z. B. öffentliche Aufgaben ersetzt.

12.3 Ermöglichende Faktoren und Gelingensbedingungen für Partizipation und den Aufbau von Quartiersnetzwerken

Verschiedenste Faktoren unterstützen den Aufbau von Partizipationsstrukturen bzw. die Unterstützung der Teilhabe und Beteiligung von Bürger*innen. Die wichtigsten hiervon sollen hier noch einmal kurz zusammengefasst werden (siehe Abb. 26.

Zunächst einmal ist es im Rahmen der Quartiersarbeit wichtig, auf die *strukturellen Gegebenheiten* des Quartiers einzugehen sowie auf die Bewohner*innen, d. h. deren Stärken und Ressourcen als Grundlage sowie nicht zuletzt deren Partizipationsbereitschaft – um mit ihnen wertschätzend zusammenarbeiten. Jedes Quartier ist unterschiedlich. Um diese Gegebenheiten zu verstehen, ist zunächst eine *Bestandsaufnahme* hilfreich, die zum einen die sozialdemografischen wie sozio-strukturellen Bedingungen darstellt und zum anderen Akteure und Gegebenheiten vor Ort erfasst. Wichtig ist es auch, die *bestehenden Strukturen (Akteurskonstellationen, Initiativen* etc.) mit einzubeziehen und mit diesen gegebenenfalls zusammenzuarbeiten. Diese Zusammenarbeit kann helfen, mehr und andere Menschen, so sie denn können und wollen, zu erreichen, Ressourcen zu bündeln und womöglich auch Parallelstrukturen zu vermeiden. Damit werden auch Aktivitäten und Strukturen deutlicher für die Beteiligten (Bürger*innen und Akteure wissen dann wer wofür zuständig ist). Weiterhin ist das Engagement der Akteure vor Ort ein entscheidender Faktor für Partizipation und den Aufbau von Quartiersnetzwerken.

Wichtig ist ferner, die Bewohner*innen und Akteure ernst zu nehmen und ihnen *Wertschätzung* entgegenzubringen. Die Wahl *verschiedener und vor allem niedrigschwelliger Beteiligungsmethoden und -formate* hilft, unterschiedliche Gruppen auf verschiedene Art und Weise anzusprechen. Die Schaffung von *Ermöglichungs- und Ermächtigungsstrukturen*, wie z. B. Angebote der Begegnung, von Freiraum und Mitgestaltung/Mitbestimmung, der lernenden Weiterentwicklung und Ausstattung für verschiedenartige Gruppen (älterer) Menschen ist eine weitere Möglichkeit, Partizipation zu unterstützen.

Die *Stärkung des Selbstwirksamkeitsgefühls* (Empowerment) ist ein wichtiges Element von Teilhabe und Beteiligung. Erfahrungen der Selbstwirksamkeit können z. B. durch (begleitete) Lernprozesse gemacht und u. a. dadurch bestärkt werden, dass *Erfolge* in der Quartiersarbeit *kommuniziert* werden (positive Erlebnisse). Dabei ist eine tragfähige Beziehungsbasis zwischen den Initiator*innen von Partizipationsmöglichkeiten und den Beteiligten wichtig, um das *Vertrauen* in die Möglichkeit, durch das eigene Handeln etwas bewirken zu können aufzubauen.

Sowohl die *Ergebnisse* als auch der *Prozess* sind in der Quartiersarbeit von Bedeutung. Es ist insbesondere wesentlich, dass der Prozess gut und offen gestaltet ist, so dass sich alle Teilnehmenden wohl und ernst genommen fühlen können. *Transparenz* ist hierbei zentral: Was kann erreicht werden, welche Einflüsse wirken sich auf den Prozess aus, welches Ziel verfolgt der Prozess etc. Dabei ist auch ein klarer *Entscheidungsraum* wichtig und auch nicht zu viel auf einmal anzugehen bzw. *nicht zu viel zu versprechen* (nach dem Motto: „hier ist alles möglich“).

Weiterhin ist zu betonen, dass es *keinen Zwang* gibt, sich zu beteiligen. Engagement ist stets freiwillig. Dies ist insofern zu hervorzuheben, weil, gerade mit Sicht auf die „jungen Alten“, die Anrufungen bzw. Zuschreibungen, sich für ehrenamtliche Tätigkeiten (moralisch) quasi verpflichtet fühlen zu müssen, mehr und mehr den Diskurs über das Bürgerschaftliche Engagement älterer Menschen zu prägen scheinen (Lessenich 2013b).

Begegnungsorte und Treffpunkte ermöglichen Teilhabe. In allen Quartieren war ein Mangel an entsprechenden (neutralen) Räumen, in denen man sich treffen kann, ein Thema und in einem Quartier wurde eigens in Selbstorganisation ein Quartierstreffpunkt eingerichtet. Insbesondere für ältere Menschen, deren Mobilität gesundheitlich und/oder finanziell bedingt beeinträchtigt ist, sind Treffpunkte im Wohnumfeld, deren Nutzung nichts kostet, von hoher Bedeutung. Das Vorhandensein von Begegnungsorten im Quartier ist auch vorteilhaft für einen erfolgreichen Verstetigungsprozess, da an diesen Orten Treffen weiterhin veranstaltet werden und Gruppen zusammenkommen können.

Abb. 26: Ermöglichende Faktoren für Partizipation im Quartier

Bestandsaufnahme durchführen

Quartiersspezifik beachten

Bestehende Akteure und Netzwerke einbeziehen

Zusammenarbeit im Quartier bzw. Quartiersnetzwerke errichten

Wertschätzung den Beteiligten entgegenbringen

Verschiedene und niedrigschwellige Beteiligungsformate implementieren

Schaffung von Ermöglichungs- und Ermächtigungs-strukturen

Stärkung des Selbstwirksamkeitsgefühls im Auge haben

Kommunikation von Erfolgen

Vertrauen aufbauen, v. a. in Netzwerken

Ergebnis- und Prozessorientierung (*beides* ist wichtig)

Transparenz, z. B. im Hinblick auf Entscheidungs-möglichkeiten

Nicht zu viel (im Vorhinein) versprechen

Freiwilligkeit als Prinzip Bürgerschaftlichen Engagements verdeutlichen

Begegnungsorte und Treffpunkte

Nachbarschaftsfeste durchführen (Interkulturalität dabei beachten)

Hinreichend hauptamtliches Personal einsetzen

Finanziellen Spielraum (lokal-)politisch ermöglichen bzw. ausloten

(Lokal-)Politische Unterstützung einholen

Unterstützung durch die Verwaltung sicherstellen

Verlässliche Strukturen (kommunale und quartiers-bezogene) aufbauen

Beteiligungskultur (z. B. Bürger*innen-Kommune als Orientierungsmaßstab)

Quelle: Eigene Darstellung

Auch *Nachbarschaftsfeste* haben sich als ein wichtiges Element der Partizipation erwiesen. Zum einen kommen lokale Akteure in der Vorbereitung zusammen und lernen sich kennen, zum anderen sind diese Feste eine niedrigschwellige und einfache Möglichkeit für Bewohner*innen am Quartiersleben teilzunehmen.

Im Projekt aber auch in anderen Quartiersprozessen ist deutlich geworden, dass eine von Bewohner*innen vollkommen selbstorganisierte Quartiersarbeit kaum möglich ist und in jedem Fall weitere Unterstützung durch *hauptamtliches Personal* notwendig ist (z. B. in Form von Beratung, Coaching, Netzwerkmanagement, Qualifizierung). Ein gewisser *finanzieller Spielraum*, z. B. durch einen Quartiersfonds, kann hier auch unterstützend wirken.

Politische Unterstützung sowie *Unterstützung durch die Verwaltung* sind ebenso wichtig wie *verlässliche Strukturen* im Quartier. In Gelsenkirchen ist hier z. B. die kommunale Gesamtstrategie (Stichwort „Masterplan Senioren und Seniorinnen") von Vorteil sowie das u. a. auf Partizipation im Bereich der offenen Sozialen Altenarbeit ausgerichtete Netzwerk des Generationennetz Gelsenkirchen e. V. Sobald die Rahmenbedingungen verlässlich bzw. berechenbar sind, lässt sich besser planen und eine Form von Sicherheit für Aktivitäten ist gegeben.

Auch im Bereich der Politik und Verwaltung ist *Transparenz* ein wichtiges Element, um Bürger*innen durch eine realistische Einschätzung ihrer Möglichkeiten in ihrer Teilhabe und Beteiligung zu unterstützen. So ist ein Feedback durch die Verwaltung (oder auch der Politik) zu Ideen und Vorschlägen wichtig und hierbei vor allem auch eine Erläuterung, warum manche Vorschläge (noch) nicht umgesetzt werden können. In diesem Zusammenhang ist es auch von Bedeutung, eine *Beteiligungskultur, die nicht (nur) auf Repräsentation setzt,* zu entwickeln. Die Entwicklung der Bürgerkommune (Roth 2011b; Bauer et al. 2017) könnte hierzu z. B. ein Leitbild sein. Das heißt, Bürgerbeteiligung sollte von allen Beteiligten gelernt und als Wert internalisiert werden. Diese Beteiligungskultur findet u. a. in einer Begegnung auf Augenhöhe und einer Lebensweltbezogenheit (z. B. Sprache und Wortwahl) ihren Ausdruck. Weiterhin können regelmäßige (institutionalisierte) (Gesprächs-) Veranstaltungen zwischen politischen Entscheidungsträger*innen, Verwaltung und Bürgerschaft eine solche dialogische Beteiligungskultur stärken.

12.4 Aufbau von Quartiersnetzwerken

Das Projekt QuartiersNETZ hatte zum Ziel, dass Ältere als (Ko-)Produzenten der Quartiersnetzwerke fungieren. Dies ist in allen Quartieren insofern gelungen, als dass ältere Quartiersbewohner*innen durch Teilnahme an den Quartierskonferenzen, Teilnahme am Koordinierungskreis bzw. an der Steuerungsgruppe und weiteren Aktivitäten mit zum Gelingen direkt (z. B. Mitarbeit an Arbeitsgruppen) wie indirekt (z. B. durch Zustimmung) beigetragen haben. Auch im Projektkontext entstandene Beteiligungsformate, wie z. B. die Quartiersredakteur*innen oder Technikbotschafter*innen, bilden wichtige Unterstützungsstrukturen, die wesentlich zum Gesamtnetzwerk im Quartier beitragen.

Entscheidend ist, dass es sich bei den Quartiersnetzwerken (Kooperations-, Partizipations- und Unterstützungsstrukturen) um lose, mehr oder weniger informelle Akteursnetzwerke handelt. Diese Form von Netzwerken erscheint am passendsten für Quartiere, da nicht jeder Akteur sich für jedes Thema interessiert oder sich ständig einbringen kann und will. Allerdings sind eine gewisse Verantwortung und Koordination für die Netzwerkarbeit im Quartier (Netzwerkmanagement) notwendig, damit das Quartiersnetzwerk bzw. die Beziehungen zwischen den Akteuren im Quartier aufrechterhalten bleiben. Tragende Unterstützung durch hauptamtlich Tätige ist hierbei von großer, weil u. a. kontinuitätsprägender bzw. stabilitätsgebender Bedeutung.

Um Quartiersnetzwerke aufzubauen (oder zu erweitern) ist es wichtig, existierende Netzwerke und Akteure im Quartier zu erfassen, da diese Akteure in jedem Quartier unterschiedlich und abweichend voneinander aktiv sind. Diese Quartiersspezifik, zu der auch, wie erwähnt, die sozialdemografischen und soziostrukturellen Gegebenheiten zählen, zu beachten und deshalb eine zumindest grobe Stakeholder- bzw. Akteursanalyse durchzuführen, ist daher ein wichtiger erster Schritt für den Aufbau von Quartiersnetzwerken.

Eine Beteiligung von Dienstleistern bzw. professionellen Akteuren in Quartiersnetzwerken ist wünschenswert, hängt aber u. a. von deren Interessen ab. Auch ohne explizit im Netzwerk teilzunehmen, können Dienstleister sich gegebenenfalls in unterschiedlicher Weise im Quartier einbringen. Sie können z. B. finanzielle und Sachspenden leisten, ihr tatkräftige Hilfe und Wissen einbringen, Räume zur Verfügung stellen, Projekte und Ideen mitgestalten oder sich strategisch an der Quartiersentwicklung beteiligen. Sie können hierzu durch z. B. Veranstaltungen, regelmäßige (unverbindliche) Treffen für Dienstleister und persönliche Ansprache eingeladen werden.

12.5 E-Partizipation und Partizipation in der Technikentwicklung

Da das Projekt QuartiersNETZ auch einen Fokus auf digitale Quartiersnetzwerke und damit auch auf die Möglichkeit zur E-Partizipation hatte sowie durch Partizipation (Älterer) in der Technikentwicklung gekennzeichnet ist, sollen die Erfahrungen in diesem Bereich auch noch einmal zusammengefasst werden.

Die Möglichkeit zur E-Partizipation wurde im Projekt QuartiersNETZ als eine digitale Form des analogen Engagements im Quartier verstanden. Digitale Quartiersplattformen, sowie sie im Rahmen des Projekts entwickelt wurden, bieten sich hierfür an. Die entwickelte Plattform war Ausdruck des Bestrebens, das reale Netz in die digitale Welt zu übertragen, dort darzustellen und dadurch möglicherweise zu erweitern. Zusätzlich lag der Fokus auf der partizipativen Entwicklung der Plattform, um eine Version zu entwickeln, die den Bedürfnissen der Älteren angepasst ist und dementsprechend von ihnen auch genutzt wird. Weiteres, mittelbares Element der E-Partizipation waren in diesem Rahmen die Techniktreffs sowie das ehrenamtliche Angebot der Technikbotschafter*innen, durch die Barrieren in der Nutzung digitaler Technologien abgebaut werden sollten, so dass ältere Menschen verstärkt die Möglichkeit haben digital partizipieren zu können. Insgesamt kann festgehalten werden, dass die entwickelte Digitale Quartiersplattform potenziell eine gute Möglichkeit für E-Partizipation bietet, ihr Potenzial aber noch weiter ausprobiert werden muss, da sie bis zum Ende des Projekts noch nicht gut einsetzbar war. Wichtige Erkenntnis ist in diesem Rahmen auch, dass Technologien wie die Plattform offenbar nicht „einfach so" ins Quartier übergeben werden können, sondern dass auch hier weiterhin eine hauptamtliche und professionelle Unterstützung notwendig ist.

In Bezug auf die Partizipation an der Technikentwicklung kann festgehalten werden, dass eine elaborierte Strategie sowie eine auf Teilhabe und Beteiligung ausgerichtete Haltung notwendig ist, um Technik nutzerzentriert und partizipativ mit (älteren) potenziellen Nutzer*innen zu entwickeln. Die bloße Anwendung von Beteiligungsmethoden durch IT-Entwickler*innen oder -Designer*innen alleine reicht nicht aus. Unabdingbar ist eine kompetente Moderation, die als Mediator*in fungiert, Sicherheit vermittelt und auch dafür sorgt, dass partizipationsungewohnte, stillere Teilnehmende zu Wort kommen. Dies kann beispielsweise durch eine*n Sozialarbeiter*in gewährleistet werden. Aber auch andere Akteure, die an der Entwicklung der Technik Anteil haben, sollten in die Partizipationsstrategie einbezogen werden, wie z. B. in Bezug auf die Digitale Quartiersplattform Sozialwissenschaftler*innen, Datenschutzbeauftragte, örtliche Dienstleister etc.

Für die Beteiligung sollte ausreichend Zeit für die Diskussion grundsätzlicher Fragen einkalkuliert werden und/oder diese bereits zuvor angedacht werden. Wichtig ist auch, Möglichkeiten und Grenzen zu Beginn aufzuzeigen und deutlich zu machen welche Bereiche besprochen und beeinflusst werden können. Bedeutsam ist aber auch, Partizipation nicht so zu verstehen, dass die Teilnehmenden sich alles „selbst ausdenken" sollen. Insbesondere IT-unerfahrene Teilnehmende sind damit überfordert und brauchen eher etwas Greifbares, mit dem man weiterarbeiten kann. Die Expert*innen können also durchaus verschiedene potenzielle Möglichkeiten aufzeigen, über die dann diskutiert werden kann. Wichtig ist hierbei selbstverständlich, dass auch wirklich noch Entscheidungsspielraum vorhanden ist.

Dadurch, dass Teilnehmende oft etwas Greifbares benötigen und die Teilnehmerschaft selektiv sein kann, sollte vor der Beteiligung von Bürger*innen eine detaillierte Problemanalyse durchgeführt werden. Dies kann sowohl durch den Rückgriff auf repräsentative Daten und qualitative Studien sowie den Einbezug verschiedener fachlicher Expertisen (z. B. Gerontologie) geschehen. Nutzer*innen werden dann entsprechend erst im Anschluss daran beteiligt.

Insgesamt konnte gesehen werden, dass eine Beteiligung von Nutzergruppen, die sonst nur wenig Beteiligung erfahren und die Einspeisung ihrer Bedarfe in die weitere Entwicklung, durchaus möglich ist. Es kann angenommen werden, dass diese Beteiligung die Entwicklung eines „Produkts" ermöglicht, das für die zukünftigen Nutzer*innen besser und sinnvoller nutzbar ist. Allerdings benötigt diese Partizipation bzw. Koproduktion, wie auch in anderen Bereichen, Ressourcen, wie z. B. Zeit und Personal.

Bei der Entwicklung und Anwendung der Digitalen Quartiersplattform im Projekt QuartiersNETZ wurde deutlich, dass klar getrennt werden muss zwischen dem Format und seiner Entwicklung und den eigentlichen Inhalten und der Anwendung der Plattform als Instrument der Teilhabe und Beteiligung. Diese Trennung wurde im Projekt nicht immer deutlich durchgeführt, auch da dieselben Teilnehmenden sowohl in die Entwicklung als auch in die Anwendung einbezogen waren. Dadurch, dass die Plattform erst im Projekt entwickelt wurde, wurde die Entwicklung der eigentlichen Inhalte eher hintenangestellt. Aufgrund dessen kam es zu einer Unzufriedenheit derjenigen, die die Plattform anwenden wollten. Das zeigt auf, dass für die eigentliche Anwendung der Plattform im Quartier eine ebenso elaborierte Strategie ausgearbeitet werden muss, wie für deren Entwicklung. Für das Projekt QuartiersNETZ kann im Nachhinein gesagt werden, dass ein früherer Einstieg in Inhalte und den Zweck der E-Partizipation vorteilhafter gewesen wäre. Gleichzeitig wäre dies aber ohne die „greifbare" Plattform schwierig gewesen, so dass es hier vermutlich keine richtig zufriedenstellende Lösung gibt, wenn beides – partizipative Technikentwicklung und E-Partizipation – gleichzeitig angegangen werden soll.

Als letztes ist noch zu erwähnen, dass es sowohl analoge als auch digitale Herangehensweisen an Partizipation geben muss, weil dadurch verschiedene Gruppen erreicht werden können. Nicht wenige (ältere) Menschen stehen moderner Technik mit einer ablehnenden Haltung gegenüber. Um Ängste zu nehmen, sind deshalb Strukturen und Formate erforderlich, mithilfe derer Technik ungezwungen, unverbindlich und ohne Konsequenzen befürchten zu müssen, erprobt werden kann. Hier zeigte sich der Einsatz der Technikbotschafter*innen als erfolgreich und potenziell auch die Techniktreffs.

12.6 Grenzen und Hindernisse

Es gibt verschiedene Grenzen und Hindernisse von Partizipation im Quartier. So ist es z. B. wichtig, anzuerkennen, dass bestimmte Probleme im Quartier, obschon sie dort auftreten, nicht dort gelöst werden können, da ihre Ursache außerhalb des Quartiers liegt. Zu nennen sind hier z. b. eine hohe Arbeitslosigkeit, (Alters-)Armut oder ein angespannter örtlicher Wohnungsmarkt. Diese können nicht oder nur sehr schwer im Quartier und durch Interventionen von Quartiersbewohner*innen beeinflusst werden. Diese Probleme sind auf anderen Ebenen anzugehen und machen die Notwendigkeit einer flankierenden staatlichen Sozialpolitik deutlich. Es müssen also vielmehr auch gesamtgesellschaftliche Verhältnisse in den Fokus geraten und gegebenenfalls verändert werden. Dies ist eher eine Aufgabe auf der Makro- und nicht eine auf der gesellschaftlichen Mikroebene. Nichtsdestotrotz sollten Handlungs- und Gestaltungsspielräume, die durchaus auf der kommunalen Ebene gegeben sind, politisch sichtbar gemacht und ausgelotet werden (Rüßler und Heite 2017). Wichtig ist unseres Erachtens, diese Grenzen und Hindernisse zu kennen, anzuerkennen und zu benennen. Manche Hürden können eventuell zumindest verringert werden.

Ein Hindernis bzw. eine Schwierigkeit in der Quartiersarbeit sind die häufig begrenzten Ressourcen, die es verhindern, dass manche sinnvollen Aktivitäten angegangen werden können. So ist es für Quartiersentwickler*innen in vielen Fällen z. B. nicht möglich, besondere Schritte vorzunehmen, um Menschen, die als „schwer erreichbar" gelten, anzusprechen, da ihre Zeit gerade dafür ausreicht, die generelle Quartiersarbeit zu erledigen. Ähnlich kann es bei der Ansprache von Dienstleistern sein, so dass diese für viele Quartiersentwickler*innen eher ein zweitrangiges Projekt ist bzw. sie in diesem Bereich zunächst einmal eher Impulse aufnehmen als Impulse geben. Hier haben Quartiersentwickler*innen zusätzlich manchmal das Gefühl, dass dieser Kontakt nicht in ihrer Expertise liegt, allerdings können sie meist sehr wohl weiter greifende und allgemeine Vorteile der Quartiersarbeit aufzeigen und warum es sich aus ihrer Sicht für Dienstleister lohnen könnte, sich zu beteiligen. Eine größere Veranstaltung für die lokalen Dienstleister kann hier vermutlich erste Kontakte ermöglichen und daher ein wichtiger Start sein.

12.7 Fazit

Es ist insgesamt gesehen evident, dass die Quartiersebene (wie auch die kommunale Ebene) nicht dafür instrumentalisiert werden darf, Verantwortung, die (auch) auf politisch überregionaler Ebene besteht, ins Lokale zu verlagern. Das heißt, die Beteiligungs-Mitverantwortungsbereitschaft der Bürger*innen sollte nicht (aus-)genutzt werden; das wäre beispielsweise der Fall, wenn staatliche Aktivitäten – quasi im gleichen Atemzug – zurückgefahren würden. Auch wenn Quartiersentwicklung heute nicht mehr ohne Teilhabe und Beteiligung von Bürger*innen und anderen lokalen Akteuren denkbar ist, ist kritisch im Auge zu behalten, dass etwaige wegfallende staatliche Angebote der Daseinsvorsorge nicht durch Engagement auf der lokalen Ebene kompensiert werden (sollten). Dies könnte diese Ebene vermutlich überfordern. Ebenso sollten die Kommunen adäquat für ihre Daseinsvorsorgeaufgaben, z. B. im Bereich der offenen Sozialen (Alten-)Arbeit, ausgestattet werden und nicht nur Aufgaben übertragen bekommen, ohne eine entsprechende finanzielle Ausstattung zu erhalten. Gerade die Quartiersentwicklung ist oft eine ressourcenintensive Arbeit, in der viele verschiedene, interdisziplinär zu erfüllende Aufgaben anfallen und die meist schlecht bezahlt wird sowie zu viele Tätigkeitsbereiche für zu wenige Stunden hat.

Auch muss die Verstetigung von angestoßenen Strukturen möglichst von Beginn an (z. B. bereits im zeitlichen Rahmen einer Förderphase) mitbedacht werden. Schließlich muss jedes Quartier versuchen, seinen eigenen Weg zu finden, abhängig von den spezifisch gegebenen strukturellen Bedingungen und u. a. davon welche Akteure im Quartier aktiv sind, welche Mittel die Kommune, etwa im Rahmen einer kommunalen Gesamtstrategie, zur Verfügung stellen kann und welches die Entwicklungsbedarfe und Themen des Quartiers sind.

Literaturverzeichnis

AAL - Active and Assisted Living Programme (2016): Why user's involvement is important to us? Online verfügbar unter http://www.aal-europe.eu/get-involved/i-am-a-user-2/, zuletzt aktualisiert am 26.10.2018.

Akademie für Raumforschung und Landesplanung (Hg.) (2016): Daseinsvorsorge und gleichwertige Lebensverhältnisse neu denken. Perspektiven und Handlungsfelder. Leibniz-Forum für Raumwissenschaften. Online verfügbar unter https://shop.arlnet.de/media/direct/pdf/pospaper_108.pdf.

Alcántara, Sophia; Bach, Nicolas; Kuhn, Rainer; Ullrich, Peter (2016): Demokratietheorie und Partizipationspraxis. Analyse und Anwendungspotentiale deliberativer Verfahren. Wiesbaden: Springer VS (Bürgergesellschaft und Demokratie).

Amann, Anton (2000): Sozialpolitik und Lebenslagen älterer Menschen. In: Gertrud M. Backes und Wolfgang Clemens (Hg.): Lebenslagen im Alter. Gesellschaftliche Bedingungen und Grenzen. Wiesbaden: VS Verlag für Sozialwissenschaften (Reihe Alter(n) und Gesellschaft, 1), S. 53–74.

Aner, Kirsten (2016): Diskussionspapier Partizipation und partizipative Methoden in der Gerontologie. In: Zeitschrift für Gerontologie und Geriatrie 49 (2), S. 143–147. DOI: 10.1007/s00391-015-1016-7.

Arnstein, Sherry R. (1969): A Ladder Of Citizen Participation. In: Journal of the American Institute of Planners 35 (4), S. 216–224. DOI: 10.1080/01944366908977225.

Back, Clemens (2016): Die Rolle der Sozialen Arbeit bei der Stadterweiterung. Das Beispiel Freiburg-Rieselfeld. In: Matthias Drilling und Patrick Oehler (Hg.): Soziale Arbeit und Stadtentwicklung. Forschungsperspektiven, Handlungsfelder, Herausforderungen. Wiesbaden: Springer Fachmedien (Quartiersforschung), S. 125–139.

Backes, Gertrud M.; Amrhein, Ludwig (2008): Potentiale und Ressourcen des Alters(n)s. In: Harald Künemund und Klaus R. Schroeter (Hg.): Soziale Ungleichheiten und kulturelle Unterschiede in Lebenslauf und Alter. Fakten, Prognosen und Visionen. Wiesbaden: VS Verlag für Sozialwissenschaften (Alter(n) und Gesellschaft, Bd. 15), S. 71–84.

Backes, Gertrud M.; Clemens, Wolfgang (2013): Lebensphase Alter. Eine Einführung in die sozialwissenschaftliche Alternsforschung. Weinheim: Beltz Juventa (Grundlagentexte Soziologie).

Barber, Benjamin R. (1994): Starke Demokratie. Über die Teilhabe am Politischen. Hamburg: Rotbuch (Rotbuch Rationen).

Barlösius, Eva; Schiek, Daniela (Hg.) (2007): Demographisierung des Gesellschaftlichen: Analysen und Debatten zur demographischen Zukunft Deutschlands. Wiesbaden: VS Verlag.

Bauer, Hartmut; Büchner, Christiane; Hajasch, Lydia (Hg.) (2017): Partizipation in der Bürgerkommune. Universität Potsdam. Potsdam: Universitätsverlag (KWI Schriften, 10).

Beck, Ulrich (2016): Risikogesellschaft. Auf dem Weg in eine andere Moderne. 23. Auflage. Frankfurt am Main: Suhrkamp.

Becker, Martin (2014): Soziale Stadtentwicklung und Gemeinwesenarbeit in der Sozialen Arbeit: Kohlhammer Verlag.

Beetz, Stephan; Müller, Bernhard; Beckmann, Klaus J.; Hüttl, Reinhard F. (2009): Altern in Gemeinde und Region. Halle (Saale): Deutsche Akademie der Naturforscher Leopoldina.

Beimborn, Maria; Kadi, Selma; Köberer, Nina; Mühleck, Mara; Spindler, Mone (2016): Focusing on the Human: Interdisciplinary Reflections on Ageing and Technology. In: Emma Domínguez-Rué und Linda Nierling (Hg.): Ageing and technology. Perspectives from the social sciences (Science studies), S. 311–333.

Beißwenger, Sabine; Hanhörster, Heike; Ramos Lobato, Isabel; Weck, Sabine (2018): Soziale Mischung in Quartieren. ILS (ILS-Trends, 1/2018).

Bengesser, Cathrin (2011): Im Blickpunkt: E-Partizipation. Was ist E-Partizipation? Information und Konsultation - Digitale Petition und direkter Kontakt - Politisch aktiv und sozial vernetzt - Digital Divide - Authentizität vs. Anonymität. Hg. v. Grimme-Institut. Marl. Online verfügbar unter https://imblickpunkt.grimme-institut.de/wp/wp-content/uploads/2014/12/IB-E-Partizipation.pdf, zuletzt geprüft am 20.11.2018.

Benz, Arthur; Lütz, Susanne; Schimank, Uwe; Simonis, Georg (2007): Einleitung. In: Arthur Benz, Susanne Lütz, Uwe Schimank und Georg Simonis (Hg.): Handbuch Governance. Theoretische Grundlagen und empirische Anwendungsfelder. Wiesbaden: VS Verlag für Sozialwissenschaften, S. 9–25.

Biernat, Olaf (2017): Wie Gelsenkirchen Schrottimmobilien bekämpft. Online verfügbar unter https://www1.wdr.de/nachrichten/ruhrgebiet/gelsenkirchen-kaempft-gegen-schrottimmobilien-100.html, zuletzt aktualisiert am 09.10.2017, zuletzt geprüft am 26.08.2018.

Bleck, Christian; Knopp, Reinhold; van Rießen, Anne (2015): Sozialer Raum und Alter(n) – eine Hinführung. In: Anne van Rießen, Christian Bleck und Reinhold Knopp (Hg.): Sozialer Raum und Alter(n). Wiesbaden: Springer Fachmedien, S. 1–12.

Bleck, Christian; van Rießen, Anne; Knopp, Reinhold (Hg.) (2018): Alter und Pflege im Sozialraum. Theoretische Erwartungen und empirische Bewertungen. Wiesbaden: Springer Fachmedien.

Böhnke, Petra (2011): Ungleiche Verteilung politischer und zivilgesellschaftlicher Partizipation. In: Aus Politik und Zeitgeschichte 1-2, S. 18–25.

Boltanski, Luc; Chiapello, Ève (2006): Der neue Geist des Kapitalismus. UVK Verlagsgesellschaft.

Born, Sigrid (2014): E-Partizipation ermöglicht politische Beteiligung mit elektronischen Mitteln. Hg. v. Alumniportal Deutschland. Online verfügbar unter https://www.alumniportal-deutschland.org/global-goals/sdg-16-frieden/e-partizipation-politische-beteiligung/, zuletzt geprüft am 20.11.2018.

Brachmann, Hermann (2011): Gründung einer Genossenschaft im Quartier. In: Matthias Drilling und Olaf Schnur (Hg.): Governance der Quartiersentwicklung. Theoretische und praktische Zugänge zu neuen Steuerungsformen. Wiesbaden: Verlag für Sozialwissenschaften (VS Research. Quartiersforschung), S. 205–210.

Brake, Klaus; Herfert, Günter (Hg.) (2012): Reurbanisierung. Materialität und Diskurs in Deutschland. Wiesbaden: Springer VS, Verlag für Sozialwissenschaften.

Brenner, Neil (2002): Decoding the Newest "Metropolitan Regionalism" in the USA: A Critical Overview. In: Cities 19 (1), S. 3–21.

Brenner, Neil (2003): Glocalization as a state spatial strategy: urban entrepreneurialism and the new politics of uneven development in Western Europe. In: J. Peck und H.

W. Yeung (Hg.): Remaking the Global Economy. London, Thousand Oaks, New Delhi: Sage Publications, S. 197–215.

Brown, Wendy (2015): Die schleichende Revolution. Wie der Neoliberalismus die Demokratie zerstört. Berlin: Suhrkamp.

BSG Brandenburgische Stadterneuerungsgesellschaft mbH (2015): Quartiersmanagement Reuterplatz - Aktionsplan 2015/2016. Online verfügbar unter http://www.reuter-quartier.de/fileadmin/content-media/media/Downloads/Verstetigung/QM_Reuterplatz_Aktionsplan_Verstetigung_2015_2016.pdf, zuletzt geprüft am 08.10.2018.

Bubolz-Lutz, Elisabeth; Gösken, Eva; Kricheldorff, Cornelia; Schramek, Renate (2010): Geragogik. Bildung und Lernen im Prozess des Alterns. Stuttgart: Kohlhammer Verlag.

Bubolz-Lutz, Elisabeth; Stiel, Janina (2018): Technikbegleitung. Aufbau von Initiativen zur Stärkung der Teilhabe Älterer im Quartier. Dortmund (Ältere als Ko-Produzenten von Quartiersnetzwerken – Impulse aus dem Projekt QuartiersNETZ, 5). Online verfügbar unter https://www.quartiersnetz.de/wp-content/uploads/2018/10/WEB_QuartiersNETZ_Handbuch_05.pdf.

Bubolz-Lutz, Elisabeth, Lukas, Michaela; Vogt, Nicola (2018): Zugangswege zu Personen in spezifischen Lebenssituationen. In: Elisabeth Heite und Harald Rüßler (Hg.): Quartiersnetzwerke mit Älteren entwickeln. Dortmund (Ältere als Ko-Produzenten von Quartiersnetzwerken – Impulse aus dem Projekt QuartiersNETZ, 3), S. 62–65.

Buchstein, Hubertus (2017): Jürgen Habermas. In: Peter Massing, Gotthard Breit und Hubertus Buchstein (Hg.): Demokratietheorien: Von der Antike bis zur Gegenwart: Texte und Interpretationshilfen. Schwalbach/Ts.: Wochenschau Verlag, S. 316–322.

Bühler, Joachim; Shahd, Maurice; Hampe, Katja (2013): Demokratie 3.0. Die Bedeutung des Internets für die politische Meinungsbildung und Partizipation von Bürgern – Ergebnisse einer repräsentativen Befragung von Wahlberechtigten in Deutschland. Hg. v. BITKOM. Berlin. Online verfügbar unter https://www.bitkom.org/noindex/Publikationen/2013/Studien/Studie-Demokratie-3-0/BITKOM-Studie-Demokratie-30.pdf, zuletzt geprüft am 21.11.2018.

Bukow, Wolf-Dietrich (2018): Wandel der Urbanität. Die Wiederentdeckung des Quartiers als Raum glokal-gesellschaftlicher Wirklichkeit. In: Nina Berding, Wolf-Dietrich Bukow und Karin Cudak (Hg.): Die kompakte Stadt der Zukunft. Auf dem Weg zu einer inklusiven und nachhaltigen Stadtgesellschaft. Wiesbaden: Springer VS, Verlag für Sozialwissenschaften, S. 79–104.

Bundesinstitut für Bau-, Stadt- und Raumforschung (BBSR) (Hg.) (2015): Unternehmen und Stiftungen für die soziale Quartiersentwicklung. BBSR im Bundesamt für Bauwesen und Raumordnung (BBR). Bonn (BBSR-Online-Publikation, 13/2015).

Bundesinstitut für Bau-, Stadt- und Raumforschung (BBSR) (2017): Webbasierte Medien in der Stadtentwicklung: Bürgerbeteiligung und Bürgerengagement in der digitalen Gesellschaft. Bürgerbeteiligung und Bürgerengagement in der digitalen Gesellschaft. Hg. v. BBSR im Bundesamt für Bauwesen und Raumordnung. Bonn (BBSR-Online-Publikation Nr. 28/2017).

Bundesinstitut für Bau-, Stadt- und Raumforschung (BBSR) (2018): Karte: Anteil der Einwohner 65 Jahre und älter an den Einwohnern in %. INKAR-Datenbank. Bonn: BBSR im Bundesamt für Bauwesen und Raumordnung (BBR).

Bundesministerium für Familie, Senioren, Frauen und Jugend (Hg.) (2017): Siebter Altenbericht. Sorge und Mitverantwortung in der Kommune – Aufbau und Sicherung zukunftsfähiger Gemeinschaften. 2. Aufl. Berlin.

Bundesministerium für Umwelt, Naturschutz, Bau und Reaktorsicherheit (BMUB) (Hg.) (2014): Statusbericht Soziale Stadt 2014. Berlin.

Bundesministerium für Umwelt, Naturschutz, Bau und Reaktorsicherheit (BMUB) (Hg.) (2016): Quartiersmanagement Soziale Stadt. Eine Arbeitshilfe für die Umsetzung vor Ort. BMUB. Rostock.

Bundesministerium für Umwelt, Naturschutz, Bau und Reaktorsicherheit (BMUB) (Hg.) (2017): Stadtentwicklungsbericht der Bundesregierung 2016: Gutes Zusammenleben im Quartier.

Bundesministerium für Verkehr, Bau und Stadtentwicklung (BMVBS) (Hg.) (2010): Quartiers-Impulse: Neue Wege zur Verbesserung der lokalen Standortbedingungen. Bonn (BMVBS-Online-Publikation, 01/2010).

Bundeszentrale für Politische Bildung (2013): Partizipation 2.0. M 01.03 E-Partizipation. Online verfügbar unter http://www.bpb.de/lernen/grafstat/partizipation-20/163690/m-01-03-e-partizipation, zuletzt geprüft am 20.11.2018.

Bundeszentrale für politische Bildung (Hg.) (2011): Postdemokratie? In: Aus Politik und Zeitgeschichte (APuZ) (1-2).

Burzan, Nicole (2011): Soziale Ungleichheit. Eine Einführung in die zentralen Theorien. Wiesbaden: VS, Verlag für Sozialwissenschaften (Hagener Studientexte zur Soziologie).

Butterwegge, Christoph; Lösch, Bettina; Ptak, Ralf (Hg.) (2008): Neoliberalismus. Analysen und Alternativen. Wiesbaden: VS, Verlag für Sozialwissenschaften.

Castel, Robert; Dörre, Klaus (2009): Prekarität, Abstieg, Ausgrenzung. Die soziale Frage am Beginn des 21. Jahrhunderts. Frankfurt am Main: Campus-Verlag (Sozialwissenschaften 2009).

Cieslik, Silvana; Klein, Peter; Compagna, Diego; Shire, Karen (2012): Das Szenariobasierte Design als Instrument für eine partizipative Technikentwicklung im Pflegedienstleistungssektor. In: Karen A. Shire und Jan Marco Leimeister (Hg.): Technologiegestützte Dienstleistungsinnovation in der Gesundheitswirtschaft. Wiesbaden: Gabler Verlag, S. 85–110.

Claßen, Katrin; Oswald, Frank; Doh, Michael; Kleinemas, Uwe; Wahl, Hans-Werner (2014): Umwelten des Alterns. Wohnen, Mobilität, Technik und Medien. Stuttgart: Kohlhammer Verlag.

Clemens, Wolfgang; Naegele, Gerhard (2004): Lebenslagen im Alter. In: Andreas Kruse und Mike Martin (Hg.): Enzyklopädie der Gerontologie. Bern: Huber (Psychologie-Handbuch), S. 387–403.

Compagna, Diego (2018): Partizipation und Moderne: Nutzerorientierte Technikentwicklung als missverstandene Herausforderung. In: Harald Künemund und Uwe Fachinger (Hg.): Alter und Technik. Sozialwissenschaftliche Befunde und Perspektiven. Wiesbaden: Springer VS, Verlag für Sozialwissenschaften, S. 177–206.

Crouch, Colin (2013): Das befremdliche Überleben des Neoliberalismus. 4. Auflage. Berlin: Suhrkamp (edition suhrkamp).

Crouch, Colin (2015): Postdemokratie. Unter Mitarbeit von Nikolaus Gramm. 12. Auflage. Frankfurt am Main: Suhrkamp (edition suhrkamp, 2540).

Czaja, Sara J.; Boot, Walter R.; Charness, Neil; Rogers, Wendy A.; Sharit, Joseph (2017): Improving Social Support for Older Adults Through Technology: Findings

215

From the PRISM Randomized Controlled Trial. In: The Gerontologist. DOI: 10.1093/geront/gnw249.

Dapp, Marcus M.; Geiger, Christian P. (2011): Munich Open Government Day – bürgerschaftliches Engagement im Web 2.0. In: HMD 48 (4), S. 26–36. DOI: 10.1007/BF03340603.

Davis, Fred D. (1989): Perceived Usefulness, Perceived Ease of Use, and User Acceptance of Information Technology. In: MIS Quarterly 13 (3), S. 319–340. DOI: 10.2307/249008.

Demirbilek, Oya; Demirkan, Halime (2004): Universal product design involving elderly users: a participatory design model. In: Applied ergonomics 35 (4), S. 361–370. DOI: 10.1016/j.apergo.2004.03.003.

Deutsches Institut für Urbanistik (difu) (2013): Gutachten Verstetigungsmöglichkeiten Berliner Quartiersmanagementverfahren. Berlin. Online verfügbar unter http://www.reuter-quartier.de/fileadmin/content-media/media/Downloads/Verstetigung/Difu_Gutachten_QM_Verstetigung.pdf, zuletzt geprüft am 08.10.2018.

Diepenbrock, Andreas; Sorgalla, Jonas; Sachweh, Sabine (Hg.) (2018): Partizipative Technikentwicklung – Methodik und Umsetzungsbeispiele. Dortmund (Ältere als Ko-Produzenten von Quartiersnetzwerken – Impulse aus dem Projekt Quartiers-NETZ, 4).

DIN EN ISO 9241-210 (2011): Ergonomie der Mensch-System-Interaktion - Teil 210: Prozess zur Gestaltung gebrauchstauglicher interaktiver Systeme (ISO 9241-210: 2010). Berlin: Beuth Verlag.

Dittrich-Brauner, Karin; Dittmann, Eberhard; List, Volker; Windisch, Carmen (2013): Interaktive Großgruppen. Change-Prozesse in Organisationen gestalten. Berlin, Heidelberg: Springer.

Dittrich-Wesbuer, Andrea; Kramer, Caroline (2014): Heute hier – morgen dort – Residenzielle Multilokalität in Deutschland. In: Geographische Rundschau 66 (11), S. 46–52.

Döring, Nicola; Bortz, Jürgen (2016): Forschungsmethoden und Evaluation in den Sozial- und Humanwissenschaften. Berlin, Heidelberg: Springer (Springer-Lehrbuch).

Drilling, Matthias; Schnur, Olaf (Hg.) (2011a): Governance der Quartiersentwicklung. Theoretische und praktische Zugänge zu neuen Steuerungsformen. Wiesbaden: Verlag für Sozialwissenschaften (VS Research. Quartiersforschung).

Drilling, Matthias; Schnur, Olaf (2011b): Governance – ein neues Zauberwort auch für die Quartiersentwicklung? In: Matthias Drilling und Olaf Schnur (Hg.): Governance der Quartiersentwicklung. Theoretische und praktische Zugänge zu neuen Steuerungsformen. Wiesbaden: Verlag für Sozialwissenschaften (VS Research. Quartiersforschung), S. 11–26.

Drilling, Matthias; Schnur, Olaf (2012a): Nachhaltigkeit in der Quartiersentwicklung - einführende Anmerkungen. In: Matthias Drilling und Olaf Schnur (Hg.): Nachhaltige Quartiersentwicklung. Positionen, Praxisbeispiele und Perspektiven. Wiesbaden: VS-Verlag (VS research: Quartiersforschung), S. 11–41.

Drilling, Matthias; Schnur, Olaf (Hg.) (2012b): Nachhaltige Quartiersentwicklung. Positionen, Praxisbeispiele und Perspektiven. Wiesbaden: Verlag für Sozialwissenschaften (VS research: Quartiersforschung).

Ehrenamtsagentur Gelsenkirchen (2017): Broschüre Aktive für Gelsenkirchen. Gelsenkirchen. Online verfügbar unter https://ehrenamt.gelsenkirchen.de/de/Projekte/_doc/Broschuere_Aktiv_fuer_Gelsenkirchen.pdf, zuletzt geprüft am 15.02.2018.

Embacher, Serge; Lang, Susanne (2008): Lern- und Arbeitsbuch Bürgergesellschaft. Bonn: Dietz.

Endter, Cordula (2018): How older people matter – Nutzer- und Nutzerinnenbeteiligung in AAL-Projekten. In: Harald Künemund und Uwe Fachinger (Hg.): Alter und Technik. Sozialwissenschaftliche Befunde und Perspektiven. Wiesbaden: Springer VS, S. 207–225.

Engels, Dietrich (2008): Lebenslagen. In: Bernd Maelicke (Hg.): Lexikon der Sozialwirtschaft. Baden-Baden: Nomos, S. 643–646.

Enquete-Kommission ‚Zukunft des Bürgerschaftlichen Engagements' Deutscher Bundestag (2002): Bürgerschaftliches Engagement und Erwerbsarbeit. Wiesbaden: VS, Verlag für Sozialwissenschaften (Enquete-Kommission ‚Zukunft des Bürgerschaftlichen Engagements'q des 14. Deutschen Bundestages, 9).

Europäische Union (2007): Leipzig Charta zur nachhaltigen europäischen Stadt. Angenommen anlässlich des Informellen Ministertreffens zur Stadtentwicklung und zum territorialen Zusammenhalt in Leipzig am 24./25. Mai 2007. In: Informationen zur Raumentwicklung 2010 (4), S. 315–319.

Fachinger, Uwe; Mähs, Mareike; Michalik, Tanja (Hg.) (2018): Dienstleistungsstrukturen und Versorgungsprozesse im Quartier. Dortmund (Ältere als Ko-Produzenten von Quartiersnetzwerken – Impulse aus dem Projekt QuartiersNETZ, 2).

Feustel, Robert (2011): Entropie des Politischen. Zur strategischen Funktion des Extremismusbegriffs. In: Elena Buck, Anne Dölemeyer, Paul Erxleben, Stefan Kausch, Anne Mehrer, Mathias Rodatz et al. (Hg.): Ordnung. Macht. Extremismus. Effekte und Alternativen des Extremismusmodells. Wiesbaden: VS, Verlag für Sozialwissenschaften, S. 117–139.

Forschungsgesellschaft für Gerontologie e. V. (Hg.) (2011): Arbeitspapier: Partizipation im Alter.

Freese, Katrin; Heite, Elisabeth (2018): Netzwerkausbau. In: Elisabeth Heite und Harald Rüßler (Hg.): Quartiersnetzwerke mit Älteren entwickeln. Dortmund (Ältere als Ko-Produzenten von Quartiersnetzwerken – Impulse aus dem Projekt QuartiersNETZ, 3), S. 98–105.

Freese, Katrin; Heite, Elisabeth; Lukas, Michaela (2018): Beteiligungsformate. In: Elisabeth Heite und Harald Rüßler (Hg.): Quartiersnetzwerke mit Älteren entwickeln. Dortmund (Ältere als Ko-Produzenten von Quartiersnetzwerken – Impulse aus dem Projekt QuartiersNETZ, 3), S. 49–56.

Frick, Marie-Luisa (2017): Zivilisiert streiten. Zur Ethik der politischen Gegnerschaft. Ditzingen: Reclam (Was bedeutet das alles?, Nr. 19454).

Friedrich-Ebert-Stiftung (2016): Das Soziale Quartier – Quartierspolitik für Teilhabe, Zusammenhalt und Lebensqualität. gute gesellschaft –soziale demokratie # 2017 plus.

Frieß, Dennis (2013): Chancen und Risiken. In: Kommune21 (11), S. 18–19.

Fritsche, Miriam (2011): Mikropolitik im Quartier. Bewohnerbeteiligung im Stadtumbauprozess. Wiesbaden: VS, Verlag für Sozialwissenschaften (Quartiersforschung).

Fritsche, Miriam (2014): Wohl und Weh von Quartiersbudgets: Einblicke in die lokale Umsetzung eines Verfahrens zur partizipativen Fördermittelvergabe. In: Olaf Schnur (Hg.): Quartiersforschung. Wiesbaden: VS, Verlag für Sozialwissenschaften, S. 177–199.

Fuhse, Jan A. (2016): Soziale Netzwerke. Konzepte und Forschungsmethoden. Konstanz, München: UVK Verlagsgesellschaft mbH.

Gabriel, Oscar W.; Kersting, Norbert (2014): Politisches Engagement in deutschen Kommunen: Strukturen und Wirkungen auf die politischen Einstellungen von Bürgerschaft., Politik und Verwaltung. In: Staatsministerium Baden-Württemberg Bertelsmann Stiftung (Hg.): Partizipation im Wandel. Unsere Demokratie zwischen Wählen, Mitmachen und Entscheiden. Gütersloh: Bertelsmann Stiftung, S. 43–181.

Gläser, Jochen; Laudel, Grit (2010): Experteninterviews und qualitative Inhaltsanalyse. Als Instrumente rekonstruierender Untersuchungen. Wiesbaden: VS, Verlag für Sozialwissenschaften (Lehrbuch).

Grabner, Jeanne (2012): Das Programm „Soziale Stadt" im Zentrum der nachhaltigen Stadtentwicklung? Versuche einer Antwort aus der Praxis. In: Matthias Drilling und Olaf Schnur (Hg.): Nachhaltige Quartiersentwicklung. Positionen, Praxisbeispiele und Perspektiven. Wiesbaden: VS, Verlag für Sozialwissenschaften (Quartiersforschung), S. 181–193.

Grates, Miriam; Krön, Annette (2016): Partizipation Älterer in der Technikentwicklung. Ein Spannungsfeld. In: Sozial Extra 40 (6), S. 40–44. DOI: 10.1007/s12054-016-0106-0.

Grates, Miriam; Krön, Annette; Rüßler, Harald (2018a): Stadtquartiere – Rahmenbedingungen verstehen und Ausgangssituation erfassen. Dortmund (Ältere als Ko-Produzenten von Quartiersnetzwerken – Impulse aus dem Projekt QuartiersNETZ, 1).

Grates, Miriam; Heming, Ann-Christin; Nowak, Saskia; Vukoman, Marina (2018b): Evaluationsinstrumente für die Quartiersentwicklung. In: Elisabeth Heite und Harald Rüßler (Hg.): Quartiersnetzwerke mit Älteren entwickeln. Dortmund (Ältere als Ko-Produzenten von Quartiersnetzwerken – Impulse aus dem Projekt QuartiersNETZ, 3), S. 109-118.

Grates, Miriam; Heming, Ann-Christin; Krön, Annette; Rüßler, Harald (2018c): Partizipation unter der Lupe am Beispiel der Quartierskonferenzen im Quartiersvergleich. In: Elisabeth Heite und Harald Rüßler (Hg.): Quartiersnetzwerke mit Älteren entwickeln. Dortmund (Ältere als Ko-Produzenten von Quartiersnetzwerken – Impulse aus dem Projekt QuartiersNETZ, 3), S. 66–78.

Grates, Miriam; Nowak, Saskia; Heming, Ann-Christin; Rüßler, Harald (2019a): Ältere als (Ko-)Produzenten von Quartiersnetzwerken im Ruhrgebiet (QuartiersNETZ). Evaluationsbericht. Hg. v. Fachhochschule Dortmund, Fachbereich Angewandte Sozialwissenschaften. Arbeitsgruppe „(Stadt-)Gesellschaften im Wandel". Dortmund.

Grates, Miriam; Heming, Ann-Christin; Vukoman, Marina; Schabsky, Peter; Sorgalla, Jonas (2019b): New Perspectives on User Participation in Technology Design Processes: An Interdisciplinary Approach. In: The Gerontologist 59 (1), S. 45–57. DOI: 10.1093/geront/gny112.

218

Groos, Thomas; Messer, Astrid (2014): Quartiersabgrenzung in der städtischen Planungspraxis. Ansätze aus einer lebensweltlichen Perspektive. In: RaumPlanung (174), S. 9–15.

Güntner, Simon (2007): Soziale Stadtpolitik. Institutionen, Netzwerke und Diskurse in der Politikgestaltung. Bielefeld: Transcript Verlag (Urban studies).

Habermas, Jürgen (1997a): Die Einbeziehung des Anderen. Studien zur politischen Theorie. Frankfurt am Main: Suhrkamp.

Habermas, Jürgen (1997b): Faktizität und Geltung. Beiträge zur Diskurstheorie des Rechts und des demokratischen Rechtsstaats. Frankfurt am Main: Suhrkamp.

Hamm, Bernd (1998): Nachbarschaft. In: Hartmut Häußermann (Hg.): Großstadt. Soziologische Stichworte. Opladen: Leske + Budrich, S. 172–181.

Häußermann, Hartmut (2011): Das Bund-Länder-Programm „Stadtteile mit besonderem Entwicklungsbedarf - die Soziale Stadt". In: Heinz-Jürgen Dahme und Norbert Wohlfahrt (Hg.): Handbuch Kommunale Sozialpolitik. 1. Aufl. Wiesbaden: VS, Verlag für Sozialwissenschaften, S. 269–279.

Häußermann, Hartmut (2013): Siedlungsstruktur. Die neue Attraktivität der Städte. In: Stefan Hradil (Hg.): Deutsche Verhältnisse. Eine Sozialkunde. Frankfurt a. Main: Campus, S. 229–246.

Häußermann, Hartmut; Läpple, Dieter; Siebel, Walter (2008): Stadtpolitik. [Nachdr.]. Frankfurt am Main: Suhrkamp (edition suhrkamp, 2512).

Hebestreit, Ray (2013): Partizipation in der Wissensgesellschaft. Funktion und Bedeutung diskursiver Beteiligungsverfahren. Wiesbaden: Springer VS, Verlag für Sozialwissenschaften (Studien der NRW School of Governance).

Heidenreich, Martin; Zirra, Sascha (2013): Arbeitswelt. Die Entgrenzung einer zentralen Sphäre. In: Stefan Hradil (Hg.): Deutsche Verhältnisse. Eine Sozialkunde. Frankfurt a. Main: Campus, S. 308–329.

Heinze, Rolf G. (2016): Quartiersentwicklung für ein gutes Leben im Alter. Was heißt das? Auftaktveranstaltung für eine quartiersbezogene Demografiestrategie in Dortmund. Stadt Dortmund. Dortmund, 08.04.2016. Online verfügbar unter https://www.dortmund.de/media/p/demografischer_wandel/pdf_22/auftaktveranstaltung_demografischer_wandel/Heinze_Vortrag_Stadt_Dortmund_4_2016.pdf, zuletzt geprüft am 22.12.2017.

Heite, Elisabeth; Rüßler, Harald (Hg.) (2018): Quartiersnetzwerke mit Älteren entwickeln. Dortmund (Ältere als Ko-Produzenten von Quartiersnetzwerken – Impulse aus dem Projekt QuartiersNETZ, 3).

Heite, Elisabeth (2012): Bürgerschaftliches Engagement älterer Menschen im Stadtteil. Gleiche Beteiligungschancen und Mitgestaltungsmöglichkeiten für alle? Herbolzheim: Centaurus Verlag & Media (Gender and Diversity).

Heite, Elisabeth (2018): Netzwerkentwicklung im Digitalisierungskontext. In: Elisabeth Heite und Harald Rüßler (Hg.): Quartiersnetzwerke mit Älteren entwickeln. Dortmund (Ältere als Ko-Produzenten von Quartiersnetzwerken – Impulse aus dem Projekt QuartiersNETZ, 3), S. 93–98.

Heite, Elisabeth; Rüßler, Harald (2017): Alter(n) und Inklusion - Gegenstand und Gelingensbedingungen altersintegrierter, partizipativer Quartiersentwicklung. In: Christian Spatscheck und Barbara Thiessen (Hg.): Inklusion und Soziale Arbeit. Teilhabe und Vielfalt als gesellschaftliche Gestaltungsfelder. Opladen, Berlin, Toronto: Verlag Barbara Budrich (Theorie, Forschung und Praxis der Sozialen Arbeit, 14), S. 190–200.

Heite, Elisabeth; Rüßler, Harald; Stiel, Janina (2015): Alter(n) und partizipative Quartiersentwicklung. Stolpersteine und Perspektiven für soziale Nachhaltigkeit. In: Zeitschrift für Gerontologie und Geriatrie 48 (5), S. 415–425.

Helmer-Denzel, Andrea (2016): Quartiersarbeit in der Altenhilfe – Die Mühen der Ebene. In: Gerhard Naegele, Elke Olbermann und Andrea Kuhlmann (Hg.): Teilhabe im Alter gestalten. Aktuelle Themen der Sozialen Gerontologie. Wiesbaden: Springer Fachmedien, S. 389–404.

Heming, Ann-Christin; Grates, Miriam; Krön, Annette; Rüßler, Harald; Vukoman, Marina (2019): Partizipative Entwicklung von Quartiersnetzwerken. Ein Prozessbericht zur Entwicklung von Partizipations- und Kooperationsstrukturen dargestellt am Fallbeispiel Gelsenkirchen. Hg. v. Fachhochschule Dortmund, Fachbereich Angewandte Sozialwissenschaften. Arbeitsgruppe „(Stadt-)Gesellschaften im Wandel". Dortmund.

Heming, Ann-Christin; Rüßler, Harald; Heite, Elisabeth (2018): Entwicklung und Evaluation von Quartiersnetzen in Gelsenkirchen. Projektbericht: Gerne älter werden in Gelsenkirchen. Ein Begleitforschungsprojekt. Unter Mitarbeit von Marc Just und Florian Schönberger. Hg. v. Fachhochschule Dortmund, Fachbereich Angewandte Sozialwissenschaften, Stadt Gelsenkirchen Koordinierungsstelle Senioren- und Behindertenbeauftragter (SBB). Dortmund.

Heming, Ann-Christin; Vukoman, Marina (2018): Das Erfassen von Netzwerkprozessen. In: Elisabeth Heite und Harald Rüßler (Hg.): Quartiersnetzwerke mit Älteren entwickeln. Dortmund (Ältere als Ko-Produzenten von Quartiersnetzwerken – Impulse aus dem Projekt QuartiersNETZ, 3), 83-92.

Herriger, Norbert (2002): Empowerment in der sozialen Arbeit. Eine Einführung. Stuttgart: Kohlhammer Verlag.

Herz, Andreas; Peters, Luisa; Truschkat, Inga (2015): How to do qualitative strukturale Analyse? Die qualitative Interpretation von Netzwerkkarten und erzählgenerierenden Interviews. In: Forum Qualitative Sozialforschung 16 (1), S. 9.

Hinz, Ulrike; Wegener, Nora; Weber, Mike; Fromm, Jens (2014): Digitales Bürgerschaftliches Engagement. Hg. v. Kompetenzzentrum Öffentliche IT. Fraunhofer-Institut für Offene Kommunikationssysteme FOKUS. Berlin. Online verfügbar: ‚https://www.oeffentliche-it.de/documents/10181/14412/Digitales+B%C3%BC rgerschaftliches+Engagement, zuletzt geprüft am 21.11.2018.

Hippler, Marc (2010): Beteiligung nicht erwünscht. Hg. v. Zeit Online. Online verfügbar unter https://www.zeit.de/digital/internet/2010-05/epartizipation-edemokratie-edemocracy/komplettansicht.

Hoberg, R.; Klie, T.; Künzel, G. (2016): Pflege in Sozialräumen. Was muss eine Strukturreform Pflege und Teilhabe leisten? In: WISO Direkt (20), zuletzt geprüft am 18.04.2017.

Hollstein, Betina (2006): Qualitative Methoden und Netzwerkanalyse- Ein Widerspruch? In: Betina Hollstein und Florian Straus (Hg.): Qualitative Netzwerkanalyse. Konzepte, Methoden, Anwendungen. Wiesbaden: VS Verlag für Sozialwissenschaften/GWV Fachverlage GmbH, S. 11–36.

Holtkamp, Lars; Bogumil, Jörg (2007): Bürgerkommune und Local Governace. In: Lilian Schwalb und Heike Walk (Hg.): Local Governance - mehr Transparenz und Bürgernähe? Wiesbaden: VS Verlag für Sozialwissenschaften/GWV Fachverlage GmbH (Bürgergesellschaft und Demokratie), S. 231–250.

Holtkamp, Lars; Bogumil, Jörg; Kißler, Leo (2006): Kooperative Demokratie. Das demokratische Potenzial von Bürgerengagement. Frankfurt am Main: Campus (Studien zur Demokratieforschung, 9).
Hopfner, Karin; Zakrzewski, Philipp (2012): Nachhaltige Quartiersentwicklung im Bestand: Zur Übertragbarkeit von Konzepten nachhaltiger Stadtentwicklung auf Bestandsquartiere. In: Matthias Drilling und Olaf Schnur (Hg.): Nachhaltige Quartiersentwicklung. Positionen, Praxisbeispiele und Perspektiven. Wiesbaden: VS, Verlag für Sozialwissenschaften (Quartiersforschung), S. 45–67.
Imbusch, Peter (2018): Macht – Autorität – Herrschaft. In: Johannes Kopp und Anja Steinbach (Hg.): Grundbegriffe der Soziologie. Wiesbaden: Springer Fachmedien, S. 281–288.
Initiative D21 e. V. (2019): D21-Digital-Index 2018/2019. Jährliches Lagebild zur Digitalen Gesellschaft. Berlin.
Ipima; Initiative D21 e. V. (2015): eGovernment Monitor 2015. Nutzung und Akzeptanz von elektronischen Bürgerdiensten im internationalen Vergleich. Berlin.
Jaeggi, Rahel; Celikates, Robin (2017): Sozialphilosophie. Eine Einführung. München: C.H. Beck (Beck'sche Reihe, v.2804).
Jahnke, Kerstin (2013): Creative meets social – Neue Kooperationen für die soziale Quartiersentwicklung im Wrangelkiez. In: Forum Wohnen und Stadtentwicklung. Hg.: vhw-Bundesverband für Wohnen und Stadtentwicklung (1), S. 25–27.
Jessop, B. (2000): The crisis of the national spatio-temporal fix and the ecological dominance of globalizing capitalism. In: International Journal of Urban und Regional Research 25 (2), S. 323–360.
Jörke, Dirk (2013): Re-Demokratisierung der Postdemokratie durch alternative Beteiligungsverfahren? In: PVS Politische Vierteljahresschrift 54 (3), S. 485–505. DOI: 10.5771/0032-3470-2013-3-485.
Jörke, Dirk (2017): Colin Crouch. In: Peter Massing, Gotthard Breit und Hubertus Buchstein (Hg.): Demokratietheorien: Von der Antike bis zur Gegenwart: Texte und Interpretationshilfen. Schwalbach: Wochenschau Verlag, S. 323–327.
Jouve, B. (2005): From Government to Urban Governance in Western Europe: A critical analysis. In: Public Administration and Development 25 (4), S. 285–294.
Keim, Rolf (2014): Das Paradigma der Beteiligung: Chance oder Vereinnahmung sozialer Bewegungen? In: Norbert Gestring, Renate Ruhne und Jan Wehrheim (Hg.): Stadt und soziale Bewegungen. Wiesbaden: Springer Fachmedien, S. 179–197.
Kersting, Norbert (2008): Innovative Partizipation: Legitimation, Machtkontrolle und Transformation. Eine Einführung. In: Norbert Kersting (Hg.): Politische Beteiligung. Einführung in Instrumente politischer und gesellschaftlicher Partizipation. Wiesbaden: VS, Verlag für Sozialwissenschaften (Bürgergesellschaft und Demokratie, 28), S. 11–39.
Kersting, Norbert (2014): Online Beteiligung – Elektronische Partizipation – Qualitätskriterien aus Sicht der Politik. In: Kathrin Voss (Hg.): Internet und Partizipation. Bottom-up oder Top-down? Politische Beteiligungsmöglichkeiten im Internet. Wiesbaden: Springer Fachmedien, S. 53–87.
Kersting, Norbert (2017): Demokratische Innovation. Qualifizierung und Anreicherung der lokalen repräsentativen Demokratie. In: Norbert Kersting (Hg.): Urbane Innovation. Wiesbaden: Springer VS, Verlag für Sozialwissenschaften (Stadtforschung aktuell), S. 81–120.

Kersting, Norbert; Schmitter, Philippe; Trechsel, Alexander (2008): Die Zukunft der Demokratie. In: Norbert Kersting (Hg.): Politische Beteiligung. Einführung in Instrumente politischer und gesellschaftlicher Partizipation. Wiesbaden: VS, Verlag für Sozialwissenschaften (Bürgergesellschaft und Demokratie, 28), S. 42–62.

Kersting, Norbert; Schneider, Sebastian H. (2016): Neue Machtansprüche in der Kommunalpolitik: Die Einstellungen von Ratsmitgliedern zu Bürgerbeteiligung. In: Z Vgl Polit Wiss 10 (3-4), S. 311–339.

Kessel, Fabian; Reutlinger, Christian (2010): Sozialraum. In: Christian Reutlinger, Caroline Fritsche und Eva Lingg (Hg.): Raumwissenschaftliche Basics. Eine Einführung für die soziale Arbeit. Wiesbaden: VS, Verlag für Sozialwissenschaften (Sozialraumforschung und Sozialraumarbeit, 7), S. 247–255.

Kessler, Sara (2018): Netzwerkarbeit im Quartier - am Beispiel Gelsenkirchen-Schalke. Unveröffentlichtes Manuskript.

Keupp, Heiner (2018): Empowerment. In: Gunther Graßhoff, Anna Renker und Wolfgang Schröer (Hg.): Soziale Arbeit. Eine elementare Einführung. Wiesbaden: Springer VS, Verlag für Sozialwissenschaften, S. 559–571.

Kiziak, Tanja; Kreuter, Vera; Michalek, Friederike; Woellert, Franziska; Klingholz, Reiner (2014): Stadt für alle Lebensalter. Wo deutsche Kommunen im demografischen Wandel stehen und warum sie altersfreundlich werden müssen. Berlin: Berlin-Institut für Bevölkerung und Entwicklung.

Klages, Helmut (1985): Wertorientierungen im Wandel. Rückblick, Gegenwartsanalyse, Prognosen. Frankfurt/Main: Campus-Verlag.

Klessmann, Jens; Löhe, Martin G.; Müller, Lena-Sophie (2014): Digitale Teilhabe. Hg. v. Kompetenzzentrum Öffentliche IT. Fraunhofer-Institut für Offene Kommunikationssysteme FOKUS. Berlin. Online verfügbar unter https://www.oeffentliche-it.de/documents/10181/14412/Digitale+Teilhabe, zuletzt geprüft am 21.11.2018.

Knopp, Reinhold (2009): Sozialraumerkundung mit Älteren. In: Ulrich Deinet (Hg.): Methodenbuch Sozialraum. Wiesbaden: VS, Verlag für Sozialwissenschaften (Lehrbuch), S. 155–164.

Koop, Alexander; Pfaff, Elisabeth (2015): Koproduktion in Deutschland - über die Einbeziehung der Bürgerinnen und Bürger in kommunale Leistungen. Hg. v. Stiftung Mitarbeit (eNewsletter Wegweiser Bürgergesellschaft). Online verfügbar unter https://www.buergergesellschaft.de/fileadmin/pdf/gastbeitrag_koop_pfaff_1505 06.pdf.

Köster, Dietmar (2009): Partizipation im Alter in den Kommunen Nordrhein-Westfalens - Keine Wunschvorstellung sondern praktizierte Realität! Hg. v. Wegweiser Bürgergesellschaft. Wegweiser Bürgergesellschaft. Bonn (Newsletter). Online verfügbar unter http://www.buergergesellschaft.de/fileadmin/pdf/ gastbeitrag_koester_090605.pdf, zuletzt geprüft am 25.01.2017.

Krätke, Stefan (2002): Urbanität heute: Stadtkulturen, Lebensstile und Lifestyle-Produzenten im Kontext der Globalisierung. In: A. Mayr, M. Meurer und J. Vogt (Hg.): Stadt und Region, Dynamik von Lebenswelten. (53. Deutscher Geographentag Leipzig, Tagungsbericht und wissenschaftliche Abhandlungen, i.A. der Deutschen Gesellschaft für Geographie). Leipzig, S. 224–235.

Kreuzer, Volker (2006): Altengerechte Wohnquartiere. Stadtplanerische Empfehlungen für den Umgang mit der demografischen Alterung auf kommunaler Ebene. Dortmund: IRPUD (Dortmunder Beiträge zur Raumplanung/Blaue Reihe, 125).

Krön, Annette; Grates, Miriam; Rüßler, Harald (2017): QuartiersNETZ: Quartiersprofile. Eine Beschreibung der Referenzquartiere im Projekt „QuartiersNETZ". Hg. v. Fachhochschule Dortmund, Fachbereich Angewandte Sozialwissenschaften. Arbeitsgruppe „(Stadt-)Gesellschaften im Wandel". Dortmund.

Kubicek, Herbert; Lippa, Barbara; Westholm, Hilmar (2009): Medienmix in der Bürgerbeteiligung. Die Integration von Online-Elementen in Beteiligungsverfahren auf lokaler Ebene. Baden-Baden: Nomos.

Kuckartz, Udo (2014): Qualitative Inhaltsanalyse. Methoden, Praxis, Computerunterstützung. Weinheim, Bergstr: Beltz Juventa (Juventa Paperback).

Künemund, Harald (2015): Chancen und Herausforderungen assistiver Technik. Nutzerbedarfe und Technikakzeptanz im Alter. In: Technikfolgenabschätzung – Theorie und Praxis 24 (2), S. 28–35.

Künemund, Harald (2016): Wovon hängt die Nutzung technischer Assistenzsysteme ab? Expertise zum Siebten Altenbericht der Bundesregierung. Hg. v. Jenny Block, Christine Hagen und Frank Bemer. Universität Vechta. Berlin.

Künemund, Harald; Tanschus, Nele Marie (2014): The technology acceptance puzzle. Results of a representative survey in Lower Saxony. In: Zeitschrift für Gerontologie und Geriatrie 47 (8), S. 641–647. DOI: 10.1007/s00391-014-0830-7.

Landesbüro altengerechte Quartiere NRW (2018): Verstetigung von Projekten, Maßnahmen und Strukturen. Online verfügbar unter https://www.aq-nrw.de/quartiergestalten/prozessmodul/uebersicht-prozessmodul/verstetigung-von-projektenmassnahmen-und-strukturen/, zuletzt geprüft am 08.10.2018.

Landwehr, Claudia (2012): Demokratische Legitimation durch rationale Kommunikation. In: Oliver W. Lembcke, Claudia Ritzi und Gary S. Schaal (Hg.): Zeitgenössische Demokratietheorie. Wiesbaden: VS, Verlag für Sozialwissenschaften, S. 355–385.

Lanz, Stephan (2011): Powered by Quartiersmanagement: Füreinander Leben im „Problemkiez". In: Matthias Drilling und Olaf Schnur (Hg.): Governance der Quartiersentwicklung. Theoretische und praktische Zugänge zu neuen Steuerungsformen. Wiesbaden: Verlag für Sozialwissenschaften (Quartiersforschung), S. 219–225.

Lembcke, Oliver W.; Ritzi, Claudia; Schaal, Gary S. (Hg.) (2012): Zeitgenössische Demokratietheorie. Wiesbaden: VS, Verlag für Sozialwissenschaften.

Lessenich, Stephan (2012a): Mobilität und Kontrolle. Zur Dialektik der Aktivgesellschaft. In: Klaus Dörre, Stephan Lessenich, Hartmut Rosa und Thomas Barth (Hg.): Soziologie - Kapitalismus - Kritik. Eine Debatte. Frankfurt am Main: Suhrkamp, S. 126–176.

Lessenich, Stephan (2012b): ‚Aktivierender' Sozialstaat: eine politisch-soziologische Zwischenbilanz. In: Reinhard Bispinck, Gerhard Bosch, Klaus Hofemann und Gerhard Naegele (Hg.): Sozialpolitik und Sozialstaat. Wiesbaden: VS, Verlag für Sozialwissenschaften, S. 41–53.

Lessenich, Stephan (2013a): Die Neuerfindung des Sozialen. Der Sozialstaat im flexiblen Kapitalismus. Bielefeld: Transcript.

Lessenich, Stephan (2013b): Vom verdienten Ruhestand zum Alterskraftunternehmer? Das Alter im demographischen Wandel. In: Gerhard Kilger und Karin Kaudelka (Hg.): Eigenverantwortlich und leistungsfähig. Das selbständige Indiviuum in der sich wandelnden Arbeitswelt: transcript Verlag, S. 57–68.

Lessenich, Stephan (2018): Doch die Verhältnisse, sie sind nicht so. In: Roland Anhorn, Elke Schimpf, Johannes Stehr, Kerstin Rathgeb, Susanne Spindler und Rolf Keim (Hg.): Politik der Verhältnisse - Politik des Verhaltens. Wiesbaden: Springer Fachmedien, S. 21–33.

Lietzmann, Hans J. (2015): Flucht ins Netz? In: Kommune21 (3), S. 18–19.

Löw, Martina (2015): Raumsoziologie. Frankfurt am Main: Suhrkamp (Suhrkamp-Taschenbuch Wissenschaft, 1506).

Löw, Martina; Sturm, Gabriele (2005): Raumsoziologie. In: Fabian Kessl, Christian Reutlinger, Susanne Maurer und Oliver Frey (Hg.): Handbuch Sozialraum. Wiesbaden: VS, Verlag für Sozialwissenschaften, S. 31–48.

Massing, Peter; Breit, Gotthard; Buchstein, Hubertus (Hg.) (2017): Demokratietheorien. Von der Antike bis zur Gegenwart: Texte und Interpretationshilfen. Schwalbach/Ts.: Wochenschau Verlag.

Mehnert, Thorsten; Kremer-Preiß, Ursula (2016): Handreichung Quartiersentwicklung. Praktische Umsetzung, sozialraumorientierter Ansätze in der Altenhilfe. Köln: Kuratorium Deutscher Altershilfe.

Melenhorst, Anne-Sophie (2002): Adopting communication technology in later life. The decisive role of benefits. Dissertation. Eindhoven: Eindhoven University of Technology.

Merkel, Sebastian; Kucharski, Alexander (2018): Participatory Design in Gerontechnology: A Systematic Literature Review. In: The Gerontologist. DOI: 10.1093/geront/gny034.

Meuser, Michael; Nagel, Ulrike (1997): Das ExpertInneninterview – Wissenssoziologische Voraussetzungen und methodische Durchführung. In: B. Friebertshäuser und A. Prengel (Hg.): Handbuch qualitative Forschungsmethoden in der Erziehungswissenschaft. Weinheim: Juventa-Verlag, S. 481–491.

Ministerium für Wirtschaft, Energie, Bauen, Wohnen und Verkehr des Landes Nordrhein-Westfalen (Hg.) (2011): Verstetigung integrierter Quartiersentwicklung in benachteiligten Stadtteilen in Nordrhein-Westfalen. Düsseldorf. Online verfügbar unter http://www.mbwsv.nrw.de/quartiersentwicklung/leitfaeden/verstetigung/ Verstetigung_integrierter_Quartiersentwicklung.pdf, zuletzt geprüft am 08.10.2018.

Mitchell, J. Clyde (1969): The concept and use of social networks. In: J. Clyde Mitchell (Hg.): Social networks in urban situations. Manchester: Manchester University Press, S. 1–50.

Mollenkopf, Heidrun; Meyer, Sibylle; Schulze, Eva; Wurm, Susanne; Friesdorf, W. (2000): Technik im Haushalt zur Unterstützung einer selbstbestimmten Lebensführung im Alter. In: Zeitschrift für Gerontologie und Geriatrie 33 (3), S. 155–168.

Mouffe, Chantal (2014): Agonistik: Die Welt politisch denken. Berlin: Suhrkamp (edition suhrkamp, 2677).

Mouffe, Chantal (2017): Über das Politische. Wider die kosmopolitische Illusion. Frankfurt am Main: Suhrkamp (edition suhrkamp, 2483).

Muller, Michael J. (2003): Participatory Design: The Third Space in Human-Computer Interaction. In: Julie A. Jacko, Andrew Sears (Hg.): The Human-Computer Interaction Handbook: Fundamentals, Evolving Technologies and Emerging Applications. Mahwah, New Jersey: Lawrence Erlbaum Associates, Inc. (Human factors and ergonomics), S. 1051–1068.

Müller, Claudia (2018): Beteiligungsorientierte Technikgestaltung mit älteren Menschen. In: Seniorenliga aktiv (26), S. 8–10.

Munsch, Chantal (2005): Die Effektivitätsfalle. Gemeinwesenarbeit und bürgerschaftliches Engagement zwischen Ergebnisorientierung und Lebensbewältigung. Baltmannsweiler: Schneider Hohengehren.

Munsch, Chantal (2011): Engagement und Ausgrenzung - theoretische Zugänge zur Klärung eines ambivalenten Verhältnisses. In: Forschungsjournal Soziale Bewegungen: Analysen zu Demokratie und Zivilgesellschaft 24 (3), S. 48–55.

Munsch, Chantal (2012): Engagement und Ausgrenzung - Theoretische Zugänge zur Klärung eines ambivalenten Verhältnisses. Hg. v. Stiftung Mitarbeit (E-Newsletter Wegweiser Bürgergesellschaft, 22).

Münter, Angelika; Osterhage, Frank (2018): Trend Reurbanisierung? Analyse der Binnenwanderungen in Deutschland 2006 bis 2015. Gütersloh: Bertelsmann Stiftung.

Nachtwey, Oliver (2017): Die Abstiegsgesellschaft. Über das Aufbegehren in der regressiven Moderne. Berlin: Suhrkamp (edition suhrkamp, 2682).

Naegele, Gerhard (2006): Aktuelle Herausforderungen vor Ort – ein Überblick. In: Bertelsmann Stiftung (Hg.): Demographie konkret. Seniorenpolitik in den Kommunen. Gütersloh: Bertelsmann Stiftung, S. 8–22.

Nahnsen, Ingeborg (1975): Bemerkungen zum Begriff und zur Geschichte des Arbeitsschutzes. In: Martin Osterland (Hg.): Arbeitssituation, Lebenslage und Konfliktpotential: Festschrift für Max E. Graf zu Solms-Roedelheim. Frankfurt am Main: Europäische Verlagsanstalt, S. 145–166.

Neunecker, Martina (2016): Partizipation trifft Repräsentation. Die Wirkungen konsultativer Bürgerbeteiligung auf politische Entscheidungen. Wiesbaden: Springer VS, Verlag für Sozialwissenschaften.

Nielsen, J.; Bødker, M. (2009): Collaborating with users: cultural and (I)literacy challenges. In: OZCHI 2009. Conference proceedings, 23-27 November, Melbourne. New York, NY: ACM Press, S. 325–328.

Oehler, Patrick; Drilling, Matthias (2016): Soziale Arbeit, Gemeinwesenarbeit und Stadtentwicklung. Eine theoriegeschichtliche Spurensuche. In: Matthias Drilling und Patrick Oehler (Hg.): Soziale Arbeit und Stadtentwicklung. Forschungsperspektiven, Handlungsfelder, Herausforderungen. Wiesbaden: Springer Fachmedien (Quartiersforschung), S. 13–41.

ÖGUT – Österreichische Gesellschaft für Umwelt und Technik (2009): E-Partizipation. Online verfügbar unter https://www.partizipation.at/fileadmin/media_data/Downloads/themen/e-part.pdf, zuletzt geprüft am 20.11.2018.

Olk, Thomas; Hartnuß, Birger (Hg.) (2011): Handbuch Bürgerschaftliches Engagement. Weinheim und Basel: Beltz Juventa.

Olk, Thomas; Klein, Ansgar; Hartnuß, Birger (Hg.) (2010): Engagementpolitik: Die Entwicklung der Zivilgesellschaft als politische Aufgabe. Wiesbaden: VS, Verlag für Sozialwissenschaften.

Ostrom, Elinor (1996): Crossing the great divide: Coproduction, synergy, and development. In: World Development 24 (6), S. 1073–1087. DOI: 10.1016/0305-750X(96)00023-X.

Panek, Izabela; Crumley, Ellen T.; Ishigami, Yoko; Sixsmith, Judith; Kontos, Pia; O'Doherty, Kieran; Kirkland, Susan (2017): Levels of Older Adults' Engagement in Technology Research, Design and Development: A Scoping Review Findings. San Francisco: IAGG 2017 World Congress of Gerontology and Geriatrics, 2017.

Parker, Gavin; Street, Emma (2015): Planning at the neighbourhood scale: localism, dialogic politics, and the modulation of community action. In: Environment and Planning C: Government and Policy 33, 794-810.

Payer, Harald (2008): Netzwerk, Kooperation, Organisation – Gemeinsamkeiten und Unterschiede. In: Stefan Bauer-Wolf, Harald Payer und Günter Scheer (Hg.): Erfolgreich durch Netzwerkkompetenz. Handbuch für Regionalentwicklung. Wien, New York: Springer, S. 5–22.

Pflüger, Frank; Dieckmann, Andreas; Stachelhaus, Thomas (2011): Digitale soziale Netzwerke in der Stadt 2011 (10), S. 637–641. Online verfügbar unter https://www.bbsr.bund.de/BBSR/DE/Veroeffentlichungen/IzR/2011/10_11/Inhalt/DL_PfluegerDieckmannStachelhaus.pdf?__blob=publicationFile&v=2, zuletzt geprüft am 25.01.2019.

Phillipson, Christopher (2013): Ageing. Polity (Polity Key Concepts in the Social Sciences series). Online verfügbar unter http://site.ebrary.com/lib/alltitles/docDetail.action?docID=10695853.

Planergemeinschaft für Stadt und Raum eG (2017): Studie zur Verstetigung in der Sozialen Stadt. Handlungsempfehlungen zur Implementierung des Verstetigungsansatzes in laufende und künftige Verfahren - Schlussbericht. Berlin. Online verfügbar unter http://www.stadtentwicklung.berlin.de/wohnen/quartiersmanagement/download/schlussbericht_verstetigung.pdf, zuletzt geprüft am 08.10.2018.

Pogrebinschi, Thamy (2015): Mehr Partizipation - ein Heilmittel gegen die ‚Krise der Demolratie'? In: Wolfgang Merkel (Hg.): Demokratie und Krise. Wiesbaden: Springer Fachmedien, S. 127-154.

Polizei Nordrhein-Westfalen (Hg.) (2019): Präventionsräte Gelsenkirchen. Online verfügbar unter https://gelsenkirchen.polizei.nrw/praeventionsraete-gelsenkirchen, zuletzt geprüft am 10.02.2019.

Przyborski, Aglaja; Wohlrab-Sahr, Monika (2014): Qualitative Sozialforschung. Ein Arbeitsbuch. Oldenbourg: De Gruyter (Lehr- und Handbücher der Soziologie).

Quilling, Eike; Nicolini, Hans J.; Graf, Christine; Starke, Dagmar (2013): Praxiswissen Netzwerkarbeit. Wiesbaden: Springer Fachmedien Wiesbaden.

Reckert, Wilfried (2005): Masterplan Seniorenarbeit Gelsenkirchen. Vorlage 04-09/1650 des Rates der Stadt Gelsenkirchen. Gelsenkirchen.

Reckert, Wilfried (2010). Dokumentation 5 Jahre Masterplan Seniorinnen und Senioren in Gelsenkirchen (2005 – 2010) (Oberbürgermeister der Stadt Gelsenkirchen, Hrsg.). Gelsenkirchen.

Reckert, W.; Sdun, B. (2010): ‚Ermöglichungsstrukturen' durch Kooperation und Vernetzung. Erfahrungen kommunaler Seniorenarbeit in Gelsenkirchen. In: Rolf G. Heinze und Gerhard Naegele (Hg.): EinBlick in die Zukunft. Gesellschaftlicher Wandel und Zukunft des Alterns im Ruhrgebiet. Münster: Lit (Dortmunder Beiträge zur Sozial- und Gesellschaftspolitik, 61), S. 219–230.

Reicher, Christa; Kreuzer, Volker; Scholz, Tobias (2009): Zukunft Alter - Stadtplanerische Handlungsansätze zur altersgerechten Quartiersentwicklung. In: Kreuzer, Reicher et al. (Hg.) 2009 - Zukunft Alter. Düsseldorf (Blaue Reihe - Dortmunder Beiträge zur Raumplanung), S. 7–10.

Reimann, Bettina; Böhme, Christa; Bär, Gesine (2010): Mehr Gesundheit im Quartier. Prävention und Gesundheitsförderung in der Stadtteilentwicklung. Berlin: Deutsches Institut für Urbanistik (Edition Difu - Stadt, Forschung, Praxis, 9).

Reutlinger, Christian; Stiehler, Steve und Lingg, Eva (2015): Nachbarschaft im heutigen Kontext. In: Christian Reutlinger, Steve Stiehler und Eva Lingg (Hg.): Soziale Nachbarschaften. Geschichte, Grundlagen, Perspektiven. Wiesbaden: Springer VS, Verlag für Sozialwissenschaften, S. 59–80.

Revenäs, Åsa; Martin, Cathrin; H Opava, Christina; Brusewitz, Maria; Keller, Christina; Åsenlöf, Pernilla (2015): A Mobile Internet Service for Self-Management of Physical Activity in People With Rheumatoid Arthritis: Challenges in Advancing the Co-Design Process During the Requirements Specification Phase. In: JMIR research protocols 4 (3), e111. DOI: 10.2196/resprot.4824.

Rieger, J.; Straßburger, G. (2014): Warum Partizipation wichtig ist. Selbstverständnis und Auftrag sozialer Berufe. In: Gaby Straßburger und Judith Rieger (Hg.): Partizipation kompakt. Für Studium, Lehre und Praxis sozialer Berufe. Weinheim: Beltz Juventa, S. 42–49.

Rohr-Zänker, Ruth; Müller, Wolfgang (1998): Die Rolle von Nachbarschaften für die zukünftige Entwicklung von Stadtquartieren. Expertise im Auftrag der Bundesforschungsanstalt für Landeskunde und Raumordnung. Hg. v. Bundesamt für Bauwesen und Raumordnung. Oldenburg.

Rosa, Hartmut; Dörre, Klaus; Lessenich, Stephan (2013): Soziologie - Kapitalismus - Kritik. Eine Debatte. Berlin: Suhrkamp.

Roßteutscher, Sigrid (2009): Soziale Partizipation und Soziales Kapital. In: Viktoria Kaina und Andrea Römmele (Hg.): Politische Soziologie. Ein Studienbuch. Wiesbaden: VS, Verlag für Sozialwissenschaften (Lehrbuch), S. 163–180.

Roth, Roland (2011a): Partizipation. In: Thomas Olk und Birger Hartnuß (Hg.): Handbuch bürgerschaftliches Engagement. Weinheim: Beltz Juventa, S. 77–88.

Roth, Roland (2011b): Bürgermacht. Eine Streitschrift für mehr Partizipation. Hamburg: Ed. Körber-Stiftung.

Rüßler, Harald (2007): Altern in der Stadt. Neugestaltung kommunaler Altenhilfe im demographischen Wandel. Wiesbaden: Deutscher Universitäts-Verlag (VS research).

Rüßler, Harald; Heite, Elisabeth (2017): Kommunen als Orte Sozialer Altenarbeit. In: Zeitschrift für Gerontologie und Geriatrie 50 (5), S. 446–450. DOI: 10.1007/s00391-017-1258-7.

Rüßler, Harald; Köster, Dietmar; Stiel, Janina; Heite, Elisabeth (2015): Lebensqualität im Wohnquartier. Ein Beitrag zur Gestaltung alternder Stadtgesellschaften. Stuttgart: Kohlhammer Verlag.

Sabel, C. (1994): Flexible specialisation and the re-emergence of regional economies. In: A. Amin (Hg.): Post-Fordism: A Reader. Oxford: Blackwell Publishing, S. 101–156.

Sack, Detlef (2012): Urbane Governance. In: Frank Eckardt (Hg.): Handbuch Stadtsoziologie. Wiesbaden: VS Verlag für Sozialwissenschaften, S. 311–335.

Sagebiel, Juliane Beate; Pankofer, Sabine (2015): Soziale Arbeit und Machttheorien. Reflexionen und Handlungsansätze. Freiburg im Breisgau: Lambertus.

Saup, Winfried (1993): Alter und Umwelt. Eine Einführung in die ökologische Gerontologie. Stuttgart: Kohlhammer.

Savitch, H.; Kantor, P. (2002): Cities in the International Marketplace: The Political Economy of Urban Development in North America and Western Europe. Princeton, Oxford: Princeton University Press.

Schabsky, Peter; Sorgalla, Jonas (2018): Ein koproduktiver Technikentwicklungsprozess am Beispiel der Digitalen Quartiersplattform. In: A. Diepenbrock, J. Sorgalla und S. Sachweh (Hg.): Partizipative Technikentwicklung – Methodik und Umsetzungsbeispiele. Dortmund (Ältere als Ko-Produzenten von Quartiersnetzwerken – Impulse aus dem Projekt QuartiersNETZ, 4), S. 20–32.

Schäffer, Burkhard (2010): Gruppendiskussion. In: Ralf Bohnsack, Winfried Marotzki und Michael Meuser (Hg.): Hauptbegriffe Qualitativer Sozialforschung. Opladen: Budrich, S. 75–80.

Schimank, Uwe (2013): Sozialer Wandel. Wohin geht die Entwicklung? In: Stefan Hradil (Hg.): Deutsche Verhältnisse. Eine Sozialkunde. Frankfurt a. Main: Campus, S. 17–40.

Schmidt, Gabriele (2014): Urban Governance zwischen Inklusion und Effektivität. Lokale Partnerschaften in New Labours integrierter Stadtteilentwicklung. Wiesbaden: VS, Verlag für Sozialwissenschaften (Bürgergesellschaft und Demokratie).

Schmidt, Manfred G. (2010): Demokratietheorien. Eine Einführung. Wiesbaden: VS, Verlag für Sozialwissenschaften (Lehrbuch).

Schmidtkonz, Claudia (2011): Partizipation 2.0. In: Kommune21 (7), S. 20–21.

Schmitter, P. C. (2002): Participatory Governance Arrangements: Is There Any reason to expect it will achieve „Sustainable and Innovative Policies in a Multilevel Context"? In: J. R. Grote und B. Gbikpi (Hg.): Participatory Governance: Political and Societal Implications. Opladen: Leske und Budrich, S. 51–70.

Schnur, Olaf (Hg.) (2008): Quartiersforschung. Zwischen Theorie und Praxis. Wiesbaden: VS, Verlag für Sozialwissenschaften (Quartiersforschung).

Schnur, Olaf (2014): Quartiersforschung im Überblick: Konzepte, Definitionen und aktuelle Perspektiven. In: Olaf Schnur (Hg.): Quartiersforschung. Wiesbaden: VS, Verlag für Sozialwissenschaften, S. 21–56.

Schnur, Olaf; Drilling, Matthias (Hg.) (2011a): Quartiere im demografischen Umbruch. Beiträge aus der Forschungspraxis. Wiesbaden: VS, Verlag für Sozialwissenschaften (Quartiersforschung).

Schnur, Olaf; Drilling, Matthias (2011b): Quartiere im demografischen Umbruch. In: Olaf Schnur und Matthias Drilling (Hg.): Quartiere im demografischen Umbruch. Beiträge aus der Forschungspraxis. Wiesbaden: VS, Verlag für Sozialwissenschaften (Quartiersforschung), S. 11–24.

Schnur, Olaf; Drilling, Matthias; Zakrzewski, Philipp (2013): Migrationsort Quartier – zwischen Segregation, Integration und Interkultur. In: Olaf Schnur, Philipp Zakrzewski und Matthias Drilling (Hg.): Migrationsort Quartier. Zwischen Segregation, Integration und Interkultur. Wiesbaden: VS, Verlag für Sozialwissenschaften (Quartiersforschung), S. 9–26.

Schnur, Olaf; Gans, Paul; Kemper, Franz-Josef (2010): Demographischer Impact in städtischen Wohnquartieren. Entwicklungsszenarien und Handlungsoptionen. Wiesbaden: VS, Verlag für Sozialwissenschaften (Quartiersforschung).

Schnurr, Stefan (2018): Partizipation. In: Gunther Graßhoff, Anna Renker und Wolfgang Schröer (Hg.): Soziale Arbeit. Eine elementare Einführung. Wiesbaden: Springer VS, Verlag für Sozialwissenschaften, S. 631–648.

Schönig, Werner (2015): Koopkurrenz in der Sozialwirtschaft. Zur sozialpolitischen Nutzung von Kooperation und Konkurrenz. Weinheim: Beltz Juventa.

Schönig, Werner (2016): Koopkurrenz in der Sozialwirtschaft - Zur Gleichzeitigkeit von Konkurrenz und Kooperation. In: Herbert Bassarak, Werner Heister, Sigrid

Leitner, Michael Mroß, Armin Schneider, Herbert Schubert und Wolf Rainer Wendt (Hg.): Wissenschaftliches Forum für Sozialwirtschaft und Sozialmanagement 2/2015. Baden-Baden: Nomos, S. 79-95.

Schönig, Werner; Motzke, Katharina (2016): Netzwerkorientierung in der Sozialen Arbeit. Theorie, Forschung, Praxis. Stuttgart: Verlag W. Kohlhammer (Grundwissen Soziale Arbeit, Band 21).

Schroer, Markus (2016): Räume, Orte, Grenzen. Auf dem Weg zu einer Soziologie des Raums. Frankfurt am Main: Suhrkamp (Suhrkamp Taschenbuch Wissenschaft).

Schubert, Herbert (2008): Netzwerkkooperation – Organisation und Koordination von professionellen Vernetzungen. In: Herbert Schubert (Hg.): Netzwerkmanagement. Koordination von professionellen Vernetzungen - Grundlagen und Praxisbeispiele. Wiesbaden: VS, Verlag für Sozialwissenschaften (Lehrbuch), S. 7–105.

Scott, Allen. J.; Garofoli, Gioacchino . (2007): The regional question in economic development. In: A. J. Scott und G. Garofoli (Hg.): Development on the Ground: Clusters, networks and regions in emerging economies. Milton Park, Abingdon, New York: Routledge.

Scott, Allen J.; Storper, Michael (1992): Regional development reconsidered. In: H. Ernste und V. Meier (Hg.): Regional development and contemporary industrial response. Extending fexible specialisation. London: Bellhaven Press, S. 3–24.

Simonson, Julia; Ziegelmann, Jochen P.; Vogel, Claudia; Tesch-Römer, Clemens (2017): Zentrale Ergebnisse des Deutschen Freiwlligensurveys 2014. In: Julia Simonson, Claudia Vogel und Clemens Tesch-Römer (Hg.): Freiwilliges Engagement in Deutschland. Der Deutsche Freiwilligensurvey 2014. Wiesbaden: Springer VS, Verlag für Sozialwissenschaften, S. 21–28.

Sinning, Heidi (Hg.) (2017): Altersgerecht wohnen und leben im Quartier - Trends, Anforderungen und Modelle für Stadtplanung und Wohnungswirtschaft; Stuttgart: Fraunhofer IRB Verlag.

Sorgalla, Jonas; Schabsky, Peter; Sachweh, Sabine; Grates, Miriam; Heite, Elisabeth (2017): Improving Representativeness in Participatory Design Processes with Elderly. In: Proceedings of the 2017 CHI Conference Extended Abstracts on Human Factors in Computing Systems. ACM CHI Conference on Human Factors in Computing Systems. Denver, CO, USA, 06.-11.05.2017, S. 2107–2114.

Spatscheck, Christian; Wolf-Ostermann, Karin (2016): Sozialraumanalysen. Ein Arbeitsbuch für soziale, gesundheits- und bildungsbezogene Dienste. Opladen & Toronto: Verlag Barbara Budrich (UTB, 4580).

Stadt Gelsenkirchen (2018a): Kommunalwahlen. Online verfügbar unter https://www.gelsenkirchen.de/de/rathaus/wahlen/kommunalwahlen/index.aspx, zuletzt geprüft am 26.08.2018.

Stadt Gelsenkirchen (2018b): Bezirksforum Gelsenkirchen. Online verfügbar unter https://www.gelsenkirchen.de/de/rathaus/buergerbeteiligung/bezirksforum/index.aspx, zuletzt geprüft am 08.10.2018.

Stadt Gelsenkirchen (2019): Jugendrat. Online verfügbar unter https://www.gelsenkirchen.de/de/familie/kinder_und_jugendliche/jugendrat/index.aspx, zuletzt geprüft am 10.02.2019.

Stadterneuerung Gelsenkirchen (2015): Stadterneuerung Schalke. Stadt Gelsenkirchen. Gelsenkirchen. Online verfügbar unter https://stadterneuerung.gelsenkirchen.de/Projektgebiete/Schalke/, zuletzt geprüft am 25.01.2017.

Stegbauer, Christian (2016): Grundlagen der Netzwerkforschung. Situation, Mikronetzwerke und Kultur. Wiesbaden: Springer VS, Verlag für Sozialwissenschaften (Netzwerkforschung).

Stövesand, Sabine; Stoik, Christoph; Troxler, Ueli (Hg.) (2013): Handbuch Gemeinwesenarbeit. Opladen: Budrich.

Straßburger, Gaby; Rieger, Judith (Hg.) (2014a): Partizipation kompakt. Für Studium, Lehre und Praxis sozialer Berufe. Weinheim: Beltz Juventa.

Straßburger, Gaby; Rieger, Judith (2014b): Bedeutung und Formen der Partizipation - Das Modell der Partizipationspyramide. In: Gaby Straßburger und Judith Rieger (Hg.): Partizipation kompakt: Für Studium, Lehre und Praxis sozialer Berufe. Weinheim: Beltz Juventa, S. 12–39.

Streeck, Wolfgang (2014): Gekaufte Zeit. Die vertagte Krise des demokratischen Kapitalismus. Berlin: Suhrkamp (Frankfurter Adorno-Vorlesungen, 2012).

Strube, Anke; König, Jana; Hanesch, Walter (2015): Partizipations- und Teilhabeprozesse benachteiligter älterer Menschen fördern, begleiten und (mit)gestalten. In: Anne van Rießen, Christian Bleck und Reinhold Knopp (Hg.): Sozialer Raum und Alter(n). Zugänge, Verläufe und Übergänge sozialräumlicher Handlungsforschung. Wiesbaden: Springer Fachmedien, S. 185–205.

Swallow, D.; Petrie, H.; Power, C.; Lewis, A.; Edwards, A. D. N. (2016): Involving Older Adults in the Technology Design Process: A Case Study on Mobility and Wellbeing in the Built Environment. In: H. Petrie, J. Darzentas und T. Walsh (Hg.): Universal design 2016. Learning from the past, designing for the future : proceedings of the 3rd International Conference on Universal Design (UD 2016), York, United Kingdom, August 21-24, 2016. Amsterdam, Netherlands: IOS Press (Studies in health technology and informatics, volume 229), S. 615–623.

Swyngedouw, E. (1992): The Mammon quest: „Glocalisation", interspatial competition and the monetary order: the construction of new scales. In: M. Dunford und G. Kafkalas (Hg.): Cities and Regions in the New Europe. London: Bellhaven Press, S. 39–68.

Swyngedouw, E. (1997): Neither global nor local: „glocalization" and the politics of scale. In: K. Cox (Hg.): Spaces of Globalization. New York: Guilford Press, S. 137–166.

Thieme, Frank (2008): Alter(n) in der alternden Gesellschaft. Eine soziologische Einführung in die Wissenschaft vom Alter(n). Wiesbaden: VS, Verlag für Sozialwissenschaften.

Unterauer, Markus (2015): Workshops im Requirements Engineering. Methoden, Checklisten und Best Practices für die Ermittlung von Anforderungen. Heidelberg, Neckar: dpunkt.

van Deth, Jan W. (2001): Soziale und politische Beteiligung: Alternativen, Ergänzungen oder Zwillinge? In: Achim Koch, Martina Wasmer und Peter Schmidt (Hg.): Politische Partizipation in der Bundesrepublik Deutschland. Wiesbaden: VS, Verlag für Sozialwissenschaften, S. 195–219.

van Deth, Jan W. (2009): Politische Partizipation. In: V. Kaina und A. Römmele (Hg.): Politische Soziologie. Ein Studienbuch. Wiesbaden: VS, Verlag für Sozialwissenschaften (Lehrbuch), S. 141–161.

van Dyk, Silke (2007): Kompetent, aktiv, produktiv? Die Entdeckung der Alten in der Aktivgesellschaft. In: PROKLA, Zeitschrift für kritische Sozialwissenschaft 37(1), S. 93–112.

van Dyk, Silke (2015a): Die neuen Aktivbürger von nebenan? Die wohlfahrtsstaatliche Vergesellschaftung des höheren Lebensalters und die Entdeckung des Sozialraums. In: Anne van Rießen, Christian Bleck und Reinhold Knopp (Hg.): Sozialer Raum und Alter(n). Wiesbaden: Springer Fachmedien, S. 31–51.

van Dyk, Silke (2015b): Soziologie des Alters. Bielefeld: transcript-Verlag.

van Dyk, Silke; Lessenich, Stephan (2009a): Ambivalenzen der (De-)Aktivierung: Altwerden im flexiblen Kapitalismus. In: WSI-Mitteilungen 62 (10), S. 540–546.

van Dyk, Silke; Lessenich, Stephan (Hg.) (2009b): Die jungen Alten. Analysen einer neuen Sozialfigur. Frankfurt: Campus Verlag.

Verhoeven, F.; Cremers, A.; Schoone, M.; van Dijk, J. (2016): Mobiles for mobility. Participatory design of a 'Happy walker' that stimulates mobility among older people. In: Gerontechnology 15 (1), S. 32–44. DOI: 10.4017/gt.2016.15.1.008.00.

Vermeulen, Joan; Verwey, Renée; Hochstenbach, Laura M. J.; van der Weegen, Sanne; Man, Yan Ping; Witte, Luc P. de (2014): Experiences of multidisciplinary development team members during user-centered design of telecare products and services: a qualitative study. In: Journal of medical Internet research 16 (5), e124.

Vetter, Angelika (2008): Lokale Bürgerbeteiligung: Ein wichtiges Thema mit offenen Fragen. In: Angelika Vetter (Hg.): Erfolgsbedingungen lokaler Bürgerbeteiligung. (Städte und Regionen in Europa), S. 9–27.

Vetter, Angelika; Remer-Bollow, Uwe (2017): Bürger und Beteiligung in der Demokratie. Eine Einführung. Wiesbaden: Springer VS, Verlag für Sozialwissenschaften.

Vogel, Claudia; Kausmann, Corinna; Hagen, Christine (2017): Freiwilliges Engagement älterer Menschen. Sonderauswertungen des Vierten Deutschen Freiwilligensurveys. Hg. v. Bundesministerium für Familie, Senioren, Frauen und Jugend. Berlin.

Vogelpohl, Anne (2012): Urbanes Alltagsleben. Zum Paradox von Differenzierung und Homogenisierung in Stadtquartieren. Wiesbaden: Springer VS, Verlag für Sozialwissenschaften (Quartiersforschung).

Voges, Wolfgang; Jürgens, Olaf; Mauer, Andreas; Meyer, Eike (2003): Methoden und Grundlagen des Lebenslagenansatzes. Endbericht. Hg. v. Universität Bremen. Zentrum für Sozialpolitik. Bremen.

Voss, Kathrin (2014): Internet & Partizipation - Einleitung. In: Kathrin Voss (Hg.): Internet und Partizipation. Bottom-up oder Top-down? Politische Beteiligungsmöglichkeiten im Internet. Wiesbaden: Springer Fachmedien, S. 1–23.

Vukoman, Marina; Krön, Annette (2018): Entwicklung und Analyse von Akteursnetzwerken im Quartier. In: Herbert Schubert und Holger Spieckermann (Hg.): Sozialraum und Netzwerke. Perspektiven in der Governance-Ära. Köln: Technische Hochschule Köln, S. 133–140.

Wagner, Thomas (2012): „Und jetzt alle mitmachen". Ein demokratie- und machttheoretischer Blick auf Widersprüche und Voraussetzungen (politischer) Partizipation. In: Widersprüche e.V. (Hg.): Einspruch! Partizipation und Rechtsansprüche in Politik, Gesellschaft und Sozialer Arbeit. Münster: Westfälisches Dampfboot (Widersprüche, 123), S. 15–38.

Wagner, Thomas (2014): Die Mitmachfalle. Bürgerbeteiligung als Herrschaftsinstrument. Köln: PapyRossa-Verl. (Neue kleine Bibliothek, 193).

Wahl, Hans-Werner; Heyl, Vera (2015): Gerontologie - Einführung und Geschichte. Stuttgart: Kohlhammer (Grundriss Gerontologie, Bd. 1).

Walther, Uwe-Jens; Güntner, Simon (2007): Soziale Stadtpolitik in Deutschland: das Programm „Soziale Stadt". In: Detlef Baum (Hg.): Die Stadt in der Sozialen Arbeit. Ein Handbuch für soziale und planende Berufe. Wiesbaden: VS, Verlag für Sozialwissenschaften, S. 389–400.

Weinert, C.; Cudney, S.; Hill, W. G. (2008): Rural Women, Technology, and Self-Management of Chronic Illness. In: The Canadian Journal of Nursing Research = Revue Canadienne de Recherche En Sciences Infirmieres 40 (3), S. 114–134.

Westholm, Hilmar (2006): Elektronisch unterstützte Bürgerbeteiligung. In: Martin Wind und Detlef Kröger (Hg.): Handbuch IT in der Verwaltung. Berlin: Springer, S. 707–731.

Wetzel, Martin; Simonson, Julia (2017): Engagiert bis ins hohe Alter? Organisationsgebundenes ehrenamtliches Engagement in der zweiten Lebenshälfte. In: Katharina Mahne, Julia Katharina Wolff, Julia Simonson und Clemens Tesch-Römer (Hg.): Altern im Wandel. Zwei Jahrzehnte Deutscher Alterssurvey (DEAS). Wiesbaden: Springer Fachmedien, S. 81–95.

Wherton, Joseph; Sugarhood, Paul; Procter, Rob; Hinder, Sue; Greenhalgh, Trisha (2015): Co-production in practice: how people with assisted living needs can help design and evolve technologies and services. In: Implementation science: IS 10, S. 75. DOI: 10.1186/s13012-015-0271-8.

Wright, Michael T.; Unger, Hella von; Block, Martina (2010): Partizipation der Zielgruppe in der Gesundheitsförderung und Prävention. In: Michael T. Wright (Hg.): Partizipative Qualitätsentwicklung in der Gesundheitsförderung und Prävention. Bern: Huber (Prävention und Gesundheitsförderung), S. 35–52.

Wright, Michael T. (Hg.) (2010): Partizipative Qualitätsentwicklung in der Gesundheitsförderung und Prävention. Bern: Huber (Prävention und Gesundheitsförderung).

Zillien, Nicole (2009): Digitale Ungleichheit. Neue Technologien und alte Ungleichheiten in der Informations- und Wissensgesellschaft. Wiesbaden: VS, Verlag für Sozialwissenschaften.

ZWAR Zentralstelle NRW (2017): ZWAR - Zwischen Arbeit und Ruhestand. Online verfügbar unter https://www.zwar.org/de/start/, zuletzt geprüft am 03.01.2017.

ZWAR-Gelsenkirchen (Hg.) (2018): ZWAR-Gelsenkirchen. Über uns. Online verfügbar unter http://www.zwar-gelsenkirchen.de/index.php/ueber-uns.html, zuletzt geprüft am 23.10.2018.